격려 리더십 Making Horses Drink

MAKING HORSES DRINK

How to Lead and Succeed in Business

Korean Translation Copyright © 2003 by Readlead publishing co., ltd.
The Korean language edition published by arrangement with
Entrepreneur Press, through B&I Agency, Seoul.

이 책의 한국어판 저작권은 비엔아이에이전시를 통해
Entrepreneur Press와의 독점 계약으로 리드리드출판(주)에 있습니다.
저작권법에 의해 한국 내에서 보호를 받는 저작물이므로
무단 전재와 복제를 금합니다.

국립중앙도서관 출판시도서목록(CIP)

격려 리더십 : 잠재력을 성과로 바꾸는 사례와 조언 / 알
렉스 히암 지음 ; 홍정희 옮김. ──서울 : 리드리드출판,
2006
    p. ;   cm

원서명 : Making horses drink
원저자명 : Hiam, Alexander
ISBN 89-7277-239-9 03320 : ₩10000

325.3-KDC4
658.409-DDC21   CIP2006001155

격려 리더십 Making Horses Drink

잠재력을 성과로 바꾸는 사례와 조언

알렉스 히암 지음 • 홍정희 옮김

리드□리드

CONTENTS

켄 블랜차드(Ken Blanchard)가 독자에게 드리는 글
머리말 - 마력(馬力)

Book 1
리더십 우화 - 물을 먹지 않으려고 하는 말 이야기

CONTENTS

Book 2
말의 생각 – 관리자들을 위한 조언과 테크닉

나는 사람들을 만나면 항상, "당신은 직장에서 대단해지고 싶은가요, 아니면 평범한 채로 있고 싶은가요?"라고 묻는다. 그러면 모든 사람이 대단해지는 쪽을 택한다. 평범한 채로 있고 싶다는 사람은 본적이 없다. 그러나 사실 우리는 직장에서 자신이 종종 평범한 행동을 한다는 것을 알 수 있다. 사실 그렇다. 나는 그 원인이 직원들을 대하는 경영자의 태도에 있다고 생각한다. 경영자는 부정적인 면을 강조하기 쉽다. 직원들은 발전하고 중요한 일을 해내고 적극적으로 참여하여 일하고 싶어 한다. 또한 대단해지고 싶어 하기도 한다.

경영자는 직원들과 회사에 대단히 긍정적인 영향을 미칠 수 있다. 대개는 간단한 행동과 말로 그렇게 할 수 있다. 관리자의 말이 사람을 배려하는 마음에서 우러나오는 것이라면, 직원들은 좀더 일을 잘 하라는 그 충고를 기꺼이 받아들인다.

저자는 이 책에서 리더십에 관한 수백 가지의 사례와 조언을 제시하고 있다. 여기서 독자들은 영감을 얻을 수 있을 것이다. 이렇게 새로운 아이디어와 행동을 탐구해 가는 과정에서 경영자들은 에너지를 충전받을 수 있다. 또한 직원들은 맘먹은 것을 해낼 무한한 잠재력이 있다는 사실도 다시 한번 확인할 수 있을 것이다.

– 켄 블랜차드
*The One Minute Manager*와 *Whale Done!*의 공동저자

마력 (馬力)

칸칸이 말이 한 마리씩 들어 있는 커다란 마구간을 상상해 보자. 이 말들은 힘이 넘치는 짐승들이다. 그래서 '마력(馬力)'이라는 말이 생겼다. 하지만 대부분의 시간을 이 말들은 아무 일도 하지 않으면서 보낸다. 가만히 내버려 두면 말은 그냥 서 있거나 건초를 뜯어먹는다. 말이 스스로 나서서, 마차를 끌거나 경기에서 경주를 하거나 울타리를 뛰어 넘거나 소에게 올가미를 씌우거나 사람들을 태우지는 않는다.

마구간이 상징하는 것은 엄청난 잠재적 에너지이다. 이 에너지는 가치 있는 목적에 사용되거나 훌륭한 리더십 아래서 발휘될 때까지는 누구에게도 별다른 소용이 없다.

회사도 마찬가지다. 회사원들은 대부분 월급을 받는다. 당신이 원한다면 회사는 우승자의 마구간이 될 수 있다. 그러나 고삐를 올바르게 다루지 못하면 회사는 그저 가만히 서 있는 말로 가득한 마구간밖에는 되지 못한다. 사실, 정지한 상태의 마구간처럼 정지한 회사는 결국 소비만 하고 있는 셈이다. 그런 회사에서 만들어 내는 것이라고는 공손한 표현으로 말해서 배설물밖엔 없다.

모든 말에게는 기수가 필요하다. 경영자를 생각해 보자. 경영자의 역할은 무엇인가?

이 책은 두 권의 책을 하나로 묶어 놓은 셈이다. 두 권의 책에 뛰어난 지도력을 얻는 방법이 담겨 있다. 첫 번째 책은 어떤 이야기를 살펴보고, 그 이야기에 대한 비즈니스 지도자들의 반응을 통해 지도력이란 무엇인가에 대해 알아본다. 두 번째 책에서는 지도자들이 회사를 재정비해서 최고의 업무 능력을 발휘하는 데 도움을 줄 만한 응용 방법과 충고 및 실례 수백 개를 소개한다.

때때로 경영자는 그런 할 일 없는 말을 강제로 내보내 자신의 유지비를 벌어들이도록 한다. 이 '말 못하는 짐승들'은 충분히 통제를 받아야 한다. 관리자가 고삐를 당기거나 옆구리에 박차를 가하거나, 필요할 때는 올바른 길로 가도록 가끔 채찍을 가할 수 있기 위해서이다.

그러나 그렇게 박차를 가하고, 채찍질을 하는 것이 말이나 회사가 일을 훌륭히 해내도록 만드는 방법이 아니라는 것을 우리는 알고 있다. 말더러 경주에 이기라고 강요할 수는 없다. 말은 크고 힘이 세기 때문에 기수에게 있어 말이 다룰 만한 가치가 있는 것이다. 하지만 스스로 원하지 않는 일을 말에게 강제로 시킬 수 없는 것도 결국 그 힘 때문이다.

옛 속담처럼, 말을 물가로 이끌 수는 있지만 말이 물을 먹도록 할 수는 없다. 이것은 오늘날 경영자들이 자신의 직원들에게 요구하는 행동에서도 마찬가지다. 경영자가 통제력이 강한 지배적 스타일을 보이면 복종, 억제, 순종을 끌어낼 수는 있을 것이다. 하지만 경영자들이 직원들에게 원하는 것은 그것과는 다르다. 즉 경영자들이 원하는 것은 솔선, 협동, 열정, 팀워크, 문제 해결 등이다. 이런 것은 시킨다고 해서 할 수 있는 행동이 아니다. 바로 사람의 내면에서 우러나오는 것이다. 말하자면, 내적으로 동기를 부여받은 직원들이 하는 행동인 것이다. 그렇게 하도록 당신이 영감을 불어넣어 주거나 뒷받침해 줄 수는 있지만 명령하거나 요구할 수는 없다.

시간이 다 될 때까지 트랙을 그냥 빨리 달리기만 하는 것이 아니라, 가장 빠른 말을 타고 경주에서 승리하고 싶다면 어떻게 해야겠는가? 바로 이 문제를 이 책은 다루고 있다.

미국인 경영자 피터 슈츠는 나치 정권을 피해 어린 시절 독일을 떠났다가 오랜 피난 생활을 마치고 독일로 돌아갔다. 병든 포르쉐 A.G.를 회복시키기 위해서였다. 그는 어떻게 그것을 해낼 수 있었을까? 소위 '평범한 사람들이 만들어 내는 비범한 결과'라고 하는 자신의 철학을 적용함으로써 해낼 수 있었다고 한다. 기업이 성공하는 것은 거기에 훌륭한 사람들이 있기 때문일 수도 있지만 더 좋은 방법은 슈츠가 지적한 것처럼, 그런 훌륭한 사람들이 최선을 다하도록 만

회사에 성공을 향한 열정을 채워 넣고, 성공에 대한 갈증을 불어넣기 위해 당신이 할 수 있는 일은 많다. 오늘 한 가지라도 그 목표를 위해 한 일이 없다면, 이 책의 가운데를 펼쳐 보라. 지도력이 무엇인지 감을 잡게 해줄 이야기가 있을 것이다.

드는 것은 더 열심히 일해서 더 많은 성과를 올릴 수 있도록 그들에게 영감을 불어넣을 방법을 관리자가 터득하는 것이다.

최근에 나는 슈츠와 함께 일할 기회가 있었는데, 그의 접근 방법이 매우 간단하면서도 상당히 인간적이라는 점에 크게 감명받았다. 그는 사람들로 하여금 내면 깊숙한 곳까지 들어가서 대단한 결과를 끌어내도록 영감을 불어넣는 멋진 리더십의 본보기를 보여 주었다. 슈츠와 함께 일했던 사람들은 대개 그 당시의 경험을 자기 직장 생활 중 아주 화려했던 시절로 생각하고 있었다. 또한 그와 함께 일할 때, 상당한 성과를 이루어 내기도 했지만 아주 즐겁게 일했던 것으로 사람들은 기억하고 있다. 나는 성과와 재미, 이 두 가지 측면을 지닌 이 리더십을 모든 경영자들이 갖추고 싶어 할 것이라고 생각한다.

그런 많은 경우에서, 크게 성공할 수 있도록 만드는 요소들은 미묘하기도 하고 때로는 놀랍기도 하다.

이 책의 차례를 보면 각 장의 제목 밑에 개요가 적혀 있다. 10개의 각 장은 크게 성공한 리더들이 공통되게 사용하는 요소들과 일치한다. 이 요소는 당신의 회사가 참여하려는 모든 경주에서 승리할 수 있도록 만들어 주는 중요한 요소들이다. 그런 요소들이 상식적인 것으로 보일지 모르지만 언제 어떻게 적용해야 할지를 아는 것은 쉬운 일이 아니다.

당신의 사업체나 당신이 이끌고자 하는 어떤 집단의 구성원 전체를 하나의 말이라고 생각해 보자. 이 말은 당신의 맨 파워이며, 뛰어난 성과를 이루기 위한 그 맨 파워의 잠재력이다. 그러나 반대로 그 맨 파워가 사업을 방해하고 날뛰어 짐을 떨어뜨리고, 뒷걸음질치고, 도망치고, 고삐에 복종하지 않고, 물을 먹지 않으려 하고, 끝없이 문제를 일으킬 수도 있다.

> "우리가 살면서 저지르는 실수 중에 반은 말이 뛰어 오를 때 잡으려 하기 때문에 생기는 것이다."
> – 줄리어스 그리고 어거스터스 헤어, *GUESSES AT TRUTH*(1827년)

한편, 당신은 자신을 기수로 생각할 수 있다. 기수인 당신은 말 위로 올라가 안장에 자리 잡고 앉아서 말이 잘 달릴 수 있도록 이끌어 경주에서 승리하려고 할 것이다.

다른 사람들, 즉 직원들의 노력을 통해 사업을 성공시키고자 하는 리더십 경주에서 어떻게 하면 이길 수 있을까? 이것은 사업을 성공시키고자 하는 욕망이 생겨난 이래로 늘 함께 있던 질문이다. 이 책에서 나는 그 해답을 찾아보고자 한다. 우선, 리더십 문제와 씨름하고 있는 많은 경영자들에게 도움이 될 우화 한 편을 소개하겠다. 그리고 나서 우리는 '현실 세계'로 눈을 돌려 수백 가지의 이야기, 조언, 사례를 살펴볼 것이다. 우

화와 현실 세계 기법의 결합을 통해 우리가
지닌 통찰력을 실제에서 일어나는 일상적
인 행위로 바꿀 수 있을 것이다. 그런 행위
는 리더의 생활과 그 직원들의 생활뿐만 아
니라 일터에도 진정한 변화를 만들어 낼 것
이다.

"매일 하던 것만 계속하면, 매일 얻던 것 밖에 얻을 수 없게 된다."
– 속담

　　사람들을 이끌려면 우선 그들과 상호 작
용할 기회를 가져야 한다. 그래서 나는 관
리자와 직원이 함께 할 수 있는 부분을 늘려
줄 활동을 좋아한다. 예를 들어, 밥 넬슨은
그의 저서 *1001 WAYS TO ENERGIZE EM-
PLOYEES*에서, 당신이 평상시 함께 활동하

경마에서, 기수한테 채찍질을 당하며 달리는 말이 이길까, 스스로 즐거워하며 달리는 말이 이길까?

지 않는 직원들과 어울리는 것을 규칙으로 삼고, 매일 다른 통로를 거쳐
회사에 드나들면서 지나가는 동안 당신이 만나는 직원들과 교류할 시간
을 잠깐씩 갖도록 하라고 충고한다.

　　어떤 날은 내가 안장에 앉아 있기 때문에 회사가 더 빠르고 활기차게
달리고 있는 것 같을 때가 있다. 그러나 또 어떤 날은 내가 앉아 있음으로
해서 무게를 더하고 속도를 떨어뜨리는 것 같아 걱정이 될 때도 있다. 소
규모 사업체의 소유자이자 다른 많은 관리자들의 트레이너 겸 조언자로
서 내가 지금 탐구하고 있는 것은 '경주에서 승리하기 위해 기수가 어떻
게 하면 최대한 기여할 수 있는가'라는 점이다. 이 책을 연구하고 써 내려
가는 동안 그 매력적이고도 도전적인 문제를 나 자신이 더욱 잘 이해할 수
있게 되었다. 독자 여러분도 내가 이 책을 쓰는 동안 느꼈던 기쁨을 이 책
을 읽는 동안 느껴 보시기를 바란다.

　　즐거운 승마가 되기를 기원한다!

호미로 막기!

리더십을 주제로 다룬 책에서 경영자들의 법적 시각을 간과하는 경우가 흔히 있다. 그래서는 안 된다. 법적인 문제 때문에 고용주들이 시간, 돈, 노력을 손해 보게 되는 경우가 아주 많이 있기 때문인데, 그런 문제가 아니라면 훨씬 더 생산적인 곳에 이러한 자원들은 쓰일 수 있기 때문이다.

대부분의 경영자들은 법적 위험 부담을 질 생각은 없지만, 어쨌든 흔히 일어나는 법률적 문제들을 잘 알지 못하기 때문에 결국 위험 부담을 지게 된다. 의도가 좋다고 해서 법적으로 방어를 잘 해낼 수 있는 것은 아니다. 당신이 좋은 일을 하려고 하면서 우연히 해를 입히는 일이 없도록 하기 위해, 여기서 미국 노동 및 고용 문제 전문 로펌, 잭슨 루이스사(社)의 변호사 낸시 L. 오닐 씨를 초청해서 법적 시각에 관해 알아본다.

오닐 씨의 법적 시각 특집은 책 전반에 걸쳐 실려 있으며, 특집 내용에는 독자가 알아야 한다고 오닐 씨가 생각하는 내용들이 담겨있다. 나는 이 '호미로 막기' 편을 책 내용에 포함시킬 수 있어서 무척 기쁘다. 또한 책을 편집하는 동안 이것으로 인해 내 자신이 많은 것을 배웠다는 사실도 깨달았다.

우리가 리더십 경주에서 말을 타고 달리는 동안 우리를 쓰러뜨리려고 하는 수많은 법적 문제들이 있다. 그래서 나는 독자 여러분에게 되도록 자주 경영 문제에 관해 좋은 법적 조언을 들으라고 권하는 바이다.

> **당**신 회사 직원들이 너무 방방 뜬다면, 회사 입장에서는 나쁜 일일까? 사원들에게 힘과 정열이 넘치고, 공동체 의식이 충만하다는 뜻은 아닐까?

> **"나**는 사람들에게 무슨 일이 일어날지 알 수 없다고 생각한다. 이것이 내가 배운 가장 중요한 교훈이다. 이것은 경영의 기본이다. 하지만 매우 중요하다."
> – 스티브 케이스,
> AOL 타임워너사 회장

Book 1

리더십 우화

물을 먹지 않으려고
하는 말 이야기

소년과 말의 우화에서 우리는 성공적인 리더십에 관해 무엇을 배울 수 있는가?

$\mathcal{A}$
모임에서

"**사람들이** 늘 말하는 것처럼, 말을 물가로 데리고 갈 수는 있지만 물을 먹게 할 수는 없습니다."라고 한 젊은 여성이 말했다. 그녀는 리더십 워크숍에 참석한 12명 가운데 한 사람이었다. 기업가와 회사 경영자인 이들은 휴식 시간 동안 자신의 경험을 서로 이야기하고 있었다.

"아, 무슨 말인지 알아요. 하지만 내가 그렇게 하고 있는 것이 아닌가 하는 생각이 드는군요. '똑같은 일을 반복하면서 그때마다 다른 결과를 기대하는 것'이 정신병이라고 정의 내리는 것을 들어 보셨나요? 때로는, 회사에서 내가 그렇게 하고 있다는 생각이 듭니다."라고 또 한 명의 참석자가 동의하며 말을 했다.

"우리 사무실에는 직원이 25명 있는데, 그들 가운데 일부는 태도에 문제가 있습니다. 회사에 오래 다녔으면서도 내가 하는 말에 전혀 신경 쓰지 않는 사람들이지요. 그들은 늘 자신이 하던 식으로만 일을 하고 다른 방법은 회피합니다. 그 사람들이 새로운 아이디어에 흥미를 갖게 만들려고 하는 것은 아무 소용없는 짓입니다."라고 말하며 또 한 사람이 끼어들었다.

"물을 먹지 않으려고 하는 말에게 억지로 물을 먹게 하려고 하는 것처럼 말이지요? 나는 지금까지 꽤 오랫동안 관리직에 있었는데, 좌절감을 느낄 때가 많습니다. 때로는 '그들에게 대항하는 우리'라는 식의 생각으로 시작하는 것이 쉬울 때가 있습니다."라고 또 한 사람의 경영자가 말했다.

"나는 자영업을 하고 있는데요, 나만큼 회사 일에 마음 쓰는 직원을 찾을 수가 없어 어려움을 겪고 있습니다. 바로 며칠 전에도 우리 고객 한 사람에게 문제가 있었는데요, 직원이 그 문제를 해결해 주지 않고 퇴근 시간이라며 집으로 가버렸습니다. 내가 그 일을 넘겨받아서 고객을 도와야 했지요. 그렇지 않았더라면 그 고객을 잃을 뻔했습니다."라고 또 한 사람이 말했다.

"내 문제는 우리 직원들이 나와 의사 소통을 잘 하지 않는다는 데 있습니다. 심지어 자기들끼리도 의사 소통을 잘 하지 않습니다. 예를 들어 내가 며칠 전에 새로운 프로젝트에 관해 의논하려고 회의를 열었는데요, 직원 두 명은 말을 너무 많이 하고 나머지 사람들은 전혀 말을 하지 않더군요. 나중에 나는 그 프로젝트에 큰 문제점이 있다는 사실을 알았습니다. 그런데도 직원들은 아무도 그 점에 관해 굳이 언급하려 하지 않았던 겁니다."라고 젊은 경영자가 말했다.

"그러면 우리는 직원 문제를 어떻게 다루어야 할까요? 강력하게 처리해야 할까요? 때로는 우리 직원들이 규칙을 따르게 할 정도도 되지 못한다는 생각이 듭니다."라고 처음에 말했던 경영자가 말했다.

"하지만 그게 정말 당신이 원하는 걸까요? 사람들이 정해진 규칙대로 행동하도록 강제하는 것 말입니다. 복종과 큰 성과는 완전히 별개 문제입니다. 강력한 관리자라면 직원들을 계속 통제권 안에 둘 수는 있겠지요.

하지만 그렇게 한다고 해서 직원들에게 큰 성과를 얻어낼 수 있을까요?" 라고 구석에 조용히 앉아서 토론 내용을 듣고 있던 한 나이 든 여성이 말했다.

"그것이 정말 문제입니다. 우리는 직원들이 솔선수범해서 문제를 해결하고, 한 팀으로서 잘 협조해 일하도록 해야 합니다. 나는 교련 교관처럼 혹독한 태도로 직원들이 그렇게 하도록 만들지는 않을 생각입니다. 하지만 그 대안이 무엇인지는 나도 잘 모르겠습니다. 내가 직원들을 무시한다면 내게 필요한 큰 성과도 얻지 못할 것이라는 점을 압니다. 거기에는 뭔가 비결이 있을 것입니다."라고 한 사람이 말했다.

"아마도 비결이 분명 있을 겁니다. 어쩌면 그런 비결이 많이 있을지도 모르지요. 우리가 서로 자신의 가장 좋은 아이디어를 말하고 여기서 배운 것을 각자 시도해 본다면 진전을 볼 수 있을 것입니다. '비결'이라고 하니까 생각나는데요, 내가 예전에 들었던 이야기가 하나 있는데, 도움이 될 것 같습니다. 여러분께 얘기해 드릴까요?"라고 그 나이든 여성이 미소를 지으며 말했다.

그녀를 둘러싸고 있던 관리자들과 기업가들은 모두 고개를 끄덕이며 반겼다.

"이 이야기를 하는 데 시간이 좀 걸릴 겁니다. 자세를 편히 하시지요."

그래서 참석자들은 좌석을 둥글게 하고 이야기를 듣기 위해 편히 자리에 앉았다.

놀랍게도 이야기는 현대적 비즈니스에 관한 이야기가 전혀 아니었다. 세상에서 가장 오래된 비즈니스 중 하나인 작은 농장과 그 농장을 운영하는 가족, 그리고 많은 농장 일을 해내기 위해 그 가족이 의지하고 있는 말에 관한 이야기였다. 그 이야기를 소개하겠다.

B

이야기

아주 아주 먼 곳에 있는 어느 시골에 무덥고 흙먼지가 자욱한 아침이 찾아왔다. 이곳에는 농장과 숲, 그리고 오두막집들이 있었으며, 깊고 짙은 개울물 위로는 아치형 돌다리들이 놓여 있었다.

한 오두막집에서 어린 소년이 나왔다. 소년은 마당을 가로질러 마구간으로 가서는 나무문을 삐걱하고 열었다. 이 마구간에는 소년의 가족에게 있어서 자랑이자 기쁨인 말이 살고 있었다. 이 말은 울퉁불퉁한 근육과 멋지게 늘어진 까만 갈기와 꼬리를 가지고 있었으며, 소년으로서는 이제껏 한번도 보지 못한 깊고 까만 눈을 가지고 있었다.

소년은 말이 조금 무서웠지만, 봄철 밭갈이를 위해 자신이 이 말을 책임지게 된 것이 자랑스러웠다. 소년의 가족은 모두 농사일을 하고 있었고, 새로 산 이 말 외에도 강 건너에 있는 비옥한 농토가 이 집안의 또 하나의 큰 보물이었다.

소년의 아버지는 급한 볼일로 근처 도시에 가면서, 소년에게 처음으로 밭 가는 일을 맡겼다. 언제든 곧 비가 쏟아질 것이라는 것을 알고 있었으므로 소년은 서둘러서 밭에 씨 뿌릴 준비를 해야 했다.

소년은 황급히 손을 뻗어 마구를 쥐고는 발끝으로 서서 말 위에 조심스레 올려놓았다. 말은 히힝거리며 머리를 흔들더니 결국 얌전해졌다. 소년은 말을 데리고 울 밖으로 걸어 나와 흙먼지가 자욱한 길을 따라 걸어 내려갔다.

개울 위로 난 오래된 아치형 돌다리에 다다르자, 소년은 작은 오솔길로 말을 끌었다. 이 길은 다리 아래 모래가 쌓인 후미진 곳으로 이어져 있었다. 그곳은 마을 사람들이 늘 가축들에게 물을 먹이는 곳이었다. 소년은 밭 가는 일을 시작하기 전에 말에게 물을 먹여야 한다는 것을 알고 있었다. 말에게 물을 충분히 먹이지 않고서 더운 날 하루 종일 땡볕에서 일을 시켜서는 안 된다고 아버지가 소년에게 단단히 일러두었기 때문이었다.

소년은 나이든 농부가 노새 무리에게 물을 먹이는 동안 잠시 기다려야 했다. 농부가 몸을 기울여 가죽 물병에 물을 채우고 지저분해진 얼굴과 손을 시원한 물로 씻는 동안 노새들은 갈증이 나서 죽겠다는 듯이 물로 뛰어 들어가 코를 물 속에 처박았다.

노인과 노새들이 떠나자 소년은 잘생긴 자기네 말을 둑으로 데리고 가서 고삐를 풀어 주었다. 하지만 말은 그냥 서 있기만 했다.

소년은 몸을 숙여 물을 마셨다. 목이 말라 물을 먹지 않고는 계속 갈 수 없을 것 같았기 때문이었다. 그러고 나서 말에게, "지금 물을 마셔 두는 게 좋을 거야. 들에 나가면 물이 없는데, 우리는 거기서 오늘 하루 종일 일을 할거거든."라고 말했다.

하지만 말은 소년을 그저 쳐다보기만 했다. 소년은 손에 물을 떠서 말의 코밑에 들이댔지만 말은 본 척도 하지 않았다.

그때 길 위에서 소년을 향해 걸걸한 목소리가 소리쳤다.

"애야, 너 거기 하루 종일 있을 거니? 나도 말에게 물을 먹이고 밭을 갈아야 한단다. 얼른 올라오려무나. 나도 말에게 물 좀 먹이게!"

소년은, "죄송합니다. 잠깐만 기다려 주세요. 말이 도무지 물을 먹으려 하질 않아서요."라고 대답했다.

소년은 말의 고삐를 쥐고 말머리를 시원한 물 쪽으로 잡아당기려 했지만, 소년이 고삐를 세게 당길수록 말은 더 세게 뒤로 물러나기만 했다. 소년은 말머리를 숙이게 할 만큼 힘이 세지 못했다. 결국 소년은 좌절하여 포기하고는 말을 길 위로 데리고 가서 다리를 건너, 멀리까지 펼쳐져 있는 널따란 들판으로 끌고 갔다. 말과 소년은 15분 정도 더 걸어가서, 소년 아버지의 밭에 도착했다. 잡초가 무성하고 거대한 사각형의 흙밭이 숲 가장자리까지 펼쳐져 있었다. 막 도착했을 때 소년과 말은 한 농부를 지나쳐 가게 되었는데, 농부는 바로 옆에 있는 밭을 가느라 바빴다. 농부는 소년에게 손을 흔들어 인사하며, 새로 산 말이 참 잘생겼다고 칭찬하고, "얘야, 말에게 물은 충분히 먹였겠지. 날씨가 덥구나. 네 아버지는 자기가 없는 동안 말에게 탈이 나지 않기를 바라실 거야!"라고 덧붙였다.

"네."하고 소년은 머뭇거리며 대답은 했지만 어떻게 해야 할지 몰랐다. 그러나 말은 마구도 순순히 차고 밭 가는 일도 불평 없이 받아들였다. 그래서 첫 번째 밭고랑을 가는 일은 곧 쉽게 끝났다.

그러나 첫 번째 고랑 끝에 도달하자 소년은 말머리를 돌려 다음 밭고랑을 갈게 할 수가 없었다. 고삐를 세게 당기자 말은 귀를 뒤로 젖히며 흙속에 발굽을 박고 조금도 움직이지 않으려 했다. 소년은 아무리 해도 말을 움직이게 할 수가 없었다. 마침내 소년은 화가 나서 말에게 소리를 지르기 시작했다.

"어이, 얘야, 무슨 문제라도 있니?" 이웃 밭을 갈던 농부가 소년이 곤경에 처한 것을 알아차리고 도와주러 왔다.

"말머리를 돌려 다음 밭을 갈게 할 수가 없어요."라고 소년이 당황해하며 말했다.

"흠, 어디 보자." 나이 든 농부가 말했다. 그는 긴 회색 수염을 쓰다듬고 나서 말 주위를 돌며 주의 깊게 살펴보았다.

"아주 건강해 보이는걸. 뭐가 문제인지 알 수가 없구나."라고 농부가 말하고는, "그런데 얘야. 다리를 건너오기 전에 말에게 물은 먹였니?"라고 물었다.

"저기, 사실은 말에게 물을 먹일 수가 없었어요. 목이 마르지 않은 것 같던데요."라고 소년이 말했다.

"그게 문제인 것이 틀림없다." 농부가 알겠다는 듯 고개를 끄덕이며 말했다. "이런 날씨에 말에게 일을 더 시키려면 물을 먹여야 한단다. 강으로 데리고 가서 다시 물을 먹여 보는 것이 최선의 방법인 것 같구나."

"하지만 15분은 걸어가야 하는걸요. 지금 말을 그리로 데려가면 경작할 시간을 적어도 30분은 잃을 거예요. 이 밭을 어떻게 다 갈겠어요?"라고 소년은 불평했다.

"거기 서서 말하고 씨름하고 있으면 아무 일도 할 수 없단다. 늦어도 하는 것이 안 하는 것보다는 낫지."라고 노인은 웃으며 대답했다.

그래서 소년은 말을 쟁기에서 풀어 주고는 흙길을 따라서 말과 함께 걸어갔다. 오래된 다리를 건너고 꼬불꼬불한 오솔길을 지나 다시 물 먹는 장소에 도착했다.

말은 물을 본 척도 하지 않고 거기 가만히 서 있기만 했다.

절망감에 휩싸인 소년은 말을 강둑에 있는 작은 나무에 묶어 둔 채 집으로 달려가서 할머니에게 어떻게 해야 할지 물었다. 할머니는 오두막집 뒤편에 있는 빨랫줄에 빨래를 널고 계셨다. 소년이 문제를 설명하자 할머니는 전날 아버지가 양동이에 물을 떠다 마구간에서 말에게 물을 먹였다고 말해 주셨다. "아마도 그 말은 양동이에 담긴 물만 먹는가 보다."라고 할머니가 조언해 주셨다. 그래서 소년은 나무 양동이를 가지고 강으로 돌아가서 물을 가득 채우곤 말 앞에 들이밀었다.

말은 소년을 쳐다본 다음 양동이를 내려다보았다. 그리곤 고개를 돌리더니 눈을 감았다.

소년은 "자, 어서 물을 먹으렴. 그래야 밭 가는 일을 끝낼 수 있단 말이야."라고 말했다.

그러자 말은 양동이를 발로 차서 물을 모래밭에 쏟아 버렸다.

소년은 얼굴을 붉히며 화를 냈다. 하지만 마음을 가라앉히고 양동이에 다시 물을 담아 말 앞에 가져다 주고 한발 물러섰다.

말은 물을 내려다보지도 않고 다시 양동이를 넘어뜨려 물을 쏟았다. 물이 흙에 쏟아지면서 소년의 발에 튀겨 소년의 신발과 바지는 진흙투성이가 돼 버렸다.

소년은 양동이를 집어 들어 다시 물을 채우고는, 씩씩거리며 말의 눈을 똑바로 쳐다볼 수 있는 높이까지 강둑 위로 올라갔다. 그리곤 소리쳤다. "네가 원하든 안 원하든 물을 먹게 될 거야!" 그러더니 물을 말에게 쏟아 부었다.

차가운 물이 얼굴을 흠뻑 적시고 갈기를 따라 아래로 뚝뚝 흐르다가, 흙이 잔뜩 묻은 앞다리에 검은색 줄무늬를 여러 개 그리며 흐르는 동안 말은 눈을 가늘게 뜨고 귀를 뒤로 젖혔다.

소년이 다시 한번 말에게 소리를 지르려고 하는 데 어디선가 깔깔거리며 웃는 소리가 들렸다.

주위를 둘러보았지만 아무도 없었다.

웃음소리가 계속 들렸다. 강물이 바위에 부딪혀 찰싹거리는 것처럼 웃음소리는 커졌다 작아졌다 했다.

당황한 소년은 소리쳤다. "거기 누구예요?" 그러나 아무도 대답하지 않았다. 소년은 신경이 곤두서서 주변을 둘러보았다. 누군가 근처에 숨어서 그를 보고 있었던 것이 틀림없다고 생각했다. 그러나 덤불과 다리 아래에는 아무도 없었다. 이제 웃음소리는 멈추고 다리 말뚝에 부딪히는 강물 소리만 들렸다.

소년은 한숨을 쉬며 말했다. "좋아, 이번엔 네가 이겼다. 하지만 내일은 내가 네게 물을 먹게 할 방법을 알아내고야 말겠어. 기다려 봐!" 그러고 나서 소년은 말을 다시 마구간으로 데리고 갔다. 거기서 소년은 말에게 솔질을 해주고 건초와 귀리를 먹게 한 다음, 물 한 양동이를 우물에서 길어다가 마구간 안에 두었다. 혹시 말이 밤 사이에 물을 먹을지도 모른다고 생각했기 때문이었다.

그런데 놀랍게도 말이 양동이에 즉시 코를 담고 물을 먹기 시작했다. 물이 다 없어지도록 말은 물을 먹었다.

"그런데, 그런데 ···." 소년은 분개해서 소리쳤다. "도대체 왜 강에서는 먹지 않으려고 했던 거지? 왜 내가 밭을 갈라고 할 땐 물을 먹지 않으려고 했던 거야? 왜 지금에 와서야 먹니? 내가 솔질을 하고 먹을 것을 주고 하루를 마치도록 한 지금에 와서야 말야?"

말은 꼬리를 좌우로 휙휙 흔들며 조용히 소년을 쳐다보기만 했다.

마침내 소년은 말을 마구간에 두고 오두막집으로 들어갔다. 집에서는 할머니가 저녁을 준비하고 계셨다. "왜 이렇게 일찍 돌아왔니? 밭 가는 일이 일찍 끝나서 오후 시간은 쉴 수 있게 된 거니?"

"아니에요."라고 말하고 나서 소년은, 아까 할머니에게 물어보러 왔다간 다음 일어난 일을 모두 말씀 드렸다. "그런데 참 이상한 일이에요. 다리 밑에서 누군가 저를 보고 막 웃었어요. 저를 내내 쳐다보고 있는 것 같았는데, 제 눈에는 아무도 보이질 않았거든요."라고 소년은 덧붙여 말했다.

할머니는 식사 준비를 하는 동안 아무 말도 하지 않더니 앞치마에 손을 닦으며 물어보았다.

"그 웃음소리가 음악처럼 들리더냐?"

"네, 처음에는 그냥 강물이 둑에 부딪히는 소리인 줄 알았어요."

"음, 놀라운 일이구나!"

"뭐가 놀랍다는 말씀이세요?" 소년이 물었다.

"네가 강의 정령(精靈)이 웃는 소리를 들은 것이 틀림없을 게다. 내가 어렸을 적에 사람들은 마법의 힘을 지닌 강의 정령에 관해 이야기하곤 했단다. 강의 정령은 그 오래된 돌다리 밑의 강물에서 산다고 하더라. 때때로 그 정령이 나타나서 지나가는 사람들에게 수수께끼를 내곤 했지. 답을 말하지 못한 사람은 다리 밑 강물로 끌려 들어가서 다시는 볼 수 없게 된다고 하더라. 어떤 때는 그 정령이 강물에서 솟아 올라와 곤경에 처한 사람을 도와주기도 한단다. 사람들은 강물에 동전을 던져 넣으면서 강의 정령에게 조언을 구하곤 했단다. 하지만 강의 정령을 봤다는 사람 얘기는 들은 지 아주 오래됐다."라고 할머니가 이야기해 주셨다.

소년은 할머니 이야기를 듣자 머릿속이 아주 혼란스러워져서 밤에 잠이 오지 않았다. 결국 소년은 늦게 일어나고 말았다. 농부들은 보통 동 틀 녘에 쟁기질하러 들에 나가는데 소년은 동이 트고도 한참 지난 시각에 일어난 것이다. 할머니는 비스킷 한 조각과 따뜻한 우유 한 컵을 주시고 나서, 서둘러 일하러 나가라고 재촉하셨다.

소년은 말이 어젯밤에 두었던 마구간에 있지 않고 마구간 뒤에서 풀을 뜯고 있는 것을 보고 놀랐다. 이상하게도 마구간 문이 약간 열려 있었다. 소년은 말이 마구간 문의 빗장을 끄르는 법을 알면 안된다고 생각했다. 말이 마음대로 드나들면 안 되기 때문이었다. 더군다나 말이 도망이라도 치면 어떻게 한단 말인가?

소년은 고삐를 잡으면서 한숨을 쉬었다. 그리곤 다시 한번 길을 따라 말을 끌고 그 오래된 돌다리로 향했다.

소년은 기분이 별로 좋지 않았다.

말과 밭 때문에 걱정되었고, 말에게 물을 먹이지 못하면 어떻게 하나 하는 생각이 들어서였다. 소년은 무거운 발걸음으로 터벅터벅 걸으면서 고개를 숙이고 바로 앞에 이어지는 땅을 쳐다보며 깊은 생각에 빠졌다. 그래서 소년은 봄꽃의 따뜻한 향기도 맡지 못하고 아름다운 새의 노랫소리도 듣지 못했다. 흙길을 따라 발을 질질 끌며 그냥 걸어가기만 했다.

그러다가 황금색으로 빛나는 뭔가가 소년의 발 밑 흙 속에 놓여 있는 것을 발견했다.

소년이 발걸음을 멈추자 말도 뒤에서 조용히 멈춰 섰다. 소년은 허리를 굽혀 흙먼지를 떨어내곤 그것을 주웠다.

그것은 소년이 이전에 한번도 본 적이 없는 묵직한 금화였다. 금화는 낡고 오래돼 보였지만 아주 귀해 보였다. 금화의 한쪽 면에는 소년이 알 수 없는 글이 씌어 있었고, 강 위로 아치형을 그리고 있는 다리도 그려져 있었다. 다른 쪽 면에는 말이 아주 빠르게 달리는 장면이 그려져 있었다.

소년은 이 행운에 기분이 좋아져서 한쪽 손에는 동전을, 다른 쪽 손에는 고삐를 꼭 쥔 채 다시 걷기 시작했다.

소년과 말은 곧 물 먹는 장소로 이어진 꼬불꼬불한 오솔길에 도착했다. 이들이 다시 물가로 갔을 때 소년은 말 옆에 가까이 서서 "어제 내가 화내서 미안해. 이제 제발 부탁인데 물 좀 먹지 않을래? 그래야 밭에 가서 쟁기질을 할 수 있거든? 이건 내게 아주 중요한 일이야."라고 속삭였다. 말은 귀를 쫑긋거리고 히힝 하고 울며 코를 소년의 손에 대고 문질렀다.

그러자 동전이 소년의 손에서 미끄러져 나갔다.

동전은 둑을 따라 굴러가다가 바위 위로 튀더니 공중에 우아한 아치형 선을 그리며 강물에 첨벙 빠져 짙은 물 속으로 가라앉아 버렸다.

소년은 동전을 따라 둑 위를 달려갔다. 그리고는 물 속으로 걸어 들어가 바닥을 더듬거리며 동전을 찾으려 했다. 그러나 강바닥은 험했고 물살도 셌다. 소년은 곧 동전이 다리 밑 깊은 강물로 빠져 들어간 것이 틀림없다고 생각했다.

소년은 화가 나서 말에게 돌아와 뭔가 말하려다가 꾹 참았다. 도대체 무슨 소용이 있단 말인가? 한낱 말 못하는 짐승에 불과한 이 말은 자기가 무슨 일을 했는지도 모르지 않는가?

슬픈 마음으로 소년은 고삐를 잡고 말머리를 돌려 꼬불꼬불한 오솔길을 터벅터벅 걸어 올라가 다리를 건너기 시작했다. "오늘은 물을 먹지 않고 밭을 갈아야 할 것 같구나. 해야 할 일이 많은데다가 아직도 말에게 물을 먹게 하는 비결을 알아내지 못했으니 말이다."라고 말에게 말했다.

"그렇게 하는 것이 정말 좋은 생각일까?" 어디선가 부드러운 목소리가 소년에게 들려왔다.

"누구야?"하며 소년은 놀라서 다리 중간에 멈춰서 둘러보았지만 길에는 아무도 없었다. "누가 내게 말을 건 거지?"

"나는 네가 내게 말을 걸었다고 생각했는데, 나를 부른 것이 너 아니었니?"라고 그 부드러운 목소리가 말을 계속 이었다. 목소리는 마치 소년의 발 밑에 있는 돌다리에서 들리는 것 같았다.

"불렀다고? 내가 누구를 불러?" 소년은 할머니가 해주셨던 그 미신같은 이야기가 떠올라 안절부절 못하며 말했다.

"네가 금화를 던져 나를 불렀잖아. 아주 귀한 동전이던데. 그렇게 귀한 동전을 준 걸 보면 조언이 몹시 필요한 것이 틀림없어."라고 목소리가 말했다.

"하지만 당… 당신은 누구시죠? 그리고 어디에 계신 거예요?" 점점 더 놀라며 소년이 더듬더듬 말했다.

"애야, 두려워할 필요 없단다. 다리 옆 난간으로 내려다보면 내가 보일 거야."

"하지만 할머니가 그러시는데 사람들이 강의 정령에게 끌려 들어가서 물에 빠져 죽었다고 하던데요."라고 소년이 불안해하며 대답했다.

"사람들이 지혜를 두려워하는 경우가 종종 있지. 네가 진정 지혜를 구하는 사람이라면 두려워해서는 안 된다."라고 목소리가 웃으며 말했다. 그 웃음소리는 마치 소나기가 지붕 위로 쏟아지는 소리처럼 들렸다.

"저… 저는 지혜를 구하고 있습니다." 소년이 돌다리 난간 너머로 살짝 내려다보며 불안하게 대답했다. 다리 밑 물 속에 마치 거울에 비친 모습처럼 아름다운 여인의 얼굴이 보였다. 긴 머리카락이 짙은 물 속에서 물결치고 있었고 친절한 미소가 얼굴에 가득했다. 그 여인은 "그래, 내가 강의 정령이다. 너를 도우려고 왔단다. 네가 물어보고 싶은 것을 물어보아라."라고 말했다.

"아, 정말 친절하시군요. 저, 저는 말 때문에 문제가 좀 있는데요."라고 소년은 더듬거리며, 아버지의 밭을 갈아야 하는 데 말이 도와주려 하지 않는다고 설명하고, 말에게 물을 먹게 하는 비결을 가르쳐 달라고 부탁했다.

정령이 강물에서 솟아올라와 아지랑이처럼 아른거리는 높다란 물기둥이 되더니 소년의 옆에 있는 돌담 위에 자리 잡고 앉았다. 시원한 물이 소년의 목덜미와 등을 타고 흘러내리는 동안 강의 정령은 소년 쪽으로 몸을 굽혀 귀에 대고 속삭였다. "말에게 물을 먹게 하는 비결은…."

소년은 한 마디도 놓치지 않으려고 더 가까이 몸을 기울였다.

"그 비결은…."

소년은 초조하게 기다렸다.

"말에게는 물을 먹게 할 수 없단다. 말이 물을 먹고 싶어 하지 않으면 말이다."

소년은 놀라서 뒤로 물러섰다.

"말에게 물을 먹게 할 수 없다고요? 그게 무슨 비결이에요? 나는 당신이 내 문제를 해결할 수 있는 방법을 알려 줄 거라고 생각했는데. 이제와서 내 문제를 전혀 해결할 수 없다고 말하다니." 소년은 실망해서 소리쳤다.

강의 정령은 습기를 머금고 다리 난간에 앉아 있었다. 물로 형상화된 그녀의 모습은 아침 햇살에 가물거렸다. 정령은 웃고 있는 것 같았다.

"뭐가 그렇게 우습나요? 지금 나를 놀리고 있는 건가요?" 소년이 놀라서 물었다.

"아니, 아니야." 정령은 여전히 낄낄거리며 말했다.

"내가 놀리고 싶다면 세상에는 놀릴 거리가 아주 많겠지만, 이건 전혀 놀림거리가 아니야. 세상 사람들처럼 너도 말에게 강제로 네가 원하는 일을 시킬 방법이 있다고 생각하는구나. 하지만 네 말을 잘 보거라. 이 말은 너 보다 10배나 더 크고 힘은 20배나 더 세다. 게다가 네가 태어나기 오래 전부터 밭을 갈아왔단다."

"이 말이 그런 말이에요? 전 이 말이 우리 집에 오기 전에도 농장에서 일하던 말이었는지 전혀 몰랐어요."라고 소년이 놀라서 대답했다.

"말에게 물어보지 않았으니 네가 알 수 없었지. 하지만 내가 어제 말에게 물어 보았단다. 네가 양동이에 물을 긷기 위해 달려가고 있을 때 말이다. 네 말은 굉장히 많은 일을 했더구나. 한때는 챔피언 경주마이기도 했단다. 이 말은 너보다 힘도 훨씬 세고 경험도 훨씬 많아. 말이 하고 싶어 하지 않는데 어째서 네가 말에게 그 일을 하도록 강요할 수 있다고 생각하니?"라고 정령이 말했다.

"알았어요. 하지만 내가 말에게 강제로 물을 먹게 하지 못하면 말은 밭을 갈 수 있게 몸 상태가 준비되지 못하고요, 그러면 나는 비가 오기 전에 밭에 씨 뿌릴 준비를 할 수 없어요. 그럼 추수 때 많이 거둬들일 수 없잖아요. 그러면….”

“그래, 바로 그거야.”라고 정령이 동의했다.

“그렇게 되면 너와 네 가족이 곤경에 빠지게 될 거야. 하지만 말이 그런 결과에 신경이나 쓸까? 아니 그런 상황을 알기나 할까?”

“말이요? 물론 그렇지 않지요. 이 말은 한낱 말 못하는 짐승인걸요. 내가 말을 위해 생각도 해줘야 해요.”

“그래, 그리고 나도 말 못하는 한낱 강물에 지나지 않지. 하지만 너는 지금 나에게 조언을 구하고 있지 않니. 내가 네게 주었던 선물에 관해 생각해 보고, 네 문제를 해결할 수 있는 방법을 생각해 낼 수 있는지 알아보는 것이 어떨까?”라고 정령이 말했다. 그러고 나서 정령은 희미해지더니 다리 밑 물 속으로 사라져 버렸다.

“무슨 선물이요? 저, 제발 잠깐만요!”

“그 비결 말이다. 네게 준 선물은 말에게 물을 먹게 하는 비결이란다.”라는 소리가 다리 밑 깊은 물 속에서 아련히 들렸다.

남은 길을 따라 터벅터벅 들로 걸어가서 말에게 다시 커다란 쟁기를 채우는 동안 내내 소년의 머릿속은 혼란스러웠다. 소년은 강의 정령을 눈으로 보면서 이야기를 나누었던 사실이 놀라웠고, 그 정령이 자기에게 아무런 해도 입히지 않은 것이 기뻤다. 하지만 소년은 아직도 정령이 말하려고 했던 것이 무엇인지 알 수 없었고, 때를 놓치지 않고 문제를 해결할 수 없을까봐 걱정이 되었다.

밭고랑 끝에 도달하자 말이 다시 멈춰 서더니, 머리를 돌려 다음 밭고랑을 갈려고 하지 않았다. 소년의 걱정이 현실로 드러난 셈이었다. 아무리 애를 써도 소년은 말을 움직이게 할 수 없었다. 근처의 밭에 있던 몇몇 농부들이 도와주러 왔지만, 말은 전혀 따르려 하지 않았다. 농부들은 이 말이 지금까지 봤던 가장 고집 센 말이라고 하면서, 더 말을 잘 듣는 다른 말로 바꾸는 것이 좋겠다고 충고해 주었다.

좌절감에 휩싸인 소년은 말을 거기에 두고 다리로 달려갔다. 다리 난간에 기대어 소년은 강의 정령에게 도와달라고 애절하게 부탁했다.

정령의 목소리가 메아리처럼 들려왔다.

"어떻게 해야 할지 알아냈느냐?"

"아니오, 아직 못 알아냈어요. 말에게 쟁기를 채우고 첫 번째 밭고랑은 갈도록 할 수 있었지만 말이 더 이상은 일을 하지 않으려고 해요. 한 농부 아저씨가 그러는데 이 말 대신에 늙은 말로 바꾸면 채찍질해서 제가 원하는 대로 일을 시킬 수 있을 거래요."

정령의 웃음소리가 다리 아래로부터 메아리쳐 올라왔다.

"그래, 밭 가는 일은 얼마나 할 거니? 늙은 말이 네가 갈아야 할 만큼의 큰 밭을 다 갈 수 있을 거 같니?"라고 정령이 물었다.

"그럴 것 같지 않아요. 이 말이 저를 돕지 않으려고 하면 저는 아무 일도 할 수 없어요. 처음엔 물을 먹으려 하지 않더니 이젠 쟁기를 끌지 않으려고까지 해요. 저는 말을 잘 돌봐주고 싶은데 이젠 점점 인내심의 한계를 느껴요."라고 소년이 인정했다.

"이 말을 잘 돌보는 것이 왜 그렇게 중요하니? 말이 너를 위해 아무 일도 하지 않으려고 하기 때문이니?"라고 강의 정령이 소년에게 물었다.

"아버지는 '말은 우리의 가장 중요한 재산이란다'하고 말씀하시면서, 우리가 말을 잘 돌봐야 한다고 늘 말씀하셨어요."

"아버지의 말씀이 무슨 뜻이라고 생각하니?" 정령이 물었다.

"말이 없으면 우리가 일을 할 수 없으니까 말에게 필요한 것을 우선으로 생각해야 한다는 뜻인 것 같아요. 그래서 아버지는 제가 말에게 먹이를 주고 물을 먹이며 잘 돌보기를 원하시는 거예요."

"말을 잘 돌보는 방법이 그게 전부니? 말은 먹이와 물 이외에는 필요한 것이 없을까?"라고 정령이 물었다.

"제 생각에는 그런 것 같아요. 말이 원하는 게 또 뭐가 있겠어요?"

"먹을 것과 물이 인생에서 네게 필요한 전부니?"라고 정령이 소년에게 물었다.

"음, 그렇지는 않아요. 가족도 저에게는 중요해요. 그리고 아버지가 제게 맡기신 이 일도 잘 해내고 싶어요. 또, 시간이 있을 때면 마을 친구들과 함께 놀고 싶기도 해요. 그리고 저는 대도시로 가서 그곳에 있는 큰 학교에서 공부를 할 수 있으면 좋겠다고 늘 생각했지만 저희 집은 돈이 많지 않아요. 그리고…"라고 소년이 말했다.

"그렇다면 네게 필요한 것이 많다는 얘기구나?" 정령이 끼어들며 말했다.

"그래요. 하지만 저는 말이 아니잖아요."

"그러면 말이 기분 좋게 되기 위해 필요한 것은 먹이와 물뿐이라고 생각하니?"

소년은 잠시 하던 말을 멈추고 어리둥절해 하더니 물었다.

"'행복하다'니 그게 무슨 뜻이에요? 말의 기분이 어떤지가 왜 중요하지요? 말은 그냥 쟁기만 끌면 되잖아요. 저는 사람들이 행복해지기 위해 말을 기른다고 생각했어요."

정령은 소년에게 미소를 지으며 이렇게 말했다. "아마도 대부분의 사람들이 그렇게 생각할 거야. 하지만 말의 기분이 좋지 않은데 어떻게 네기분이 좋을 수 있겠니?"

"그게 무슨 말이에요? 우리 집 말이 기분이 안 좋은가요?"

"그래, 네 말은 기분이 아주 안 좋단다. 너는 그런 사실을 알아차린 적이 있니? 네 말은 네가 말에게 쟁기를 끌도록 시키는 방식이 마음에 들지 않는단다. 그리고 이곳의 물 맛을 좋아하지 않아. 다른 말들이 물 속에 들어가면서 흙탕물을 만들어 놓았기 때문이지. 그리고 항상 작은 마구간에 갇혀 있는 것도 싫어한단다. 풀밭에서 풀을 뜯으며 껑충 뛰기도 하고 재미로 뒷발질도 할 수 있기를 원하지. 그래, 네 말은 기분이 영 안 좋은 상태야. 자기 새 집에 잘 적응하지 못하고 있어."라고 정령이 대답했다.

"하지만 말이 풀밭에서 뛰어다니며 놀게 했다가 도망가 버리면 어떡해요? 아버지가 뭐라고 하시겠어요? 게다가 밭을 갈아야 할 때 제가 어떻게 말을 도로 찾아오겠어요?"

"나도 모르겠다. 말에게 물어보지 그러니? 이제 그만 강으로 돌아가야 해." 정령이 말했다.

"잠깐만! 당신이 한 말의 뜻을 모르겠어요! 말이 말도 못하는 데 제가 어떻게 말에게 말을 걸겠어요?"

"물론 말은 말을 못한다. 사람이 아니니까. 하지만 말이 마음대로 하도록 좀 내버려 두면 너는 곧 말이 뭘 원하는지 알게 될 거야."라고 정령이 다시 한번 웃으며 말했다.

"말이 맘대로 하도록 좀 내버려 두라고요? 말을 제가 이끌지 말라는 말씀이세요? 말에게서 고삐를 빼라고요?"

"맞다. 말이 어디로 너를 이끄는지 한번 보지 그러니?"

소년은 이 충고에 머릿속이 무척 혼란스러워졌다. 말이 멀리 도망갈지도 모른다고 생각했기 때문이다. 그러나 달리 어떻게 해야 할지 몰라서 소년은 말이 자신을 이끄는 대로 따라가 봐야겠다고 결심하면서 다시 들로 향했다.

다시 들로 가까이 다가가면서 소년은 사람들이 늘어서 있는 모습을 보고 놀랐다. 사람들은 뭔가를 응시하고 있는 것 같았다. 몇몇 사람들은 손가락으로 가리키기도 하고 또 어떤 사람들은 서로에게 몸짓을 하며 큰소리로 이야기하고 있었다. 소년은 무슨 소동이 일어나고 있는지 보려고 서둘러 갔다. 그 사이 자기 말에게 무슨 일이라도 일어난 것이 아닌가 걱정이 되었다.

소년의 말이 들판에 원을 그리며 빠르게 달리고 있는 모습이 보였다. 말이 달리면서 말의 뒤쪽으로는 깊은 고랑이 생겼다. 말의 고삐는 말머리 뒤쪽으로 느슨하게 풀려 있었다. 이끌어 주는 사람이 없는데도 말은 일을 잘 하고 있었던 것이다. 사실 소년은 저렇게 빠르게 밭을 가는 말은 본 적이 없다는 생각이 들었다.

그러나 말은 일반적인 방식에 따라 고랑을 나란히 깔끔하게 갈고 있지 않았다. 대신 말은 밭의 바깥쪽에서 안쪽으로 돌며 갈아 들어가고 있었다. 벌써 밭에는 밭고랑이 여섯 개나 그려져 있었으며, 말은 빠른 속도로 일곱 번째 고랑을 갈고 있었다. 가장 바깥쪽 고랑은 네모 형태로 밭의 가장자리를 따라 그려져 있었다. 그러나 말이 안쪽으로 밭을 갈아들어 갈수록 밭고랑의 가장자리는 모서리 부분이 약간씩 더 둥글어지고 있었다. 그래서 지금은 말이 큰 원형을 그리며 달리고 있었다.

달리는 모양이 점점 더 둥근 원을 그리게 되면서 말의 속도는 더 빨라졌다.

곧 말은 큰 타원형으로 달렸고, 그러더니 쟁기가 풀을 베어 내며 뒤로 먼지를 일으키는 동안 말은 전속력으로 달렸다.

말은 밭이 아니라 마치 경마 트랙 위를 달리고 있는 것처럼 보였다. 소년은 빙긋이 웃으며, 말이 마치 트랙 위를 달리는 것처럼 밭 주변을 달리고 있다는 사실을 알아차렸다. 말은 밭을 갈며 경주하고 있었고, 그것이 아주 즐거운 듯 보였다.

곧 원이 너무 작아져서 말은 계속 달릴 수 없게 되었고, 그래서 말은 속도를 늦추며 우아한 포즈로 밭의 중앙으로 원을 그려 들어가다가 멈춰 섰다.

구경하고 있던 농부들과 밭의 일손들은 박수를 치며 휘파람을 불어댔다. 어떤 사람들은 소년의 등을 손바닥으로 치며 축하해 주었다.

"아주 훌륭한 말을 가졌구나! 밭을 저렇게 빨리 가는 말은 내 생전에 본 적이 없다. 말이 진짜 경주를 하는 것처럼 달리는구나. 보통 말이라면 저 만큼 밭을 가는 데 3일은 걸릴 거다. 그런데 네 말은 하루아침에 그 일을 다 해냈구나."라고 한 사람이 말했다.

"말을 잘 훈련시켰나 보구나. 아버지가 돌아오시면 아주 기뻐하실 게다."라고 또 다른 농부가 소년에게 말했다.

소년은 말이 그렇게 하도록 하기 위해 자신이 한 일이 아무 것도 없다는 사실을 설명하려고 애쓰다가 밭으로 걸어 들어가서는 말 옆에 섰다.

"네 말을 들으려 하지 않았던 것이 미안하다. 너도 너 나름대로 일하고 싶은 방식이 있었구나."라고 말에게 말했다. 소년은 말의 어깨를 토닥거리고는 말에게서 쟁기를 풀어 주었다. 소년은 늘 하던 대로 고삐를 잡으려고 손을 뻗쳤다가, 다시 한번 생각하더니 고삐도 풀어 주었다.

"계속 가라. 네가 원하는 곳 어디든지 가라. 내가 따라가마. 네가 다음에는 무엇을 하려고 하는지 알고 싶다."

말은 잠시 소년을 쳐다보다가 돌아서서는 밭에서 걸어 나갔다. 길을 따라 가다가 다리 위로 올라가더니 물 먹는 장소로 이어진 꼬불꼬불한 오솔길로 내려갔다. 소년은 호기심에 찬 눈으로 둑 위에 서서 무슨 일이 벌어지나 바라보았다. 말은 킁킁거리며 물 냄새를 맡아 보더니, 개울 약간 위쪽으로 옮겨 가서는 다시 냄새를 맡았다. 이런 행동을 몇 번 반복하더니 마침내 다리에서 100피트쯤 되는 지점까지 올라갔다. 이곳은 모래사장이 강의 굴곡부를 이루고 있는 부분이었다. 여기서 말은 마침내 만족하는 듯하더니 머리를 숙여 오랫동안 물을 마셨다.

　그러고 나서 말은 둑을 이리저리 둘러보더니 마침내 좀더 직선으로 위까지 이어진 곳을 찾아내고는 길 위로 올라갔다. 소년은 말의 뒤를 쫓아 민첩하게 위로 올라갔고, 말과 소년은 나란히 길을 따라 걸어가다가 마침내 오두막에 도착했다. 말은 마구간으로 가지 않고 뒷마당으로 걸어가더니 커다란 나무 그늘 밑에서 풀을 뜯기 시작했다.

　소년은 말을 그곳에 두고, 그날 일어났던 일을 할머니에게 이야기해 주러 갔다. 소년이 집에 도착하자 할머니는 달려 나오며, "벌써 비가 오고 있니? 뼈가 욱신거리는구나. 오늘 비가 올 게다. 얘야, 다시 밭으로 나가는 게 좋겠다. 그래야 밭을 좀 더 갈 수 있지 않겠니."라고 말했다.

　소년은 하늘을 쳐다보고는 커다란 구름이 먼 지평선 위에 쌓이고 있는 것을 알아차렸다. 소년은 미소를 지었다.

　"걱정 마세요. 밭 가는 일이 끝났어요. 그런데 문제가 한 가지 있어요. 밭고랑이 나란하지 않고 둥글게 되었어요. 아버지가 싫어하실까요?"

　할머니는 소년이 일을 그렇게 빨리 끝낸 것에 놀라면서도 기뻐했다. 하지만 밭고랑이 둥글게 된 것에 대해서는 뭐라고 해야 할지 몰랐다. "우리는 늘 줄지어서 씨를 뿌리고 잡초를 뽑고 추수했단다. 이제 어떻게 하면 좋겠니?"라고 할머니가 걱정했다.

　"저도 잘 모르겠어요. 하지만 말이 어떻게 하는지 우리에게 보여 주면 쉽게 할 수 있을 거예요. 자기가 하는 일에 대해 말이 알고 있는 것 같아요. 말이 마음대로 하게 내버려 두면 말이 우리를 위해 알아서 일을 잘 해낼 거예요."라고 소년이 말했다.

　집에 돌아온 아버지도 역시 회의적으로 생각했다. 그래서 처음에는 소년에게 화를 냈다. 그러나 소년의 생각이 옳다는 것이 증명되었다. 씨 뿌릴 때가 되자 소년의 가족은 자동 살포기에 씨를 얹어 말에게 채웠다.

그리고 나서 소년과 아버지는 말이 밭에서 전처럼 원을 그리며 씨 뿌리는 모습을 서서 지켜보았다. 소년의 아버지는 머리를 가로 저으며, "누가 상상이나 했겠니! 내가 농사용 말 대신 경주용 말을 샀던 것 같구나. 하지만 말이 일을 이렇게 빨리 끝내는 것을 보니 상관없다는 생각이 든다."라고 말했다.

밭에서 잡초를 뽑을 때가 되자 말은 다시 원을 그리며 재빠르게 일을 끝냈다. 추수기가 되자 말은 전과 같은 방법으로 마차를 끌었고, 그래서 일꾼들과 소년, 그리고 아버지는 모두 말 뒤에서 쫓아가느라 애쓰며 일했다. 그 해에 이들의 수확은 풍작이 되었고, 소년은 정말 강의 정령이 알려준 지혜와 말의 힘에 감사했다.

그 해 가을 마지막으로 추수한 짐을 마차에 싣고 집으로 돌아오며 이들이 다리를 마지막으로 건널 때, 소년은 잠시 멈춰 서서 다리 난간에 기대고 다리 아래로 흐르는 물을 내려다보았다. 아버지는 소년에게 왜 멈춰 섰는지 물었다.

"아, 누군가에게 감사하다는 말을 하고 싶어서요. 여기가 바로 말에게 물을 먹게 하는 비결을 제가 처음 들은 곳이거든요."라고 소년이 말했다.

"비결? 무슨 비결?" 아버지가 소년에게 물었다.

"말이 원하지 않으면 물을 먹게 만들 수 없다는 것이 그 비결이에요. 단지 말이 물을 먹도록 그냥 내버려 둘 수 있다는 거지요. 그게 바로 제가 배운 비결이에요."라고 소년이 웃으며 말했다.

"정말 맞는 얘기다. 그리고 내 아들이 농부가 되게 만들 수 없는 것도 마찬가지란다. 생각해 봤는데 너는 여기 계속 머물면서 나처럼 농부가 되고 싶니, 아니면 달리 마음 속으로 생각하고 있는 것이 있니?"라고 아버지가 물었다.

소년은 놀라서 아버지를 쳐다보았다.

"저는 가끔 대도시에 있는 학교에 다니고 싶다는 생각을 했어요. 물론 우리가 학비를 낼 돈이 충분하지 않고, 제가 아버지의 농사일을 거들어야 하면 안 되겠지만 말이에요."라고 소년이 초조해하며 말했다.

아버지는 미소를 지었다.

"네가 큰 도움이 되는 것은 사실이다. 하지만 우리는 이제 이 말이 있어서 네 도움이 많이 필요하지 않게 되었단다. 우리가 없어도 일의 대부분을 말이 다 하는구나. 돈 문제도 말이다, 우리가 인내심을 가지고 절약한다면 충분히 모을 수 있을 것 같구나."

오두막집으로 걸어가는 동안 소년은 구름 위를 걷는 기분이었다. 소년은 말을 닦아 주고 우물에서 양동이로 물을 길어다 주는 동안 자신이 무슨 일을 하고 있는지도 거의 모를 정도였다. 말 앞에 양동이를 놓으면서 소년은 말에게 말했다.

"이번 겨울에 내가 학교에 갈 수 있다면 정말 멋지지 않겠니?"

말은 히힝거리더니 물 양동이를 걷어차서 소년의 발에 물이 쏟아지게 했다.

"야, 왜 그러는 거야!" 소년이 화가 나서 소리를 질렀다.

"우리 이제 예전의 문제는 다 해결한 걸로 생각했는데." 소년은 화가 나서 신발에서 물을 떨어냈다. 그리고 나서 소년은 양동이를 다시 들어 물을 채워다 놓으려고 몸을 숙였다.

그때 양동이 옆에 쏟아진 물에서 뭔가 빛나는 것이 보였다.

소년은 그것을 주워서 자기 옷자락으로 문질러 닦았다.

묵직한 금화였다. 한쪽에는 말이 달리는 모습이 조각되어 있고, 반대쪽에는 강 위로 다리가 하나 놓인 그림이 있었다.

소년은 그것이 지난 봄에 강에서 잃어버렸던 바로 그 금화라고 확신했다. 소년은 그것이 어째서 자기네 우물에 빠져 있을 수 있는지 알 수 없었다. 하지만 그 금화가 정말로 소년의 손바닥 위에서 빛나고 있었다. 소년은 자기가 학교에 가고 싶다고 아버지에게 말하는 것을 강의 정령이 들은 것이 아닌가 하고 생각했다. 그리고 말이 어떤 역할을 한 것인지, 그리고 말이 자신이 깨달은 것보다 훨씬 더 많은 것을 알고 있는 것은 아닌지 하는 점들이 궁금했다.

소년은 말의 목을 토닥거려 주고 나서, 아버지에게 자기 학비로 낼 돈을 발견했다고 말하러 오두막집으로 달려갔다. 소년은 아주 흥분해서 참을 수가 없었다.

"드디어 나의 진짜 공부가 시작될 수 있겠어."라고 소년은 생각했다. 물론 소년은 그 후로도 오랫동안 자신이 가장 중요한 교훈을 이미 배웠다는 사실과, 고집 센 말이 때로는 가장 훌륭한 선생이 된다는 사실을 깨닫지 못했다.

C

토론

이야기가 끝나자 그녀 주변에 모여 있던 기업가들과 관리자들은 잠시 동안 아무 말 없이 이야기를 되새겨 보았다. 이들은 단순한 줄거리의 이야기를 들었는데도 마치 훨씬 복잡한 이야기를 들은 것 같았다.

"여러분은 어떻게 생각하세요?"라고 그녀가 말했다.

성공적인 회사의 창립자이자 최고경영자라는 나이 지긋한 한 남자가 앞으로 몸을 일으키며 말했다.

"마지막에 소년이 자기 일을 성공적으로 해내고 나서, 새롭고 더 나은 일로까지 옮겨 가는 모습에서 저는 영감을 얻었습니다. 소년은 스스로 일을 훌륭히 해냈을 뿐만 아니라, 결국 자기 말도 일을 훌륭하게 해내도록 만드는 방법을 찾아냄으로써 성공한 것입니다. 우리들은 관리자 및 회사 경영주로서 우리의 성공이 우리 자신의 손에만 달려 있지 않고, 직원들 손에도 달려 있다는 사실을 깨달아야 합니다. 직원들이 성공해야 우리도 성공할 수 있으니까요."

다른 한 사람이 이 말에 동의하며 나섰다.

"네, 그렇습니다. 회사 전체가 마음을 합칠 때 정말 놀라운 일을 해낼 수 있습니다. 그러나 회사 전체가 항상 열심히 마음을 합치거나 같은 방향으로 가는 건 아닙니다."

다른 사람이 말했다. "어떤 인력은 다른 인력보다 우수합니다. 우리가 지닌 인력이 모두 소년의 말처럼 강하고 영리한 것이 아니라 오히려 그 이웃의 말처럼 수척하게 마른 늙은 말이면 어떡하지요?"

이야기를 들려 주었던 나이 든 여성이 미소를 지으며 말했다. "하지만 실제에서도 그렇다고 생각하세요? 성공하려면 '뛰어난' 인력을 가져야만 할까요? 만일 그렇다 하더라도, 우리 모두가 평범한 수준을 넘는 직원들을 고용하는 것이 가능할까요? 그것이 정말 이 이야기가 전하는 메시지일까요?"

사람들은 생각에 잠겼다. 잠시 후 한 사람이 말했다. "그게 핵심이 아닌 것 같습니다. 처음에 소년은 자기네 말이 형편없다고 생각했습니다. 모두 기억나시지요? 말을 어떻게 해야 잘 관리할 수 있는지를 알고 나서야 소년은 그 말이 훌륭한 말이라는 사실을 깨달았습니다. 말은 같은 말이었지만, 말에 대한 소년의 관점이 바뀌었던 것뿐이지요."

또 한 사람이 말했다. "정말 맞는 말입니다. 내가 문제점에만 온통 신경을 쏟아 실망하고 있을 때보다는 직원들의 가장 훌륭한 자질에 초점을 맞출 때, 상황이 훨씬 좋아지고 성과도 더 높이 나오는 것 같습니다."

"좋은 관점입니다. 처음에 소년은 말을 골칫거리로 생각했고, 그래서 말을 골칫거리 대하듯 했습니다. 결국 소년이 말을 그렇게 대했기 때문에 그런 결과를 얻은 것이지요. 여러분도 자신이 직원들에게 기대하는 것만큼의 결과를 얻는 것이 아닐까요?"라고 한 젊은 관리자가 동의하며 말했다.

또 한 사람이 이런 점을 지적하고 나섰다. "그렇습니다. 특히 직원들은 되도록 적게 일하고 되도록 많은 돈을 받아 가는 것에만 신경 쓴다고 여러분이 생각한다면 말입니다. 소년은 말에게 필요한 것이 무엇인지 이해하지 못했습니다. 마찬가지로 대부분의 관리자들은 자기 직원들이 어디에서 동기를 얻는지 모르고 있다는 말을 들은 적이 있습니다."

"이야기를 듣다 보니 저의 일이 생각나는 부분이 있었습니다. 소년이 말에게 강제로 물을 먹게 하려고 말과 씨름을 하는 부분이었습니다. 소년이 말의 고삐를 더 세게 당길수록 말은 더 세게 뒤로 물러났잖아요. 때로는 저와 직원들과의 관계가 약간 그런 것 같습니다. 이야기를 듣고, 그런 씨름에서 정말 이기는 사람은 누구일까 하는 의문이 생기더군요."

나머지 사람들이 동의하자, 그들 중 한 사람이 이렇게 덧붙여 말했다. "아무도 이기는 사람은 없지요. 소년이 말에게 사과하고 나서 좀더 배려하는 마음으로 대하기 시작하자, 말이 소년을 돕기 시작했다는 점이 중요하다고 생각합니다."

지금까지 조용히 있던 한 여성이 목소리를 높여 말했다. "말이 밭을 갈 때, 소년은 왜 말의 길을 자기가 통제해야 한다고 느꼈는지 저는 궁금했습니다. 소년은 스스로 밭을 가는 한 가지 유일한 방법을 알고 있다고 크게 확신한 나머지, 자신이 말을 통제하고 있다는 사실조차도 깨닫지 못했습니다. 때로는 정말 그럴 의도가 없었는데도, 직원들이 일에서 스스로 창의적이 되거나 진정한 자부심을 갖지 못하도록 제가 만드는 경우도 있습니다. 우리는 결국 일에서 필요 이상으로 많은 부분을 통제하려고 하는 경우가 많다고 생각합니다. 그러면 직원들은 기분이 어떨까요?"

누군가가 이렇게 말했다. "어떤 사람이 나를 지나치게 통제하려 들면, 나는 신경이 예민해지고 열심히 일하고 싶은 마음이 없어집니다. 우리는 회사에 해결해야 할 일이 아주 많아서 열심히 일하고자 하는 직원들의 열정을 조금도 손상시킬 수 없습니다."

다른 사람이 이 말에 동의하며 말했다. "좋은 관점입니다. 일이 잘못되어 가고 있을 때 소년은 그 문제를 해결하기 위해 말을 제외한 다른 모든 사람을 믿었다는 점을 눈치 채셨습니까? 관리자들이 직원들과 가능한 만큼 대화를 많이 하지 않는 이유 가운데 하나는 직원들이 스스로에 관한 한 뛰어난 전문가라는 점을 관리자들은 인식하지 못하는 경우가 많다는 것입니다. 예를 들어, 관리자가 길을 멈추고 직원에게 일을 더 잘 하거나 더 의욕적으로 하기 위해서 무엇이 필요한지 물어 보는 경우는 매우 드뭅니다. 그러나 직원은 분명히 그 점에 관해 유용한 관점을 가지고 있을 것입니다."

또 한 사람의 관리자가 말했다. "그것을 들으니 우리가 처음에 하던 얘기로 다시 돌아가는 것 같군요. 자신이 기대하는 대로 얻는다는 이야기 말입니다. 만일 직원들을 한 가지 방식으로 바라본다면, 길을 멈추고 직원들에게 질문할 생각을 하지 않을 것입니다. 이미 직원들에 관해 다 알고 있다고 믿기 때문입니다."

"여러분이 제 이야기를 간파하셨습니다."라고 이야기를 들려 주었던 나이 든 여성이 빙긋 웃으며 사람들을 칭찬했다. "여러분이 자신의 일과 이 이야기를 잘 연관지어 생각하는 것을 보고 저는 감명을 받았습니다. 소년이 발견한 금화에 관해서는 어떻게 생각하십니까? 그것이 여러분에게 특별한 의미가 있나요?"

사람들은 잠시 동안 그것에 관해 생각했다. 그러다가 누군가가 이렇게 말했다.

"저는 말이 소년의 손에서 금화를 떨어지게 했던 부분이 재미있었습니다. 소년에게는 '말 못하는 짐승'이 우연히 자기 금화를 잃게 한 것 같았습니다. 그러나 나중에는 말이 소년을 도우려고 했던 것처럼 보였습니다. 관리자인 우리들은 때때로 직원들이 우리를 도우려고 애쓰고 있다는 점을 깨닫지 못할 때가 있는 것 같습니다."

다른 누군가가 덧붙여 말했다. "그렇습니다. 그리고 소년은 내내 자신이 말보다 더 똑똑하다고 믿었습니다. 그것을 우리 일과 연관지어 생각해 보면, 관리자인 우리들이 모든 직원을 합친 것보다 정말로 더 똑똑할 가능성이 얼마나 될까요? 만일 우리가 직원들의 지혜와 지식을 충분히 활용할 수 있다면 말입니다. 우리 회사의 인력 가운데는 똑똑한 사람들이 많이 있습니다. 아마도 저는 제가 할 수 있는 것만큼 완전하게 그들이 일하도록 만들지는 못할 것입니다."

나머지 사람들이 동의의 표시로 고개를 끄덕이자, 한 사람이 말했다. "저는 소년이 금화를 보물로 생각하는 부분이 떠오르는군요. 저는 이 이야기의 진짜 보물이 무엇일까, 그리고 그 보물을 발견하면 소년이 그것을 알아차리기는 할까 하는 점이 궁금했습니다. 보물은 그 지혜였던 것입니다. 말의 잠재 능력을 충분히 활용하는 것이 바로 그 지혜입니다."

"그것은 우리의 사업 경영에서도 마찬가지로 적용되는 이야기입니다."라고 모두가 동의했다.

그러다가 이들은 세미나의 다음 세션이 시작되는 것을 알아차리고는 일어나서 연수실로 다시 들어가기 시작했다. 이들은 방금 들은 이야기의 여러 가지 통찰력을 현실에 적용시키려면 어떤 도구와 테크닉이 필요할까 열심히 알아내고자 했다. 이 이야기가 사람들에게 큰 영향을 미쳤다. 그래서 이야기를 들은 사람들은 마음속으로 각자 '말에게 물을 먹게 하는 비결'을 결코 잊지 않겠다고 맹세했다. 또한 직원들이 자신의 일에서 좀 더 충분히 잠재력을 발휘하도록 돕기 위해 이 지혜를 반드시 따라야겠다고 맹세했다.

(*The Horse Who Wouldn't Drink*에서 발췌, copyright ⓒ2001 Alex Hiam)

Book 2

말의 생각

관리자들을 위한
조언과 테크닉

다른 리더들의 경험과 행위를 통해 우리는 리더십에 관해 무엇을 배울 수 있는가?

1

헌신

말은 스스로 이기고자 하는 경주가 아니면 이기지 않는다는 것이 기본이다. 사람들 역시 각자가 가진 이유 때문에 일한다. 회사는 그 구성원들이 성공하기를 원하기 때문에 성공하는 것이지 관리자가 원하기 때문에만 성공하는 것은 아니다. 모든 관리자의 첫 번째 과제는 사람들이 참여하여 헌신적으로 일하고 싶은 마음이 들도록 만드는 것이다.

말에게도 경주에서 우승하려는 승부욕을 불어넣는 것이 중요하다.

> "회사는 내게 뇌(腦)를 문에 두고 가기를 원한다고 나는 늘 생각했다."
> – 한 자동차 제조업체의 직원, *The London Times* 인용

예전에는, 직원들에게 무엇을 해야 할지 확실히 알려주기만 하면 되었던 것 같다. 그러나 오늘날에는 예전부터 해왔던 일 이외에도 훨씬 더 많은 일을 하는 직원이 필요하다. 우리는 직원들이 모든 일을 순조롭게 진행하도록 하면서, 동시에 회사를 더 좋아지게 할 방법을 직원들이 머리를 맞대고 생각하도록 만들어야 한다. 회사에는 일에 적극적으로 달려드는 직원들이 필요하다.

우리 회사에서 제공하는 리더십 훈련에서 반드시 하는 일이 있다. 참석자들에게 그들 회사 내의 헌신도를 측정해 달라고 요청하는 일이다. 그렇게 하면 두 가지 목적을 달성할 수 있다.

첫째로, 헌신이 리더십을 발휘할 가치가 있는 영역인지 아닌지 확실히 알 수 있다. 대개, 그럴 만한 가치가 있는 영역이다.

둘째, 헌신이 정확히 무엇을 의미하는지 알 수 있게 된다.

헌신을 설명하기 위해 우리가 사용하는 문장 몇 가지를 여기서 소개하겠다. 이것을 우리는 POLO라고 하는 데, 이것은 Profile of Leadership Opportunities(리더십 기회의 프로파일)를 줄인 말이다.

당신은 직원들이 다음과 같다고 말할 수 있는가?
• 자신의 회사와 그 일의 성공에 깊은 관심을 가지고 있다.
• 현재 생산적인 일을 하고 있다.
• 일에 흥미를 느낀다. 자기 일을 지루하게 생각하지 않는다.
• 자기 팀에 강한 유대감을 느낀다.
• 회사의 실적 중 적어도 몇 가지에는 개인적인 책임을 느낀다.

• 자신의 일에 매우 의욕적이다.

위의 각 문장에 대해 진심으로 '그렇다'라고 대답할 수 있다면 당신의 직원들은 아주 드물고 놀라울 정도로 높은 헌신 수준을 지니고 있는 것이다. 당신의 대답이 '어느 정도 그렇다'이거나 '그다지 그렇지 못하다'라면 어떨까? 이것 역시 그다지 나쁜 편은 아니다. 왜냐하면 당신은 리더십을 발휘할 기회를 명확히 제시하는 영역을 방금 확인한 셈이기 때문이다. 헌신을 쌓는 데 초점을 맞춰라. 그러면 결국 몇 가지 확실한 성공을 거둘 수 있다.

어떻게 하면 매우 헌신적인 태도를 끌어낼 수 있을까? 이 문제를 해결할 좋은 방법이 많이 있다. 이 책의 1장에서는 아주 구체적인 리더십 행위와 테크닉을 풍부하게 제시한다. 여러분은 여기서 영감을 얻을 수 있을 것이며, 이론적인 아이디어보다 훨씬 쉽게 이것들을 행동에 옮길 수 있을 것이다.

"**내**가 직접적으로 사람들에게 동기를 부여하는 것은 아니라고 생각한다. 나는 사람들이 자신의 모습에 충실할 수 있도록 한다. 그래서 그런 식으로 다른 사람들에게 동기를 부여할 수 있도록 배려한다. 우리는 사람들에게 망나니가 될 수 있는 기회를 열어둔다. 직장 분위기에 자기 자신을 끼워 맞출 필요는 없다. 자기 스타일대로 즐기면 되는 것이다. 우리는 또한 그들에게 무엇이 중요한지를 보여 주려 한다. 그래서 승객들로부터 받은 편지를 같이 살펴보는 것이다."

– 허브 켈러허,
사우스웨스트 에어라인 회장
(*The Wall Street Journal*,
1999년 8월 31일자,
할 랭카스터 인터뷰 내용에서 인용)

∪ ∪ ∪

고용 주도권

직원의 높은 헌신도를 끌어내기 위한 좋은 방법 한 가지는 지원자를 뽑을 때 헌신성과 동기를 검증하는 것이다. 그러나 회사는 대개 자격 여부를 기준으로 자리를 채울 사람을 찾는다. 따라서 그 일을 수행하는 데 필요한 교육을 받고 경험을 가졌는지를 확인한다. 그러나 잘 생각해 보면 이것은 단지 그 일을 할 능력이 있는 사람을 찾는 것일 뿐이며, 그 사람이 그 일을 할 의지가 있는지는 알 수 없다. 나는 능력과 의지를 구분 짓기 좋아한다. 헌신은 의지의 문제다. 강한 의지는 수많은 능력을 대신할 수 있다.

자격을 갖춘 새로운 직원이 '안장 위에' 앉고 난 후 그를 평가할 시기가 오면, 우리는 그제서야 그들이 좀더 열렬한 태도를 지니고 있길 바라고, 좀더 솔선수범하며 노력해 주기를 바란다. 이런 것들은 사람이 자신의 잠재 능력을 모두 발휘할 것인지를 결정해 주는 무형의 요소들이다. 나중에 이런 것들을 바라기보다는 고용 과정에서 이런 무형의 요소들을 찾는 것이 어떨까?

매사추세츠 보스턴에 있는 쇼무트 디자인 & 콘스트럭션사의 최고경영자 짐 안사라는 바로 이 점에 착안했던 것 같다. 안사라는 입사 지원자들을 면접할 때 자신이 찾는 점을 이렇게 설명한다.

우리 회사가 어떤 회사인지 그리고 무엇을 하는 회사인지 정말 열심히 조사해 본 사람에게 나는 가장 감명받는다. 자세히 조사했다고 주장만 하고 실제로는 거의 준비하지 않은 사람에게는 전혀 관심이 없어진다. 어떤 지원자가 우리에게 디자인에 정말 관심이 있기 때문에 우리 회사에 지원했다고 말한다면, 그 사람만큼 자신이 여기에 왜 왔는지 모르고 있는 사람도 없을 것이다. 우리 회사 이름이 쇼무트 디자인 & 콘스트럭션이지만 우리는 지난 5년간 디자인을 한 적이 한번도 없다.

(San Francisco Chronicle, 2001년 12월 30일자)

안사라의 면접 방법을 많은 회사에 적용할 수 있을 것이다. 사람을 고용하기 전에 당신이 생각해 보아야 할 점들이 있다. 당신 회사에 지원하기 위해 지원자가 얼마나 자발적으로 노력했는지 알려면 지원자에게서 어떤 점을 알아내야 할까? 현재 당신의 면접 방법 덕분에 지원자들은 열심히 노력하거나 자발성을 증명하지 않고도 진지한 지원자로 보이는 것은 아닐까? 만일 그렇다면, 이것 때문에 나중에 헌신성 문제가 나타나게 되지는 않을까?

"적극적인 이탈자"를 찾아라

다음과 같은 놀라운 사실이 있다. 모든 직원의 20%, 즉 다섯 명 가운데 한 명은 자신이 해야 할 일이 무엇인지 잘 모르고 있거나, 일을 하는 데 필요한 자료가 부족하거나, 상관이 정보를 제공해 주기를 기다리고 있다고 한다. 결과적으로 이들은 적극적으로 이탈된 상태에 있는 것이며, 이것은 그들이 자기 일에서 현재 생산성을 발휘하지 못하고 있다는 것을 의미한다. 세상에!

한 갤럽 조사에서 이런 예상치 못한 문제와 그것의 가장 일반적인 원인이 밝혀졌다. 이제 우리는 많은 사람들이 이탈된 상태에 있으면서 다시 정상 궤도로 돌려질 때를 기다리고 있다는 사실을 알게 되었으므로, 여기서 분명한 리더십 행위를 발휘하여 이런 직원의 문제에 특별히 관심을 가져야 하며, 그런 사실이 감지되면 이 사람들이 다시 생산적이 되도록 하기 위해 그들에게 필요한 것을 갖추도록 해야 한다.

다음 미니 체크 리스트에 있는 질문들은 표면으로 드러난 적극적 이탈 상태의 직원들을 돕기 위한 것이다. 정기적으로 실시하는 다각적 검토 과정에서 이것을 활용해 보라. 다음과 같이 자문하라.

그 직원은
☐ 자신이 해야 할 일을 알고 있는가?
☐ 자신의 일을 하는 데 필요한 자료를 가지고 있는가?
☐ 자신의 관리자에게 물어보거나 말해야 할 중요한 것이 있는가?

모든 직원에 대해 이 세 개의 박스를 모두 체크할 수 없다면, 당신은 자신이 문제를 안고 있다는 것을 알아야 한다. 이제 그 문제가 가시화되었으므로, 해결하기는 그리 어렵지 않을 것이다.

정보를 제공해 주고 권한을 위임하라

질을 향상시키고 작업 과정에서 에러와 비용을 줄이기 위해 팀을 구성하는 경우가 많은데, 이 개량팀은 품질 향상을 할 수 있도록 하는 가장 좋은 방법이고 그래서 대부분의 회사에서 이런 팀을 운영한다. 그러나 대개의 경우 이런 팀은 곤경에 빠지게 된다. 그들은 벽에 부딪혀서 생산성에 변화를 줄 수 없는 것처럼 보인다. 갈등이 생기고, 참여자들이 빠져나가고, 직원들이 나가고 싶어 한다. 월풀사의 건조기 조립팀에 이런 일이 발생하자 이 팀은 팀원들에게 자신의 일을 스스로 관리할 수 있는 권한을 더 많이 부여하고, 과정의 재설계에 필요한 실질적인 도구와 테크닉에 관해 훈련을 추가로 제공함으로써 사태를 진정시킬 수 있었다. 이들은 R.V. 암스트롱 & 어소시에이트사의 컨설팅 도움을 받아 이렇게 할 수 있었다.

이 팀은 계속해서 총 경비를 줄이고, 품질 결함을 없애고, 생산성을 70%나 올렸다. 이런 결과는 정보와 권한이 결합되었을 때 발휘하는 힘이 어떤 것인지 잘 증명해 주고 있다. 훈련은 충분히 받지 못한 채 스스로 관리할 권한만 부여받은 팀들은 '사람들에게 로프를 충분히 주어라. 그러면 스스로 매달릴 것이다'라는 옛 금언의 좋은 예가 된다. 그러나 결정할 권한과 좋은 결정을 내리는 데 필요한 정보가 결합되면, 마법과도 같은 일이 일어나며, 모두가 승리하게 된다.

권태 퇴치하기

일에 대한 흥미와 정신적 참여도를 높이려면 어떻게 해야 할까? 특히 직원들이 지루한 일상적 업무에 파묻혀서 자신의 일이 지겹고 반복적이라고 생각하고 있다는 것을 당신이 감지했다면? 이것은 우리 회사에서 운영하는 리더십 트레이닝에서 우리가 자주 다루는 문제이다. 그 문제를 해결하고 싶은가?

자극을 좋아하지만 때때로 자신의 일이

미국 마쯔다 모터사는 영업 사원을 대상으로 현금보상제도를 도입했다. 영업 사원이 차를 팔 때마다 특별한 번호로 전화를 걸면, 무작위로 선정된 여러 번호들 중 하나를 받게 된다. 이 번호에 따라서 나중에 25불에서 250불 상당의 물건을 보상으로 받는 것이다. 이 프로그램을 관리하고 있는 클라크 콜비 씨는 "대박을 터뜨릴지도 모른다는 심리 때문에 이 프로그램이 재미있다"고 말한다.

지루하고 반복적이라고 느끼는 직원들이 당신 회사에 있다고 가정해 보자. 당신은 어떻게 직위, 인정, 보상, 활동, 기타 대우 등을 이용하여 사기를 북돋우고 일터에 재미와 자극을 더할 수 있을까? 적어도 여섯 가지를 생각해 내도록 해보라.

1. _____
2. _____
3. _____
4. _____
5. _____
6. _____

당신은 무엇을 생각해 냈는가? 우리가 지난 여러 워크숍에서 만들어 낸 몇 가지 아이디어를 소개하겠다.

비교적 비싸지 않은 쿠폰 북을 사라. 예를 들어 식당, 상점, 영화관 등

> **"직**원들은 자신들이 관심과 지식을 쏟아서 문제 해결에 도움이 되었을 때 보람을 느낀다. 회사의 문제를 밝혀내고 고치는 데 있어서 직원들에게 얼마나 권한을 부여하는지 여부가 회사의 참여 경영 수준을 보여 준다."
>
> – 딕 무어, 미시건 소재
> 플리스토머사의 교육 및 안전 담당자
> (*Quality Digest*의 글에서)

의 쿠폰 같은 것이다. 그 중 가장 좋은 쿠폰을 12개 잘라내 상자나 모자에 넣고, 각 직원이 쿠폰 하나씩을 뽑게 하라. 그러고 나서 직원 가운데 한 명이 추가로 50달러를 더 갖도록 하는 보너스 추첨을 할 수도 있다. 이것은 좀 한심한 방법이긴 하지만 재미있기 때문에 한 주의 즐거운 하이라이트가 될 수 있다.

또한 직원 두 사람에게 부탁해서 스카벤저 헌트〈주워 모으기 게임: 지정된 물건을 사지 않고 빨리 모으면 이기는 게임〉를 구성하게 하고, 나머지 직원들을 위한 힌

고용 - 묻지 말아야할 것

신입 사원을 면접할 때마다, 세심하게 준비해서 어떤 말을 삼가야 할지 알아야 한다. 법은 이 부분에 관해 아주 엄격하기 때문이다. 또한 불합격한 지원자 대부분은 법적 소송을 걸지 않지만, 가끔 소송을 거는 사람도 있다. 그런데 소송하는 사람들은 송사의 근거가 될 만한 불법 행위를 찾아내는 경우가 많다.

경영진이 조심해야 할 일은 다음과 같다. 피고용자들에게 나이, 결혼 여부, 임신, 종교, 출신 국가, 인종, 성적 취향, 병역 사항, 건강 등에 관하여 개인적인 질문을 하지 마라. 그런 질문을 하면 나중에 차별했다고 배상을 요구할 수 있다.

만일 입사 지원자가 지난해에 한 달 동안 직장에 결근했다고 말하더라도, 그가 병을 앓았는지 물어보고 싶겠지만 참아야 한다. 법적 시각으로 보면, 그 질문에 대한 대답은 결코 듣지 말아야 한다(건강에 관한 간접적인 정보에 관해서도 질문하지 말아야 한다. 예를 들어 노동자 재해 보상금을 지급 받은 적이 있는지 묻지 말아야 한다).

경영진은 지원자들의 태도나 성격이 업무나 직장에 맞지 않는다는 이유만으로 지원자를 불합격시켜서는 안 된다고 흔히 생각한다. 그러나 실제로는 그렇게 불합격시키는 것이 합법적일 수도 있다(그러나 그 이유를 증거 서류로 첨부하고, 해당 업무에 필요한 조건과 관련 있다는 점을 설명하라). 활기 넘치고 의욕적이며 자발적인 면이 직무를 훌륭히 수행하는 데 필요하다면 그런 특성을 지닌 사람을 망설이지 말고 고용하라. 그러나 나이, 성별, 인종 및 법적으로 보호받는 기타 요소들, 즉 그 일을 잘 수행하는 능력과 관계없는 요소에 근거해서 지원자를 불합격시키면 안 된다.

질문할 사항을 신중히 준비하면 그런 실수를 피할 수 있다. 준비된 질문은 또한 면접 과정을 표준화하기 때문에 일관성 없게 대한다는 인상을 주지 않는 데에도 도움이 된다.

– 낸시 L. 오닐, 미국 노동 및 고용 문제 전문 로펌 잭슨 루이스의 변호사

트와 상품을 숨겨 두게 한다. 또는 게시판을 걸어두고 직원들에게 가장 흥미진진한 주말 여행이나 가장 열광적인 휴가를 보낼 아이디어를 게시하게 한다. 그리고 나서 가장 많은 표를 받은 아이디어의 주인공에게 당신이 익살스런 상품을 주는 것이다. 이런 모든 아이디어는 재미와 모험

당신 회사에서는 퇴직자를 상대로 인터뷰를 하는가? 퇴직자들의 생각은 회사를 더 일하고 싶은 곳으로 만드는 데 좋은 아이디어가 될 수 있다. 소프트웨어 회사인 씸넷 시스템즈가 퇴직자를 상대로 실시한 인터뷰에 따르면, 퇴직자들은 사측에서 사원들의 의견을 좀더 많이 경청할 것과 사원들의 기술을 향상시킬 수 있는 기회를 더 제공하기를 바라고 있었다. 회사가 이런 점에 신경을 쓰자, 직원들의 참여도가 높아졌다.

그리고 자극을 더해 주며, 자극을 좋아하는 직원들의 열정을 끌어올려 줄 것이다.

권태를 퇴치할 수 있는 다른 전략들을 알아보자.

- 직원들의 업무에 도전적 요소를 증가시킨다.
- 흥미진진한 새로운 성장 목표를 제시한다.
- 각 직원들에게 더 나은 결과를 만들어 내기 위해 자신의 작업 과정을 다시 설계할 방법을 제시하게 한다.
- 품질 향상팀을 구성한다.
- 작업 윤번제를 제안한다.
- 특별 도전으로 그날의 작업을 한 시간 일찍 마치도록 한다. 그러고 나서 남은 시간 동안 파티를 연다.

제너럴 일렉트릭사의 변화를 위한 변화

"호손 효과(Hawthorne Effect)"를 들어 본 적이 있는가?

생산성을 높여 줄 방법을 알아내기 위해 오래 전 일단의 연구자들이 뉴저지 주 호돈에 있는 제너럴 일렉트릭 공장에서 작업 환경의 변화에 관해 실험을 실시했다. 놀랍게도 그들은 변화 자체가 중요한 효과를 발휘한다는 점을 알아냈다. 예를 들어 조명을 좀 어둡게 바꾸자 생산성이 한동안 상승했다. 다시 조명을 밝게 했을 때도 같은 효과가 나타났다. 사람들이 지루하게 느낄 때 거의 어떤 변화라도 작업 향상에 도움이 될 수 있다는 것이다!

직원들이 서로 강한 유대감을 갖도록 도와주어라

인적자원센터의 책임자인 와튼 스쿨의 피터 카펠리 교수는 팀워크가 직원들이 서로 의사 소통 하는 데 도움이 될 수 있으며, 그렇게 함으로써 동기를 자극하고 유대감을 높일 수 있다고 주장한다. *Corporate University Review*에 실린 글에서 그는 "직원들은 회사와 같은 추상적 존재보다는 다른 개개인에게 더 책임감을 느끼기 쉽다"라고 말했다.

경영자는 직원들이 자기 고용주에게 강한 충성심을 가지고 있다고 생각하고 싶어 하지만 오늘날 그런 경우는 드물다. 팀에 대한 충성심을 강조하라는 카펠리 교수의 제안은 훨씬 더 현실적이다. 그러나 당신이 얼마나 엄밀하게 팀의 연대감을 활용하여 직원들의 충성심을 만들어 낼 수 있을까? 도움이 될만한 제안을 몇 가지 적어 보았다.

- 자주 교류를 나누는 팀이나 그룹에 모든 직원이 적어도 한 군데에는 반드시 적극적으로 참여하게 하라.
- 그런 팀들이 얼마나 친밀한지 잘 지켜보아야 하며, 만일 자기 팀이 마음에 들지 않으면 새로운 팀으로 언제든지 옮겨가도 좋다는 점을 주지시켜야 한다. 성격이 잘 맞지 않을 때는 충돌을 조정하기보다는 피하는 것이 훨씬 쉬

> **"당**신은 부하 직원에게 재미있는 일을 주는 편인가, 아니면 부하 직원이 해야 할 일을 재미있게 만들어 주는 편인가? 신경을 좀 쓰면, 일을 재미있게 만들 방법은 많다."
>
> – 윌리엄 코헨,
> *THE ART OF THE LEADER*
> (프랜티스 홀 출판사, 2000년)

운 방법일 것이다. 경영자인 당신은 서로 맞지 않는 사람들을 잘 지내게 하느라 시간을 낭비하고 싶지는 않을 것이다.

- 직원들에게 자기 팀과 더불어 재미있게 시간을 보내며 긴장을 풀 수 있는 기회를 많이 주어라. 직원들이 업무를 목적으로 하는 회의에서만 서로를 본다면 화합하는 자세를 개발하지 못할 것이다.

- 팀들에게 지루한 일상적 일거리만 주지 말고 흥미로운 도전거리를 제공하라. 어떤 것을 제공해야 할지 잘 생각나지 않으면, 각 팀에게 작업 과정을 점검해 본 다음, 비용과 오류를 줄이고 고객 유지를 더 잘 할 수 있는 개선 방법을 생각해 보라고 요청하라. 건전한 도전거리로 팀에게는 추구할 목표가 생길 것이고, 팀원들은 성취감을 공유하게 될 것이다.

팀이 존재하는 것은 단지 일을 하기 위해서만이 아니라는 점을 명심하라. 팀은 또한 직원들의 개인적 참여 수준을 높이는 데 도움이 된다. 일에 대한 의욕이나 생산성 같은 문제는 모두 직원들이 어떻게 느끼느냐의 문제이며, 일에 대한 직원들의 느낌은 팀 멤버로서 경험하는 것에서 큰 영향을 받을 수 있다.

> **"사**람들은 조직의 일원임을 느끼고 싶어 하고, 자신이 조직에 기여하고 있다는 사실을 체감하고 싶어 한다."**
>
> – 콜로넬 넬 마렐라 박사,
> 퇴역 미군, 현재 펜실베니아 소재
> 스프링 릿지 파이낸셜 그룹 회장,
> (*Incentive*, 2002년 1월호, p.14)

■ 이런 방법은?

복도 바닥이 반짝반짝 윤이 나는 한 회사에서는 종종 '금요 올림픽' 행사를 연다. 이 행사에서 직원들로 구성된 팀들은 사무실 의자를 굴려 가는 릴레이 경주를 한다(이런 게임을 할 때는 반드시 안전 문제를 확실히 해야 한다). 또한 팀들은 종이 비행기를 만들어서 어느 팀 비행기가 가장 멀리 날아가는가 하는 시합도 한다.

■ 선물 주기

경영자로서 당신이 직원들을 기분 좋게 하고 건강한 책임감을 갖도록 격려할 수 있는 한 가지 방법은 직원들이 연말연시 선물 주기 캠페인을 준비하도록 도와주는 것이다. 각자 밖에 나가서 어떤 것을 주고 싶은지 결정하고 포장해서 직장의 중앙 수집 장소로 가져오게 한다. 일리노이즈의 블루 크로스 쉴드사는 매년 이 행사를 여는데, 이 프로그램에서 약 2,000 개 정도의 선물이 수집되며, 선물을 그 지역에 사는 가난한 어린이들에게 나눠준다고 한다.

그림 하나는 말 천 마디의 가치가 있다

상황이 어떻게 진행되고 있는가에 관해 명확한 최신 정보를 직원들에게 제공하려면, 포스터 크기의 그래프나 차트를 만들어 공개적인 장소에 게시하라. 게시한 그래프나 차트에 이익금, 매출액, 품질 지표와 같은 주요 성공 척도의 변화를 추적하여 기록한다. 이런 차트를 계속 최신화할 시간이 없다면, 직원들에게 자원해서 돌아가며 그 책임을 맡아달라고 요청하라. 또한 어떤 정보를 게시하면 좋을지 직원들에게 물어볼 수도 있다. 그러면 직원들이 필요하다고 느끼고 있는 피드백을 확실히 제공해 줄 수 있을 것이다.

직원들이 자신의 상사를 선택하게 하라

위스콘신 주, 매디슨 경찰에서는 직원들이 자신의 상관을 선택하도록 해보았는데 아주 효과적이었던 것 같다. 10년 전 이들은 순경에게 상관인 경사를 선택할 기회를 주고 경사에게는 자신이 모실 부서장을 선택할 기회를 주는 시스템을 도입했다. 그렇게 하면 자신과 잘 지내지 못하는 감독자에게서 벗어나지 못한다고 느낄 필요가 없게 된다. 자신을 매일 관리하는 사람을 통제 하에 둘 수 있다는 사실과 상관이 마음에 들지 않으면 뭔가 조치를 취할 수 있다는 사실을 알고 있는 것이 얼마나 기분 좋은 일이었겠는가? 그것은 직원의 손에 강력한 수단을 쥐어 주는 것이며, 직원이 직장에서 자신의 운명을 스스로 좀더 좌지우지할 수 있다는 느낌을 줄 것이다. 따라서 자

신의 일에 접근하는 태도가 좀더 충실해지고 흥미진진해지며 낙관적이 된다. 매디슨 경찰 부서가 그 도시 사람들에게 보기 드물게 높은 만족 등급을 받고 있는 주요 이유 가운데 하나가 그것이라고 나는 생각한다. 또한 이 경찰서의 일자리 수요가 왜 항상 많은지도 짐작할 수 있는 일이다.

모든 사람이 리더가 되어야 하는 프로젝트에 관하여

작업장에서 부상자 수를 1년 만에 3분의 1만큼 줄이려면 어떻게 해야 하는가? 훈련과 인센티브를 결합한 방식을 통해 안전도를 높이려고 하는 제조업체가 많이 있다. 인센티브의 예로는 시간이 감에 따라 얻을 수 있

는 보상 점수나, 관리자들이 돌아다니면서 안전 절차를 정확히 따르고 있는 직원들에게 쿠폰을 나누어 주는 방법이 있다. 그러나 대개 이런 전통적인 프로그램은 GM에서 북미 전역의 공장에서 사용했던 GM 안전 리더십 프로그램만큼 효과적이지는 못하다.

이 프로그램에 관해 내가 굉장하다고 생각하는 점은 모든 직원이 안전에 관해서는 관리자가 되어야 한다는 메시지이다. GM에서는 좀더 조심하도록 직원들을 구슬리기보다는 직원들이 스스로 위험한 상황과 행위를 알아차리고, 부상을 막기 위한 조치를 취할 수 있도록 권한을 부여했다. 각 직원은 작업장 안전에 관해 훈련을 받았고, 또한 다른 사람들에게 안전 절차를 가르치는 방법에 관해서도 교육을 받았다. 이 회사는 "안전하지 못한 행위를 제거하고 안전하지 못한 환경 조건을 개선하는 일은 모든 직원의 책임으로 간주되고 있다"라고 말한다.

안전은 너무 중요한 문제라서 그 리더십이 소수의 관리자들에게만 맡겨져서는 안 된다고 나는 생각한다. 사실 그렇게 생각하면, 모든 직원에게 관리자 역할을 맡게 하고 싶을 때가 많을 것이다. 그것은 안전 문제에 있어서만이 아니라 중요한 다른 목표에 있어서도 말이다. 모든 직원을 관리자처럼 대한다면 당신 사업이 어떻게 될까? 또 당신의 경영 스타일은 어떻게 될까? 재미있는 생각이다.

지역 사회의 어린이들과 젊은 예술가들 지원하기

일리노이즈의 블루 크로스 앤 블루사는 지역 사회에 참여하는 전통을 가지고 있으며, 최근 이런 전통은 '갤러리 37'의 초보 미술가들이 그린 미술 작품을 사들이는 일까지 포함하게 되었다. '갤러리 37'은 시카고 젊은이들의 예술 작품을 전시하는 비영리 단체이다. 지역 사회를 위한 또 다른 프로젝트는 '어린이 정원'으로, 시카고의 빈 땅에 야생화를 심는 프로젝트이다. 이런 프로젝트는 지역 사회를 위해 아주 좋은 일이지만, 솔선수범해서 지역 사회 프로젝트가 결실을 맺도록 하는 데 직원들을 적극적으로 참여시키는 것은 당신 직원들에게도 굉장히 좋은 일이다.

직원들이 자신의 소식을 직접 쓰게 하라

회사 사보를 만드는 사람은 대개 사원들이 모르는 사람이다. 그렇게 만들어진 사보는 인력 자원 부서나 인사 부서의 뒤쪽 창고에 쌓인다. 경영진은 그런 출판물을 일방적인 전달 도구로 사용하고, 진정한 리더십을 위한 방편으로 쓸 생각은 하지 못한다. 칼럼이나 페이지를 각 부서에서 꾸미도록 하고 직원들 스스로 거기에 어떤 내용을 집어넣을지 그리고 누가 글을 쓸 것인지 결정하게 하는 것도 좋은 아이디어이다. 진정으로 열려 있고 참여적인 태도를 지닌 사보라면 사원들을 훨씬 더 많이 참여시키고 좀더 열린 대화를 장려한다. 자신이 쓴 글을 인쇄물로 보는 것은 직원들에게 '높은 성취감'을 느끼게 해준다.

직원들이 그들 자신의 인쇄물을 직접 디자인하게 하라

회사에서는 어마어마한 양의 인쇄물을 사들인다. 거기에는 회사 이름이 새겨진 펜과 머그컵에서 티셔츠와 기타 의류, 수화물, 모자, 책상 액세서리에 이르기까지 다양한 물건이 있다. 당신의 다음 주문을 기다리며 맞춤 물건을 아주 저렴한 가격에 공급해 주려고 하는 열성적인 업체들이 있긴 하지만, 반면 이미 회사의 로고가 인쇄된 또 다른 제품에 대해 직원들은 그다지 흥미를 느끼지 못할 것이다.

그래서 여기에 새로운 방법을 하나 제안하겠다. 각 작업팀에게 그들 특유의 형용구, 표어, 재미있는 만화, 로고 등을 만들어 내게 한 다음, 집으로 가져갈 선물용으로, 무엇에 그것을 프린트하고 싶은지 선택하게 한다. 이것은 직원들을 대상으로 일년에 한 번 실시하는 프로젝트가 될 수 있으며, 더 나아가서 직원들이 어떻게 이 프로젝트를 준비하고 함께 결정할 것인지 그 방법도 생각하게 할 수 있다.

당신이 할 일이라고는 규모가 큰 공급업체나 당 지역의 공급업자들의 카탈로그와 전화번호 또는 웹 주소를 알려 주는 것뿐이다. 또한 직원들에게 예산을 제공해 주어야 할 것이다. 각 사람당 겨우 10달러라고 하더라도 여전히 선택의 여지는 많이 있다. 이것을 어떻게 해야 할지 당신이 잘 모르겠으면, 잡지 *Incentive*를 사서 뒤에 게재된 광고를 읽어 보라. 당신과 직원들을 기쁘게 해주기 위해 열성적으로 달려들고 있는 회사가 수천 개는 있다.

말은 자신이 좋아하는 기수를 만나면 더 빨리 달릴 수 있을까?

당신의 말은 어느 정도 목말라 하는가?
- 당신의 말은 이기고 싶어 하는가?
- 당신의 말은 더 잘 달리고 싶어 하는가?
- 당신의 말은 탐험하고 싶어 하는가?
- 당신의 말은 스스로 물을 먹는가, 아니면 당신이 억지로 물을 먹이려 하는가?

성과 검토를 목표 검토로 대체하라

일이 자신의 열정과 관련 있다고 생각할 때 직원들은 최선을 다해 일한다는 이론에 근거하여, 부엌 설비 도매업체인 밀러 어소시에이트의 마조리 밀러는 연례적인 성과 검토 과정을 직원들을 위한 개인적 계획 기간으로 대체하였다. 이 기간에 직원들은 자신의 '인생의 목적'에 관해 생각해 본다. 이 과정에서 직원들은 인생에서 가장 만족스러웠던 경험을 되돌아보고, 자기의 의욕을 자극하는 것을 근거로 앞으로 무엇을 해야 할지를 생각해 본다.

회사에서 배운 것을 직원들이 집에서 활용하게 하라

텔라브스의 데비 라이첸백은 "우리는 회사에서 배운 것을 집으로 가져가서 활용해 보라고 직원들에게 권한다. 직원들은 일주일에 한 번씩 만나서 이런 저런 기술이 어떻게 효과적이었는지 이야기를 나눈다"라고 말한다. 예를 들어 '갈등시의 대화법'에 관한 미니 코스는 배우자나 십대 자녀와 대화하는 방법을 개선해 줄 것이다. 또 어떤 사람은 직장에서 일할 때 배운 새로운 컴퓨터 기술을 활용해, 집안의 컴퓨터를 고속 인터넷 접속 라인에 연결할 수 있을 것이다. 또 어떤 직원은 가능한 모든 감독 및 관리 코스를 듣고는 거기서 배운 교훈을 청소년 코치로 활동하는 자신의 자원 봉사 일에 적용했다고 한다. 회사에서 배운 것을 직원들이 활용할 수 있는 방법이 많이 있다. 직원들에게 그들의 식견과 전문적 지식을 집으로 가져가라고 권하는 것은 직원들의 일을 좀더 의미 있게 만드는 아주 좋은 방법이다(*See Training*, 2000년 5월호, p.65 참고).

지역 사회의 녹화(綠化)

잭슨 일렉트릭 멤버십 코퍼레이션은 애틀랜타에 있는 전력 회사이다. 이 회사에서 나온 한 무리의 직원들은 귄네트 어린이집의 새로운 건물을 위해 나무를 심으며 하루를 보냈다. 이들은 잔디 씨를 뿌리고 관상용 나무를 심었다.

냉소주의 퇴치

샌디에이고에 있는 홍보 회사 불독 드루몬드의 최고경영자 숀 패르는 "우리는 냉소적인 사회에 살고 있다"라고 믿는다. "우리는 텔레비전에서 나쁜 뉴스를 보고 나서 눈을 이리저리 굴린 다음 리모콘을 눌러 시트콤 드라마 '프렌즈'를 본다. 그러나 이번에는 달랐다"라고 그는 끔찍한 사건인 '9·11'을 언급하며 *Entrepreneur*에서 설명했다. 패르는 희생자들을 위한 기금 마련에 자기 회사를 투입시키기로 결심했다. 나중에 이 회사의 다른 직원들은 그런 노력을 계속 기울이기를 원하며 5km 달리기·걷기 기금 모금 행사를 조직하기로 결정했다. 비록 이것이 비교적 규모가 작은 회사이지만, 이들은 거의 5만 달러나 모금했고, 또한 걱정했던 것보다 자신들이 훨씬 덜 냉소적이며, 또 훨씬 더 헌신적이라는 점을 증명했다.

> "**난** 직원에게 에너지를 충전해 줄 수 있다. 그 에너지가 다 떨어지면 몇 번이고 또 채워 줄 수 있다. 하지만 그가 스스로에게 동기를 부여한다면 자기 스스로 에너지를 발산할 수 있다. 다른 누군가가 에너지를 충전시켜 줄 필요가 없는 것이다."
>
> – 프레드릭 헤르츠버그

업무가 왜 중요한지 질문하라

직원들은 자신이 하고 있는 일이 회사의

더 큰 이익이나 목적에 어떻게 연결되어 있는지 알지 못한 채 참호에 갇혀 일하는 경우가 너무 흔하다. 연구에 따르면, 직원들이 지금 하고 있는 일과 그 일을 해야 하는 이유를 명확하게 아는 것이 일의 성과를 올리는 데 아주 강력한 촉진제 역할을 한다고 한다. 현재의 임무에 의미를 부여해 주고 있는 간접적 이유에 직원들이 다시 초점을 맞추도록 하는 데 도움이 되는 몇 가지 질문의 예를 여기에 제시해 보았다(*MOTIVATIONAL LEADERSHIP WORKSHOP*, 알렉스 히암 & 어소시에이트).

- 이 일의 다음 단계는 무엇인가?
- 지금 이 일을 하는 것은 왜 중요한가?
- 이 일을 해서 얻는 이익은 무엇인가?
- 큰 그림을 이해하는지 확인하기 위해 물어보는 질문이다. 그 일을 정확히 왜 하고 있는가?(비판적이지 않은 태도로 질문한다)
- 이 일은 고객들에게 어떤 영향을 미치는가?

말하기보다는 질문하라

당신은 대개의 경우 직원들이 무슨 일을 해야 하는지 안다. 그래서 직원들에게 말하는 것이 자연스럽게 느껴질 것이다. 그러나 직원들이 일에 더 열심히 참여하게 하고 자부심을 쌓도록 하려면 당신이 말하기보다는 질문하는 것이 현명한 일이다. 당신이 직원들에게 좀더 책임감을 갖고 자발적으로 일해 주기를 바라거나 당신에게 의존하기보다는 스스로 기술을 익히기를 바랄 때 이 기법은 특히 유용하게 쓰일 수 있다. 다음번에 누군가 당신에게 와서 지시를 기다리면 이 기법을 시도해 보라.

직원이 자신의 문제를 스스로 해결하고 결정내릴 수 있도록 당신이 안내해 주는 데 도움이 될만한 질문 몇 가지를 다음에 소개한다.

- 선택 사항에는 어떤 것이 있다고 생각하는가?
- 이 문제를 당신이 어떻게 다루고 있다고 생각하는가?
- 전에도 이와 비슷한 문제에 직면해 본 적이 있는가?
- 최선의 출발점이 무엇이라고 생각하는가?
- 근본 원인은 무엇인가?
- 왜 이런 일이 발생했는가?
- 다음으로 당신이 무엇을 해야 한다고 생각하는가?
- 과거에도 유사한 상황에 부딪혀 보았는가?

이런 질문 때문에 직원과 나누는 대화가 몇 분 더 걸릴지는 모르지만, 이것으로 인해 직원은 일에 좀더 책임감을 갖게 되고 자기 관리를 더 잘 하게 되기 때문에 나중에는 훨씬 더 많은 시간을 절약하는 결과가 될 것 이라고 확신한다.

파티의 위력

사람들이 평상시 일할 때보다 더 사교적 인 친교를 나눌 수 있도록 하기 위해 파티를 여는 회사가 많다. 경영자들은 파티를 단순 히 직원들을 대접하는 일이거나 훌륭한 행 위에 대해 보상해 주는 것이라고 흔히 생각 한다. 그러나 사실 이런 모임은 직원들이 더 책임감을 가지고 일을 하도록 만드는 아주

> **"활** 력에는 전염성이 있다. 우리를 느끼고 생각하 게 만드는 모든 것들은 우리 힘을 크게 증대시키며 활동 범위를 넓혀 준다."
> – 랄프 왈도 에머슨

훌륭한 투자이다. 파티는 직원들이 팀과 회사에 더 개인적인 친밀감을 갖 도록 해준다. 직원들은 팀의 작업에 친밀감과 책임감을 더 많이 느끼게

된다. 따라서 일이 잘 돌아가지 않아 직원들의 참여도를 높여야 할 때 이런 모임과 파티는 아마도 가장 유용한 방법이 될 것이다. 제발 파티를 열 정도의 성공을 기다리지 않기 바란다. 지금 당장 파티를 열어서 앞으로 올 성공의 규모와 빈도를 늘리도록 하라. 만일 당신이 파티를 열 좋은 구실이 없다면, 바로 그것이 파티를 열 구실이다!

■ 파티 아이디어

당신에게 아이디어가 필요하다면 다음을 참고해 보라. 아이스크림 파티, 우유와 쿠키 파티, 바비큐 파티, 팀과 함께 식당에서 점심 식사하기, 피자, 샐러드, 음료를 주문하고 회사에서 점심 파티 열기, 직원들의 생일 파티, 직원 자녀의 생일 파티, 알아낼 수 있는 모든 외국의 휴일을 찾아내서 축하하고 거기에 걸맞은 음식을 밖에서 회사로 주문하기 등이다. 다시 말해서, 직원들과 함께 축하하고 긴장을 풀 수 있는 여러 가지 창의적인 방법을 생각해 내라. 그러면 당신은 자연스럽게 직원들의 일에 대한 참여도를 높일 수 있을 것이다.

■ 사교적 행사를 직원들이 조직하도록 요청하라

직장에서 여는 파티를 좀 재미있게 이런 방법으로 변형해 보는 것은 어떨까? 매주 사교적 행사를 만들어 내라는 과제를 직원들에게 부여하고, 직원들이 창의적으로 생각하고 계획하게 하라. 시간과 비용에 미리 제한을 둘 수도 있다. 그러면 직원들은 현실적인 기준을 가지고 계획을 짤 수 있다. 직원들에게 일을 만들어 내도록 하고 나서 그들의 아이디어에 당신이 퇴짜를 놓고 싶지는 않을 것이다.

직원의 판단에 맡기기

일본 게임 메이커인 닌텐도의 사장 히로시 야마우치는 새로운 제품을 작업하는 프로그래머들이 제품이 출시되기 전에 자신들의 일에 스스로 만족해야 한다고 믿는다. 비록 데드라인이 중요하고 그것을 놓치게 되면 비용도 많이 들지만, 그는 개발을 섬세한 예술로 여기고 있으며, 따라서 어떤 것이 준비되는 시기에 관해 위에서 아래로 결정을 내려 주기보다는 직원들의 말에 귀를

위커 인포메이션사와 허드슨사가 최근 조사한 바에 의하면 자신의 현재 고용주 밑에서 일해야 한다는 의무감을 느끼는 회사원은 10명 중 1명에 불과한 것으로 나타났다. 당신이 경영자로서 이 점에 대해서 할 수 있는 것은 무엇이 있을까?

기울이려고 애쓴다. 그는 이렇게 말했다고 한다. "우리는 항상 개발자들에게 스스로 일이 완성되었다고 느낄 때까지 일하라고 말한다."

때로는 직원들이 정말로 가장 잘 알고 있다. 그러므로 언제 직원들에게 결정을 맡기는 것이 좋은지를 아는 것이 경영자의 지혜이다.

∪ ∪ ∪

생각 나누기

나는 모든 사람에게서 통찰력 있는 인용문을 수집한다. 이런 인용문이 길고 형식적인 대화보다 더 영감을 불어넣는 좋은 원천이 되는 것 같다. 내가 가장 좋아하는 인용문들을 여기 소개하겠다. 이 인용문들은 특히 직원들의 헌신도를 높이고 직원들이 자신의 일과 직장에 친밀감을 갖도록 하는 데 효과적이다.

"아무도 자신의 열정을 자동으로 계속 유지하지는 못한다.
열정은 새로운 행동, 새로운 희망, 새로운 노력,
새로운 비전에서 영양을 공급받아야 한다."

– 파피루스

"당신이(그리고 당신의 직원들이) 스스로 어떤 길을 선택했든,
당신이 거기에 노력이라는 영예로운 감정을 쏟고,
당신의 시선이 단순히 안전과 평범함을 넘어서 저 높은 곳을
향해 있다면, 그것은 하찮은 일이 아니라 모험이 될 것이다."

– 데이비드 사르노프

"사람이 자신의 환경을 이해하고 정복하기 위해서는
자신이 하는 시도에서 성취감을 느껴야 한다.
능력에 대한 이런 욕구는 사람들이 자신이 능력 있고
능률적이라는 느낌을 갖도록 하는 방식으로 행동하도록 자극한다."

– 제임스 P. 라피니(위스콘신 대학, 화이트워터)

　　직원들에게 헌신적인 태도를 지니게 하는 것이 직원들 관점에서 보면
의미, 능력, 참여뿐만 아니라, 인생과 일에서 필요한 다른 많은 좋은 것들
을 추구하게 하는 것으로 생각될 수 있다. 직원들을 좀더 적극적으로 참
여시킴으로써 당신은 목표를 더 잘 달성할 수 있다. 또한 직원들에게는
자기가 의미 있는 일을 하고 있다는 느낌과 자신의 공로가 인정받고 있다
는 느낌을 주게 된다.

헌신성 체크 리스트

다음은 이 장에 나온 가장 좋은 아이디어와 실례를 강조하기 위한 체크 리스트이다.

✓ 회사의 일에 대해 헌신성과 높은 의욕을 나타내는 사람을 새로운 직원으로 뽑아라. 그런 사람들은 일에 대해 자발적인 태도를 가지고 있으며, 이런 태도는 다른 여러 가지 자격보다도 앞으로 일을 잘 수행할 것이라는 점을 더 잘 나타내 주는 지표이다.

✓ 모든 직원이 무엇을 해야 할지, 그것을 어떻게 해야 할지 반드시 알게 하고, 그 일을 처리하는 데 필요한 자료와 자원을 제공하라.

✓ 직원들에게 문제를 해결할 기회와 범위를 많이 제공하라.

✓ 직원과 팀이 자신의 목표를 달성하는 데 필요한 정보에 접근할 수 있게 하라.

✓ 회사를 그만두는 직원들에게 일에서 무엇이 가장 힘들었는지 당신에게 말해 달라고 부탁하라.

✓ 아무도 자신의 일에 지루함을 느끼지 않게 하라.

✓ 팀원들이 자기 팀 동료들과 팀에게 개인적 유대감을 강하게 갖게 하라.

✓ 직장의 명랑한 분위기를 북돋워라. 함께 잘 어울려 노는 사람은 일도 함께 잘 한다.

✓ 직원들에게 자신의 상관을 선택하거나 최소한 평가할 수 있는 기회를 제공할 방법을 찾아내라.

✓ 직원들이 자선 활동에 자발적으로 참여할 수 있게 하라.

✓ 직원들을 단속하는 '빅브라더'를 찾아내라. 직원들이 좀더 자신의 행동에 책임감을 갖도록 할 방법을 찾아내라.

✓ 직원들이 회사의 간단한 월간 뉴스레터를 쓰도록 요청하라.

✓ 공개적으로 전시할 수 있는 시각적 도구(그래프, 파이 차트, 지표)를 사용해서 주요 목표에 대한 진행 상황을 기록하고 그 자료를 모든 직원들과 함께 보아라.

✓ 자신의 팀이나 프로젝트를 위한 로고를 직원들이 스스로 선택하여 개인 물건에 붙이게 하라.

✓ 생각을 자극하는 질문과 만약 어떤 상황이 벌어진다면 어떻게 할 것인가라는 질문을 되도록이면 자주 던져라.

✓ 직원들에게 문제를 지적하기보다는, 그 문제를 해결하기 위해 무엇을 해야 하는지 질문하라.

✓ 직원들이 직장에서 사교 행사와 파티를 계획하고 실행하게 하라.

✓ 직원들이 스스로 만족할 정도로 자신의 일을 완수했다고 느끼게 함으로써 자부심을 갖게 하라.

2

의사 소통

훌륭한 기수는 끊임없이 거의
직관적으로 말과 교감을 갖는다.
말과 기수는 서로를 아주 잘 이해
하고 있기 때문에 마치 한 몸처럼
생각하고 행동할 수 있다. 때로 이

> 말과 사람은 서로를 한 몸처럼
> 잘 이해하고 있어야 한다.

것이 의미하는 바는 "관리자"가 경청하는 사람이 되어야 한다는 것이다.
대개의 경우 말이 상황을 가장 잘 알고 있기 때문이다. 말은 집으로 가는
길을 알고 있거나 기수가 알아차리기도 전에 위험을 감지하기도 한다. 또
한 말은 자기가 언제 목이 마르고 배가 고픈지 또 언제 휴식이 필요한지
그리고 언제 전력 질주를 하고 싶은지 알고 있다. 현명한 관리자라면 항
상 말에게 귀를 기울인다.

"이 젊은 중위를 보라. 그는 주의를 집중하고 있는 것처럼 보인다.
하지만 그는 내가 말하는 것을 듣지 않고 내 행동을 보고 있다."

– 폴 리 준장, 미 해병대(데이비드 프리드먼의 *CORPS BUSINESS*에서)

당신이 꼭 봐야 하는 정보가 다른 사람에게 있는가? 다른 사람들이 꼭 봐야 하는 정보는 당신에게 있는가?

"**나**쁜 경영자는 나쁜 이야기를 듣지 못한다는 것이 나의 생각이다."

- 짐 스콧,
더 씨 에프 오 닷컴 최고경영자
(*San Francisco Chronicle*,
2001년 6월 10일자)

훌륭한 경영자란 의사 소통을 아주 잘 하는 사람이라는 사실은 전혀 새삼스런 일이 아니다. 또한 큰 성과를 올리는 기업은 항상 보통 기업보다 더 명확한 방법으로 의사 소통을 훨씬 더 많이 한다. 어쨌든 사람이 하는 모든 말과 행동은 뭔가 메시지를 전달해 준다. 이것은 또한 훌륭한 기수라면 알고 있는 점이기도 하다. 직원들에게 무엇을 가장 가치 있게 생각하고 무엇을 가장 하찮게 생각하는지 물어보면, 의사 소통이라고 말하는 경우가 많다. 대부분의 직원들은 자기 상관이 자신에게 기대하는 것이 무엇인지 명확히 알지 못하고 있는 것 같다. 또한 직원들은 상관들의 요구를 충족시키기 위해 자신의 일과 직장에 관해 필요한 정보를 충분히 가지고 있지도 못한 것 같다. 의사 소통에 창의적인 노력과 관심을 쏟는 관리자들은 긍정적인 영향을 미치는 것이 훨씬 쉽다는 점을 깨닫게 된다.

건강하고 활기찬 작업팀은 모든 면에서 의사 소통이 원활히 이루어진다. 각 사람은 다른 사람들이 지닌 생각과 정보에 쉽게 접근할 수 있다. 의사 소통의 흐름을 관리하는 일과 그 의사 소통이 유용한 정보와 창의적인 생각이 풍부한 건강하고 정확한 것이 되도록 하는 일은 모든 관리자들이 해야 할 중요한 일이다.

관리자들의 의사 소통을 생각할 때 제일 먼저 떠오르는 이미지는 관리자가 말하는 모습이다. 다시 말해서, 관리자가 다른 사람들에게 말을 하거나 글을 써 주는 것이다. 그러나 사실 훌륭한 경영자의 의사 소통 기술에서 가장 중요한 부분은 아마도 말하는 능력이 아니라 듣는 능력일 것이다. 나는 이것을 '귀의 리더십(leading by ear)'이라고 생각한다.

듣는 기술을 마스터한 경영자들은 결정을 내리기 전에 먼저 사람들에게 질문을 많이 하고 의견을 많이 구하는 경향이 있다. 또한 이런 경영자들은 사람들의 말을 단지 듣기만 해도 그것으로 사람들이 일에 관심을 쏟고 참여하게 만들 수 있다는 점을 잘

> "직원들의 근무 열의에 대한 연구들 중 상당수가, 직원들 대부분은 자신들의 직업이나 업무 수행 및 회사의 상황에 대해서 정보를 얻는 것을 가치 있는 일로 여기고 있다는 사실을 보여 주고 있다."
> – 밥 넬슨,
> *WAYS TO MOTIVATE EMPLOYEES*의 저자(워크맨 출판사, 1994년)

알고 있다. 어떤 사람의 말에 귀를 기울이는 행위만으로도 당신은 그 사람을 신뢰하고 있다는 점을 보여 주는 셈이다. 말하자면, 말을 경청할 만큼 당신이 그 사람을 중요하게 생각하고 있다는 점을 증명하는 것이다.

듣기는 리더십의 놀랍도록 강력한 도구지만 또한 비교적 보기 드문 것이기도 하다. 사람이 높은 직위로 승진할수록 다른 사람 말을 듣지 않으려는 경향이 있는 것 같다. 어쩌면 듣기가 리더십의 가장 쉬운 기술처럼 생각될 수도 있다. 왜냐하면 듣는 데 필요한 것이라고는 두 귀와 마음만 열고 있으면 되기 때문이다. 그러나 사실 나는 듣기가 리더십 기술 가운데 가장 어려운 기술이라고 생각하게 되었다.

건강한 의사 소통이란 풍부한 의사 소통을 의미한다고 나는 생각한다. 아이디어와 사실 그리고 의견이 풍부하고, 또한 영혼과 감정 그리고 성공 추구의 모든 인간적 요소가 풍부한 것을 말한다. 의사 소통이 풍부한 환경을 만들어 내고자 한다면 다음에 오는 여러 가지 아이디어 가운데 몇 가지를 고려해서 직접 시도해 보아라.

O O O

자신의 소문을 직접 써라

직원들에게 걱정거리가 있거나 변화가 진행 중일 때면 언제나 소문이 무성하다. 소문은 늘 그렇듯이 문제를 과장되게 만들고 잘못된 정보를 유포한다. 소문은 직원들의 사기를 떨어뜨려 대개의 경우 생산성이 내려가고 훌륭한 직원들이 태만해지는 결과를 빚는다. 그러나 '쇼의 슈퍼마켓(Shaw's Supermarkets)'에서는 그렇지 않았다. 다른 슈퍼마켓 체인을 인수하는 요란한 과정에서 그들은 *The Rumor Buster*라는 사내 뉴스레터를 만들기 시작했다. 사원들이 정확한 정보를 접할 수 있도록 하기 위해서였다. 뉴스레터는 생생한 정보를 유포하고, 떠돌고 있는 잘못된 소문을 없애기 위해 필요할 때 발행한다. 이제 이 회사의 경영자들은 자신의 소문을 쓰게 되었다. 이것으로 그들은 가장 따끈따끈한 소문이 맞는 것이라는 확신을 가질 수 있게 되었다.

회의에선 보통 사람들이 모두 알고 있는 정보에 대해 이야기하기 마련이다. 한 사람이 알고 있는 정보에 대해서는 토론이 잘 이뤄지기 힘들기 때문에, 그런 점은 문제가 된다. 이러한 문제를 해결하기 위해, 회의의 참석자들에게 일부러 질문을 던짐으로써, 다른 사람들이 알지 못할 것 같은 점에 대해 이야기해 보라고 하는 것이 좋다.

"나쁜 소식은 하루 24시간 이내에 함께 나누기 법칙"을 따라라

경영 코치로 일하는 하워드 거트만은 경영자들에게 충고한다. 사원들에게 모든 나쁜 소식이나 문제를 24시간 이내에 자신에게 알려 달라고 요청하라고 말이다. 지휘 체계를 거슬러 올라가 나쁜 소식을 과연 알려도 될지 주저하는 마음이 사원들에게 생기는 것은 당연하다. 이때 나쁜 소식을 알리는 데 시간 제한을 두면 그런 마음을 극복하는 데 도움이 된다. 또한 사내에 어떤 일이 지금 일어나고 있는지 경영자가 실제로 알아낼 가능성도 높아진다.

24시간 법칙을 제시하는 가장 좋은 방법은 의사 소통을 원활히 하는 원칙, 그리

> **"말** 입에서 바로 나온 말"이란 오래된 표현이 있다. 믿을 만한 사람에게서 들었다는 뜻으로, 지금도 믿음직스러운 사람으로부터 직접 들은 것이 대부분 가장 좋은 정보가 된다.

고 경영자도 함께 참여함으로써 모든 사람이 나쁜 소식을 숨기기보다는 남들과 서로 나누면서 신뢰감을 갖도록 하는 방법으로서 소개하는 것이다. 그러나 이것이 위에서 아래를 통제하는 수단이 되도록 해서는 안 된다. 그러면 부정적인 결과를 가져오게 될 것이며, 처음부터 사람들이 나쁜 소식을 남에게 알리는 것을 더욱 꺼리게 만들 수 있다.

사람들이 관심을 가질 만한 나쁜 소식을 당신이 알게 되면 그것을 남들에게 알림으로써 당신 자신이 본을 보여야 한다. 그러면 사원들은 당신의 태도가 진지하다는 것을 알고 똑같이 하기 시작할 것이다.

생일 축하 조식 모임

이 아이디어는 시스코 시스템즈에서 나왔다. 이 회사의 사장이며 최고 경영자인 존 T. 챔버스는 매달 '생일 축하 조식 모임'을 연다. 그 달에 생일을 맞는 모든 사원을 초대한다. 그 사원들이 사장에게 원하는 것을 어떤 것이든 질문하게 한다. 질문이 어려울수록 더 좋다. 챔버스는 이것이 사원들에게 솔직한 반응을 얻어낼 수 있는 훌륭한 방법이라는 점을 알게 되었

다. 그러나 아마도 훨씬 더 중요한 것은 초대 자체일 것이다. 사원들은 자신이 초대되었다는 사실을 알고 있으며, 자기보다 높은 고위 경영자가 의견을 구할 정도로 자신을 중요하게 생각한다는 점을 알고 있다. 1년에 단 한 번이지만 말이다. 시스코처럼 큰 기업에서 사원들이 그런 느낌을 받는다면 아주 기분 좋은 일일 것이다.

리더십의 진정한 언어

재규어사의 뉴스레터에는 "당신은 어떤 그림자를 드리우고 있는가?"라고 묻는 기사가 실려 있다. 좋은 본보기가 되는 것은 다른 사람들이 올바른 일을 하도록 하는 데 도움이 될 것이다. 이것을 나는 '본보기의 리더십(leading by example)'이라고 부른다. 우리 아이들은 항상 내가 하는 행동을 보고 행동을 하지, 내가 하라고 말하는 것을 하지는 않는다. 사실

법적 시각

증거 문서의 부족

이것은 너무나 흔한 시나리오이다. 일을 잘 못하는 직원은 문서화되지 않은 시정 명령과 경고를 수없이 많이 받는다. 그리고 마침내 경영진은 인내심을 잃고 그 직원을 해고하게 된다. 그러면 그 직원은 자신이 차별 받았으며 부당하게 해고되었다고 주장한다. 그런 배상 청구를 해결하려면 회사는 상당한 액수를 지불해야 하는 경우가 많다. 대부분의 경우 그 직원의 능력 부족을 증거 문서로 만들어 놓지 않았기 때문이다. 수행 실적 문제를 다룰 때는 항상 그것을 반드시 기록해서 해당 직원의 파일에 꽂아 두어라. 만일 그 직원의 실적이 좋아진다면 그런 정보가 필요 없겠지만, 회사가 궁지에 빠졌을 때 그 문서를 활용하면 많은 돈과 수고를 덜 수 있다.

– 낸시 L. 오닐, 미국 노동 및 고용 문제 전문 로펌 잭슨 루이스의 변호사

이것은 아이들뿐만 아니라 모든 사람에게 해당하는 말일 것이다. 가장 효과적인 리더는 본보기를 통해 사람들을 이끌며, 그것을 굳이 말로 표현하지 않는 경우도 있다.

난처한 질문을 한 사람에게 주는 상

일리노이즈의 한 회사인 AGI에서는 매달 회의를 열어 사원들이 최고경영자에게 어떤 질문이든 할 수 있는 기회를 주고 있다. 어떤 것이든 토론의 대상이 될 수 있다는 점을 명확히 하기 위해, 가장 어려운 질문을 하는 사원에게는 회의가 끝날 때 상을 준다. 나는 이 전략이 마음에 든다. 나도 비슷한 전략을 실천해 왔는데, 경영자 연수 과정에서 나는 좋은 책을 잔뜩 가져 와서는 사람들이 내가 대답할 수 없는 질문을 던질 때마다 책 한 권씩을 준다. 이것은 청중들과 나 사이의 벽을 허물어 주는 재미있는 방법이며, 나 자신도 하나의 인간일 수밖에 없다는 점을 사람들에게 스스로 인정하는 것이기도 하다. 그런 방법을 통해 사람들을 좀더 적극적이고 지적으로 참여하게 만들 수 있다.

> **"직**원들은 곤란한 질문을 하곤 한다. 같은 질문을 여러 번 당할 경우, 그것은 당신에게 골칫거리가 될 수도 있고 기회가 될 수도 있다."
> – 존 체임버스

의사 소통에 유머를 첨가하라

품질 향상 방법을 생각해 낸 사원을 인정해 주는 재미있는 방법으로, 한 경영자는 '코알라 T 어워드'라는 유머러스한 상을 주기 시작했다. 이것은 물론 코알라 인형의 형상을 하고 있으며, 감사 인증서가 부착되어

시카고에 본부를 둔 경영 자문 및 조사 시행 회사인 서콘 인터내셔널이 조사한 바에 의하면, 회사 직원이 자신의 경영자에 대해 평가할 때, 경영자가 직원들에게 세심하며 사려 깊다는 생각을 하고 있는 경우 직원들의 업무 태도도 적극적일 뿐 아니라 그 회사의 매출 또한 더 높다는 사실이 밝혀졌다(자기 자신에게 던질만한 재미있는 질문들 – 우리 직원들은 내가 얼마나 자신들에게 신경을 쓴다고 생각할까?).

있다. 유머는 의사 소통에 풍부한 면을 더해 준다. 약간 놀려 주는 것도 효과적일 수 있다. 하지만 그 농담이 너무 심해서 아무도 받아들일 수 없는 정도여서는 안 된다.

특별히 중요한 메시지는 돌에 새겨라

이메일로 의사 소통을 해왔더라면 십계명을 기억하는 사람이 과연 있을까?

사원들이 특별히 중요한 메시지를 기억하도록 하기 위해, 한 업체를 선정해서 그 메시지를 돌에 새겨 넣어 달라고 한 다음, 각 사원에게 그 돌을 하나씩 나누어 주어라. 뉴욕에 있는 스톤웍스 갤러리 오브 턱시도 (Stoneworks Gallery of Tuxedo)는 적당한 가격으로 손바닥 크기의 부드러운 타원형 돌에 글을 새겨 준다. 새로운 레이저 커팅 기술로 돈을 버는 회사가 점점 더 많아지고 있다. 그러므로 관리자들은 이제 돌을 이용해서 정말 중요한 메시지를 전달할 수 있다. 예를 들어, 소규모 업체의 소유주이자 관리자인 어떤 사람은 자기 도시에서 새로 문을 연 대형 체인과 경쟁을 하고 있었다. 그는 생존의 유일한 희망은 비용을 줄이고 효율성을 높이는 것이라는 점을 알고 있었다. 하지만 직원들은 그동안 해왔던 방식에 익숙해져 있었고, 그 문제에 계속 관심을 쏟고 있기가 힘들다고 생각했다. 그래서 그는 "지금 비용을 줄여라"라는 메시지를 돌에 새겨 각 직원에게 하나씩 나누어주는 방법으로 자신이 중요하게 생각하는 점을 직원들이 가슴에 새기도록 만들었다. 그가 직원들의 관심을 정말 끌고자 한다면 거기에 "그렇지 않으면 우리는 돌처럼 가라앉게 될 것이다"라는 말을 덧붙일 수도 있었을 것이다.

비전을 말하라

비전, 미션, 목적, 방향, 액션플랜…. 무엇이라고 부르든 그것은 리더십에서 중요한 부분이다. 리더로서 당신은 자신이 사람들을 어디로 이끌고 싶은지 알고 있어야 하며, 그 생각을 사람들에게 명확하게 잘 전달해야한다. 그렇다면 어떻게 해야 하는가?

산업 심리학자 앤드류 더브린은 미션이나 비전을 사람들에게 전달하는 데 간단한 의사 소통 방법을 많이 사용함으로써 메시지를 강화하라고 말한다.

컨설턴트인 나는 고용자들을 대상으로 조사할 기회가 많이 있다. 그럴 때 나는 그들에게 자기 회사의 미션이 무엇인지 알고 있는가 물어본다. 고용자들이 전혀 모르고 있는 경우가 대부분이다. 내게는 이것이 의사 소통의 문제로 보인다. 그래서 나는 더브린이 제안한 것이 좋은 아이디어라고 생각한다. 그는 짧은 문구, 즉 자신의 목표를 지갑 크기의 플라스틱 카드나, 열쇠고리에 매달 수 있는 작은 판이나, 머그잔 등에 프린트하라고 권한다. 이 생각을 계속 유지하기 위해 메시지를 전달하는 데 포스트잇이나 종이 묶음, 또는 일일 달력, 주별 달력, 월별 달력 등과 같은 일상적 일회용품을 이용하는 것도 좋은 방법이다. 목적지에 관한 당신의 메시지가 좀더 가시적

> "**정**보를 알리는 가장 간단한 방법은 가르치지 않는 것이다. 사람들을 생각하게 만들고, 자기 스스로 하게 만드는 데 노력을 기울여야 한다는 사실이 가장 중요하다."
> – 카터 우드슨

이고 일관성 있을수록 당신 직원들은 지금 어디로 가야하는지 더 잘 기억할 수 있을 것이다.

거대한 비전이 적절치 않다면 실질적인 계획도 좋다

미래에 대한 흥미진진하고 새로운 비전을 세워 주창하는 것이 마음 불편하다면, 좋다. 사람들을 이끌기 위해 항상 유토피아적인 미래를 마음에 가지고 있어야 하는 것은 아니다. 간단한 계획이나 전략이면 충분하다. 중요한 것은 자신이 어디로 가고 싶은지 당신이 알고 있어야 한다는 점과 그 생각을 당신의 직원들에게 알려서 당신이 그곳에 가도록 직원들이 도울 수 있게 해야 한다는 것이다.

예를 들어, 어떤 전등 제조업체가 있다고 하자. 그 업체의 고객은 대부분 그 지역 사람들이므로, 그 회사의 비전이 "지배적인 전 세계 공급업자가 되라"와 같이 거대하지는 않을 것이다. 하지만 "주(州) 밖에서 수익 높은 사업을 좀더 많이 따낼 수 있도록 우리 생산 과정을 업그레이드하라"와 같은 좀더 현실적인 계획이라면 리더십이 이끌고 있는 한 우습게 볼 수 없다. 수익이 높은 주 밖의 사업을 찾는 것은 당신의 미션이 될 수 있으며, 당신은 그것을 알리는 데 주력해서 어떻게 그것을 해낼 것인가에 관해 직원들이 당신을 도울 수도 있다.

건강한 성장을 이끌어 낼 수 있는 계획이라면 어떤 것이든 리더십 비전으로서 충분하며, 직원들은 추구할 것을 갖게 된 것에 감사하게 생각할 것이다. 사실, 비전이 현실적일수록 모든 사람이 그 비전을 지지할 가능성과 그것이 실현될 가능성은 더 커진다.

피터 슐츠는 자기 직원들에게 그가 포르쉐에서 부실 기업 회생 작업을 시작할 때 다음과 같이 말했다. "우리는 승리의 목적을 가지지 않고는 결

코 어떤 경주에도 나가지 않을 것이다." 그
가 이 말을 한 것은 유럽에서 가장 중요한
자동차 경주 대회인 르망 경주에 참여하려
는 회사의 계획을 언급한 것이었다. 그러나
그는 또한 이 말에 더 큰 의미를 담고 있었
다. 회사가 무엇을 하든 그것에서 항상 최

고가 되려고 노력하기를 바란다는 것이었다. 그래서 이 회사는 계속해 몇
개의 주요 자동차 대회에서 승리했고, 회사의 이미지에 활기를 다시 불어
넣을 수 있었다. 그러나 그는 어떤 특정 경주에서 이겨야 한다고 말하지
는 않았다. 단지 어떤 경주에 참가한다면 이기기 위해 최선을 다할 것이
라고만 말했던 것이다. 작은 경주라도 좋다. 그것이 당신이 현실적으로
이기기를 바라는 경주라면 말이다.

현재 시제를 사용한 리더십의 파워

당신의 비즈니스는 무엇인가? 무슨 일을 하는가? 무엇을 가장 잘 하
는가? 때로는 긍정적인 관점에서 자신이 누구인가를 말하는 것만으로도
장차 달성하기를 바라는 비전보다 더 큰 효과를 볼 수 있다. 목적이나 방
향을 전달할 때 미래 시제보다는 현재 시제를 사용하도록 해보라. 회사의
강점을 긍정적인 관점에서 보도록 도와줌으로써 사원들이 그런 강점을
이용하고 그 토대 위에 자신을 세우도록 동기를 부여해 줄 수 있다.

예를 들어, 당신의 비즈니스가 성장해서 어떻게 되기를 바라는가에
관해 환상적인 미션을 이야기하기보다는 "우리는 _____에 있어서는
우리 지역에서 최고다" 또는 "우리는 고객을 만족시켜 주는 방법을 알고
있다" 또는 "우리는 최단 시간에 최고의 품질을 전달한다"와 같이 말할

수 있을 것이다. 이런 식으로 현재 시제를 사용함으로써 긍정적인 자화상을 표현할 수 있으며, 또한 이런 표현이 사원들에게는 아주 강력한 슬로건이 될 수 있다. 미래 시제로 표현되는 비전과는 달리 현재 시제로 표현되는 이런 말들은 모든 사람이 현재에 토대를 두고 살아가는 데 꼭 필요한 것이다.

"**인**간 본성에 있어서 가장 기본적인 법칙은 감사 받고 싶어 하는 욕구이다."
– 윌리엄 제임스

"공로 인정 메모"를 써라

이것은 아주 간단하지만 리더십의 강력한 의사 소통 테크닉이다. 이것은 형식을 차리지 않고 빠르게 쓴 일종의 피드백을 사원들에게 줌으로써, 사원들에게 감사를 표시하거나 칭찬하거나 아니면 당신이 그들의 행동, 노력, 업적을 알고 있다는 사실을 사원들에게 알려 주기 위한 것이다. 한 사원이 어떤 일을 잘 해내거나 특정 요청이나 필요에 응해 줄 때마다 그에게 빠르게 쓴 공로 인정 메모를 주도록 하라.

공로 인정 메모는 아주 짧고 간단하게 써야 하며, 사용하기 쉽고 형식을 차리지 않은 매체를 이용해야 한다. 예를 들어 포스트잇이나 명함 뒷면, 여러 가지 인사 카드 모음 상자에서 선택한 카드를 이용하거나, 직원에게 받은 메모를 다시 돌려줄 때 아랫부분에 남은 여백에 공로 인정 메모를 남길 수 있다. 물론 이메일을 통해 전달할 수도 있다.

감사 메모를 남길 때 당신의 명함을 사용하라

명함의 뒷면에는 "조사하는 것을 도와 주셔서 감사합니다. 프로젝트가 어떻게 되었는지 알려 드리겠습니다" 또는 "귀하 부서에서 쏟고 있는 노력에 감사드립니다!"와 같은 짧은 메시지를 남기기에 충분한 공간이 있다.

또한 명함 뒷면은 "우리가 무엇을 잘못했는지 알아보기 위해, 우리를 떠나 버린 고객과 다시 연락할 방법이 없을까요?"와 같이 생각을 자극하는 짧은 질문을 쓰기에도 아주 좋은 공간이다. 이와 같이 직원들을 자극하는 한 문장짜리 글을 남기는 데 자신의 명함을 이용하는 사업 경영자들도 있다. 주변에 있지 않기 때문에 개인적으로 메시지를 받을 수 없는 사람들의 책상에 명함을 남긴다.

5센티미터에서 9센티미터 크기의 종이 조각으로 만들어진 '비즈니스 카드'라는 것이 있다. 인쇄소나 보통의 데스크톱 컴퓨터에서 쉽게 인쇄할 수 있도록 제작된 카드이다(에버리사가 만든 10묶음짜리 '깔끔 테두리 비즈니스 카드'를 한번 써 보라). 이걸 이용해서 감사의 쪽지를 스스로 만들어 보면 어떨까? 원한다면 '감사합니다'라는 문구를 쉽게 카드 중앙에 입력할 수 있고, 쓰는 사람의 이름도 밑에다 기입할 수 있게 되어 있다.

모든 사람이 감사의 말을 듣게 하라

회사가 어려운 목표를 향해 열심히 일해 나가고 있을 때, 이런 집단적 노력에 대해 모든 사람이 감사의 말로 인정받을 필요가 있다. 그러나 대부분의 경우 관리자들은 더 눈에 띄거나 지위가 높은 사람들에게 감사를 표한다. 또한 마침 가까이 있어서 감사하다는 말을 하기가 제일 쉬운 사람들에게만 하게 된다.

모든 사람이 인정받고 있다고 느끼도록 하기 위해 한 보험 회사에서는 프로그램을 하나 만들었다. 그들은 그 프로그램을 피트(PEET)라고 부르는데, 이것은 모든 사람이 반드시 감사의 말을 듣도록 하는 프로그램이다. 피트의 실행을 위해 관리자들은 사람들의 노고에 감사할 방법을 생각해 내는 데 시간을 좀 보낸 다음 한 사람도 빠뜨리지 않았나 확인했다.

공로 인정 메모 쓰기

뭔가를 쓰기로 마음먹는 것과 실제로 쓰는 것은 전혀 다른 일이다. 내가 어렸을 때 부모님들은 내게 선물을 보내 준 먼 친척들에게 감사 편지를 쓰도록 시키셨다. 나는 한참 동안 빈 종이를 쳐다보았지만 어떻게 써야 자연스럽게 들릴지 생각해 낼 수가 없었다. 사실 대부분의 사람들은 어른이 되어도 여전히 글 쓸 때 장벽을 느낀다. 그러므로 몇 가지 예와 보기를 만들어서 가지고 있으면 공로 인정 메모를 쓰고 싶을 때 크게 도움이 될 수 있다. 그러면 상황에 맞는 말을 재빨리 생각해 낼 수 있고 지난번 써 주었던 메모와는 다르게 쓸 수 있다. 세 번째 건네준 메모가 처음 메모와 똑같다면 그것이 얼마나 영향력을 발휘할 수 있겠는가?

공로 인정 메모를 쓰는 간단하고도 효과적인 방법의 예를 몇 가지 소개하겠다.

- 오늘 _____에 신경 써 줘서 감사합니다.
- _____을 해줘서 고맙습니다. 잘하셨습니다.
- _____이 내게 도움이 되었습니다. 감사합니다.
- 알겠습니다. 감사합니다.
- 이것 근사해 보이는데요.
- 매우 감사합니다.
- _____를 끝냈더군요. 수고 많이 했습니다.
- 나를 대신 해준 당신께 감사드립니다.
- 아주 도움이 많이 되었습니다.

• 요즘 _____ 에 많은 노력을 쏟고 있더군요. 고맙습니다.

탐구적인 질문하기

당신의 이해 정도를 체크하고 확대하기
위해 탐구적인 질문을 한다. 이렇게 하면 부
수적으로 다른 사람들의 이해 정도도 확인
할 수 있다. 의사 소통은 대개 편파적이고

당신은 직원들을 상대로
일에 대한 질문을 충분
히 던지는 편인가?

부정확하다. 그러므로 관리자들은 모든 대화뿐만 아니라 서면에서도 탐
구적 질문을 광범위하게 이용할 수 있다. 유명한 책이자 연수 프로그램인
*A PEACOCK IN THE LAND OF PENGUINS*과 신간 *IS IT ALWAYS RIGHT TO BE
RIGHT?*의 두 저자인 워렌 슈미츠와 B.J. 헤이털리는 관리자들에게 다음
과 같은 탐구적 질문을 이용하라고 가르친다.

• "당신이 말한 것을 내가 이해했는지 체크해 보겠습니다"라고 말을
  함으로써 자신의 이해 정도를 체크하라.
• "왜 당신은 ~를 하고 싶은가요?" 또는 "왜 ~를 꼭 하고 싶습니까?"
  와 같은 말을 함으로써 동기에 관해 질문하라.
• "무엇이 가장 중요한 문제라고 생각합니까?"와 "당신이 생각할 수
  있는 다른 걱정거리가 있습니까?"와 같은 말을 함으로써 문제와 걱
  정거리에 관해 질문하라.
• "여기서 어떤 결과가 나오기를 바랍니까?" 또는 "당신은 무엇을 찾
  고 있지요?" 또는 "당신의 목표는 무엇입니까?"와 같이 목적과 목
  표에 관해 질문하라.

이와 같은 탐구적 질문은 사람들이 어떻게 생각하는지, 무엇에 관심

을 두고 있는지, 그리고 무엇을 걱정하고 있는지 알아내기 위해 자주 사용할 수 있는 것들이다.

문제와 제안을 위한 탐구적 질문

또한 제안을 구하고 중요한 문제를 찾아내기 위해서도 탐구적 질문을 이용할 수 있다. 어떤 비즈니스 경영자들은 잠시 행동을 멈추고 다음과 같은 질문을 하기 위한 시간을 갖는다.

- 최근에 여기서 뭔가 문제는 없었습니까?
- 오늘 제시할 새로운 아이디어나 제안은 없습니까?
- 이것을 좀더 개선하기 위해 우리가 할 수 있는 일은 없습니까?
- 이 일에 우리는 적절한 사람을 쓰고 있습니까?
- 뭔가 놀라운 일은 일어나지 않았습니까?
- 최근에 불평을 호소한 고객은 없었습니까?

당신이 묻지 않는다면, 그것도 적절하게 묻지 않는다면, 사람들은 말하지 않을 것이다.

커피숍 미팅

샌프란시스코에서 일하는 어떤 부서장은 직원들을 편안한 커피숍으로 데리고 가서 회의를 연다. 이들은 테이블을 몇 개 붙여 놓고 함께 음료와 스낵을 취향대로 고른 다음 편안한 자세로 앉아서 회의를 한다. 그러면 사람들은 모두 더 편안한 마음으로 서로 이야기를 주고받으며 마음의 문을 열게 된다.

문제를 알려 주면 조치를 취하라

일이 잘못되었을 때 관리자는 즉시 그 문제에 관한 이야기를 들어야 한다. 관리자로서 당신은 직원들이 상관에게 나쁜 소식을 알리는 것을 꺼리지 않게 하려고 애쓸 것이다. 예를 들면 나쁜 소식을 알려준 사람이 결코 해를 입지 않을 것이라는 점을 확신시키는 것과 같은 것이다. 그러나 당신이 알게 된 정보에 대해 분명하고도 눈에 띌 만한 조치를 취하지 않는다면 직원들이 오류와 문제를 당신에게 알려 줄 필요성을 느끼지 못할 것이다. 방법은 당신뿐만 아니라 주변의 모든 사람에게 당신이 그 오류와 문제에 대해 생산적인 조치를 취하는 사람이라는 점을 확신시키는 것이다. 오스카 메이어라는 식품 제조업체의 경영진에서는 이런 점에 있어 본을 보이기 위해 '클레임 분석'이라는 전략을 사용한다.

"**나**는 미국 최대 규모의 청량음료 총판 회사의 사장이지만, 청바지 차림으로 고등학교 때 해봤던 운전사 보조로 일하러 나가곤 한다. 요즘 이동 판매 사원이라고도 불리는 트럭 운전사에 관해 우리 고객들이 어떻게 생각하는지 알아보기 위해서다. 연말이 되면 이동 판매 사원과 역할을 바꿔 그 사람이 가던 길로 차를 몰아 보기도 한다."

– 빈센트 J. 나이몰리,
탐파베이 데빌레이스 팀 구단주,
앵커 인더스트리 인터내셔널사
최고경영자

이 전략의 주요 요소는 다음과 같다.

- 중앙 어딘가에서 모든 오류와 문제를 반드시 기록하게 한다. 그러면 찾아보고 배울 점을 찾아낼 데이터베이스를 문서 형태로 가질 수 있다.

- 문제를 해결하고 고객을 만족시키기 위해, 문제가 인식되면 즉시 가능한 모든 방법을 동원해 조치를 취한다.

- 이전에 발생했던 문제들에 관해 정보를 분석함으로써, 패턴을 찾아내고 문제의 재발을 예방하기 위한 아이디어를 생각해 낸다.

간단한 이 세 가지 전략을 당신이 수용한다면 직원들은 문제를 알리는 것이 생산적이고 도움이 되는 일이라고 생각하게 될 것이다.

직원들에게 어떻게 이끌어 주기를 바라는지 물어 보라

IBM사에서 고용 직원을 더욱 다양화하기로 결정하자, 관리자들은 자기네 회사가 비교적 경험해 보지 못했던 다양한 집단의 사람들을 그 대상으로 정했다. 예를 들면 장애인이나 노인 같은 사람들이었다. 새로운 직원들에게 가장 좋은 작업 환경을 제공해 줄 방법을 관리자들이 알도록 하기 위해, 회사에서는 다음 질문을 포함한 많은 것을 새로 고용된 사람들에게 물었다.

"**무**엇이 중요한지는 당신 밑에서 일하는 사람들에게 물어 보라. 그리고 그들의 말에 귀 기울여라."
- 버나드 랜돌프 장군, 미 공군

- 당신이 환영받고 있으며 이곳에서 가치 있는 사람으로 느끼도록 하기 위해 우리가 할 수 있는 일은 무엇인가?
- 당신의 생산성을 극대화하기 위해 우리가 할 수 있는 일은 무엇인가?

굉장한 질문이라고 생각되지 않는가? 모든 직원에게 이 두 가지 질문을 한다면 모든 관리자가 분명히 뭔가 새로운 점을 배우게 될 것이다. 당신도 시도해 보는 것이 어떨까?

무엇을 원하는지 직원들에게 물어라
(당신은 스스로 생각하고 있는 것만큼 그들을 잘 알고 있지 못하기 때문이다!)

시간이 가면서, 회사에 관한 조사에서는 직원들이 자신의 일에 관해 생각하는 것과 관리자들이 그럴 것이라고 생각하는 것 사이에 불일치가 나타나고 있는데, 이것은 흥미로운 현상이다. 관리자들은 대개 직원들이 월급과 기타 재정적 가치가 있는 보상 및 승진에 신경을 가장 많이 쓴다고 생각한다. 그러나 직원들은 대개 다른 요소들을 자신에게 더 중요한 것이라고 대답한다. 조지 메이슨 대학의 케니스 코바흐 교수가 실시한 연구 결과를 보면, 직원들이 가장 우선시 하는 것이라고 관리자들이 추측하고 있는 것이 얼마나 사실과 동떨어져 있는지 알 수 있다.

■ 직원들이 가장 우선시 하는 세 가지
1. 흥미로운 일
2. 수행한 일에 대한 충분한 인정
3. 참여하고 있다는 느낌 또는 일하고 있다는 느낌

■ 직원들이 원하고 있다고 관리자들이 생각하는 것
1. 많은 봉급
2. 작업 안전성
3. 승진 및 성장 기회

다시 말해서, 관리자들은 직원들이 가장 중요하게 생각하는 것 세 가지에 관해 잘못 추측하고 있었다. 따라서 관리자들이 직원들의 그런 욕구를 충족시켜 줄 가능성은 적어진다.

직원들이 관리자들에 관해 어떻게 생각하는지 들어 보자
소위 360도 수행 평가라고 하는 이 개념이 고위급 관리자들에게 항상 환영받는 것은 아니다. 그들은 평가받기보다는 평가하기를 훨씬 더 좋아한다. 그러나 IBM의 자회사로서 소프트웨어를 만들어 내고 있는 로터스 디벨롭먼트사에서는 직원들이 경영진에게, 자기 관리자에게 피드백을 제공할 수 있다면 직원들 사기가 올라갈 것이라고 말했다. 현재 이 회사에서는 최고경영자에 이르기까지 모든 임원들이 직원들에게서 피드백을 받고, 관리자가 고쳤으면 하는 단점이 있으면 그 점에 관해 직원들에게서 이야기를 듣는다. 상관에게 앙갚음 당할 것을 두려워하는 마음을 없애기 위해 익명으로 수행 평가하도록 하는 것이 가장 좋다.

서면으로 메시지를 전달할 경우 서명하거나 보내기 전에

서면 메시지를 보내기 전에 잠시 멈추고 그 메시지에 관해 이런 질문을 해보자. "이것은 정서적인 면에서 어떤 메시지를 전달하고 있는가?" 우리는 일반적으로 전달해야 할 내용에만 신경을 쓴다. 예를 들어 해야 할 일이나 알아두어야 할 것 등만 말한다. 그것은 의사 소통이 본질적으로 기능적이라는 것을 의미한다. 그러나 잠시 멈추고 정서적인 면에서 주는 메시지를 점검해 보면, 당신의 말이 원래 의도했던 것보다 좀 차갑거나 성급하거나 비판적이라는 점을 알 수 있을 것이다. 그러면 이제, 열심히 일한 것에 대해 좀더 따뜻하게 인정해 주고 격려해 주는 말을 덧붙이거나, 앞으로 다가올 어려운 과제를 해결해 나갈 능력에 자신감을 불어넣어 줄 말을 덧붙일 수 있다. 아니면 그냥 친근한 인사말만 덧붙여도 좋다.

∪ ∪ ∪

생각 나누기

한 최고경영자 컨설턴트가 *The Financial Times*에 텔레비전 프로그램 '서바이버'의 영국 버전을 분석한 논평을 기고했다. 이 논평에서 논평자는 이것을 어항 환경의 리더십에 관한 아주 좋은 사례라고 말했다. 논평자의 말에 따르면, 이 쇼에서 두 팀은 모두 자신들을 승리하게 도와 줄 자질을 최고로 지니고 있던 후보자 두 사람을 재빨리 아웃시켰다고 한다. 문제는 이 리더들이 의사 소통을 제대로 못한다는 것이었다. 그들은 주변 사람들을 좌지우지하고 싶어 했고, 결국 지나치게 지배하려는 태도와 거만한 태도를 지녔다는 점이 드러났다. "닉 카터는 포클랜드 전쟁의 퇴역 군인

> **"끌**려가기는 싫다. 우린 한 팀으로써 일하고 싶은 것이다."
> – '서바이버'에서

이고 영국 국방 의용군의 전직 지도자이다. 그는 '지배적인' 태도를 지닌 '광적인 통제자'였기 때문에 제외되었다. 마찬가지로, 영국 공군의 상병이었던 상대 팀의 제니퍼 아담스도 다음 라운드에서 아웃되었다. 팀 멤버 한 사람은 이렇게 말했다. '그녀는 내가 감당할 수 없을 만큼 지나치게 권위적이다. 주변에 있는 사람들을 지배하고 모든 사람을 지도하려 들지만, 우리는 그녀에게 지도받고 싶지 않았다. 우리는 한 팀으로서 협조하고 싶

을 뿐이다.'"(인테그라 컨설팅 이사, 미쉘 고르고디언의 논평에서 인용)

당신의 직원들이 주말마다 당신을 제외시키거나 포함시킬 수 있다면 어떨까? 그것이 당신의 의사 소통 스타일에 영향을 미치게 될까? 당신은 분명히 위에서 말했던 두 사람보다는 좀더 남의 말에 귀를 기울이게 될 것이다.

소년과 말에 관한 이야기를 다시 생각해 보자. 소년의 가장 큰 실수는 과연 무엇이었을까? 그런 이야기는 여러 가지 다른 해석을 만들어 낼 수 있긴 하지만, 내 생각에는 가장 중요한 문제가 소년이 말에게 정말 귀를 기울여 대화하지 못했던 점인 것 같다. 말은 자신만의 방법으로 의사를 전달하고 있었으며, 자신에게도 동기와 생각, 그리고 욕구가 있다는 것을 알렸지만 소년은 그것을 알아차릴 수 없었다. 소년은 초자연적인 힘의 개입이 필요했다. 하지만 우리는 우리의 일터에서 그런 초자연 힘의 도움을 받기는 불가능하다. 그러므로 그런 이야기에서 우리가 얻을 수 있는 지혜를 스스로 터득해야 할 것이며, 이 장에서 소개되었던 것 같은 영감을 주는 사례들에서 아이디어를 얻어야 할 것이다.

그 모든 것이 결국 듣는 것으로 귀결된다. 어쩌면 듣는 것이 시작인지도 모르겠다. 훌륭한 경영과 위대한 리더십은 듣는 것에서 시작되는 것 같다. 중국의 철학자 노자는 이렇게 말했다. "사람들을 이끌기 위해서는 그 사람들 뒤에서 걸어가야 한다." 그렇게 함으로써 사람들이 하는 말을 듣고 그들이 어떻게 느끼는지 알 수 있으므로 노자가 그렇게 말한 것이 틀림없다.

리더십은 많은 것을 듣는 데서 시작된다. '변화의 바람'이 일으키는 소리에 귀를 기울이고, 더 넓은 경제 환경의 소리에 귀를 기울여야 한다. 사람들이 가장 가까이 있는 돌 벽에 부딪히도록 이끌어 가서는 안 되기 때문이다. 우리에게 쓸모 있는 좋은 아이디어와 테크닉을 우리에게 남겨 주고자 하는 바람을 가지고 우리보다 먼저 갔던 사람들의 조언과 경험에 귀를 기울여야 한다. 또한 우리 자신에게 귀를 기울여야 한다. 뜻하지 않게 우리가 부정적인 태도로 일함으로써 다른 모든 사람들의 '감정의 물'을 흙탕물로 만들어 놓지 않도록 하기 위해서이다.

또한 분명히 관리자들은 사원들과 의사 소통을 해야 한다. 그것도 빨리 그리고 자주. 관리자는 사원들의 생각에 귀를 기울여야 하고, 그들의 욕구를 탐색해야 하며, 그들에게 영감을 불어넣고 관심을 갖고 동기를 부여해 주기 위해 여러 가지 의사 소통 기술을 사용해야 한다. 또한 분명히 리더십의 다른 많은 기술들을 언제 사용해야 할지 알기 위해 귀를 기울이는 방법을 사용해야 할 것이다.

당신은 의사 소통이 말 타기와 상관이 없다고 생각할지 모르지만, 모든 훌륭한 기수는 의사 소통도 잘 하는 사람이기도 하다. 그들은 끊임없이 자신의 말과 교감을 나누며 말의 생각을 받아들인다. 의사 소통을 원활히 하는 것은 말을 이끄는 데 있어 필수적인 요소이며, 사업체를 이끌어 가는 데에도 역시 필수적이다.

의사 소통의 체크 리스트

다음은 이 장에 나온 가장 좋은 아이디어와 실례를 강조하기 위한 체크 리스트이다.

- ✓ 반드시 사실을 글로 써서 소문에 대응하라.
- ✓ 실적 자료를 모두 함께 볼 수 있도록 그래픽과 차트로 만들어 게시하라.

- ✓ 나쁜 소식을 24시간 이내에 다른 사람들에게 알리고 다른 사람들도 그렇게 하도록 요청하라.
- ✓ 때때로 모든 직원들을 대상으로 Q&A 회의를 열어라.
- ✓ 당신이 하는 일과 그 일을 하는 방법을 보여 줌으로써 메시지를 전달하라.
- ✓ 감사의 메모를 적어라. 당신 직원 모두에게 감사를 전할 방법을 찾아라.
- ✓ 당신의 흥미진진한 미래 비전이 무엇인지 사람들에게 알려 주어라(가지고는 있는가?).
- ✓ 당신 집단의 강점에 관해 자주 말하라.
- ✓ 직원이 말하는 것이 정말 무엇을 의미하는지 알아내기 위한 탐구적 질문을 이용함으로써 당신 자신이 어느 정도나 이해했는지 점검하라.
- ✓ 커피숍과 같이 중립적이고 편안한 장소에서 직원 회의를 열어라.
- ✓ 직원들이 나쁜 소식을 당신에게 알릴 수 있도록 격려하라.
- ✓ 때때로 직원을 따라다니거나 그의 일을 직접 해보아라. 그러면 그들의 입장을 확실히 이해할 수 있을 것이다.
- ✓ 매주 각 직원과 조금씩 시간을 보내는 것을 규칙으로 삼아라. 그러면 그들과 의사 소통할 기회가 자연스럽게 생길 것이다.
- ✓ 일에 있어서 직원들에게 정말로 동기를 유발시키는 것이 무엇인지 알아내라.

3

경영자의 개인적 태도

기수가 머뭇거리거나 확신을 갖지 못하면 말도 역시 그럴 것이고 따라서 속도가 더 느려질 것이다. 비록 기수가 경주에서 직접 달리는 것은 아니지만 그의 감정과 마음의 상태는 말의 컨디션에 어마어마한 영향을 미친다. 말은 기수의 불안한 마음, 두려움, 스트레스를 눈치 채고, 기수가 기분이 좋은지 스트레스를 받고 있는지 알아차린다. 이런 감정은 말 자신의 것이 되어 버린다.

> 자신에게도 신경 써라. 말은 기수가 어떤 기분인지 알고 있다.

"직원들은 배울 것이 있는 훌륭한 멘토와 지도자를 원한다."

– 폴 르포트, 유나이티드 헬스 그룹의 최고 투자 책임자

"직장이라는 환경에서 당신의 행위는 부하 직원들에게
가장 큰 영향을 미치는 요소이다."

– 페르디난드 F. 포니스, *COACHING FOR IMPROVED WORK PERFORMANCE*

> **"자**기 스스로 빛을 발하면, 다른 사람에게도 빛을 발하게 하는 셈이 된다."
>
> – 넬슨 만델라

모든 훌륭한 관리자가 이끌어야 할 첫 번째 사람은 바로 자기 자신이다. 관리자가 자신의 일을 어떻게 느끼느냐는 그 부하 직원들에게 엄청난 영향을 미친다. 영감을 불어넣는 지도자의 특별한 능력은 내부에서 흘러나오는 것이며 태도의 문제이지, 그 지도자가 어떻게 이끄는지 또는 무엇을 하는지에 관한 것이 아니라고 생각하는 사람들도 있다.

개인적 태도는 어떻게 리더십을 발휘할지 그리고 얼마나 잘 발휘할지에 크게 관련있는 것이 확실하다. 또한 개인적 태도는 이 책 전반에 걸쳐 나오는 테크닉과 전략을 활용하는 능력에도 영향을 미칠 수 있다. 이렇게 생각해 보자. 경영자가 어떻게 자기 자신보다 직원들을 더 의욕적이 되도록 만들 수 있겠는가?

'정서적 지성' 분야에서 놀라운 새 연구 결과가 하나 발표되었다. 태도와 감정이 얼마나 전염성이 큰 가를 보여 주는 것이었다. 예를 들어 한 실험에서는 사람들이 방으로 들어가서 소그룹으로 단 몇 분 동안 전혀 상호 작용을 하지 않으면서 완전히 침묵 가운데 앉아 있게 했다. 그러고 나서 그 사람들이 모두 떠났다. 여기서 흥미로운 일이 생겼다. 연구자들은 사람들이 서로에게 잠깐 노출된 전과 후에 각각의 기분을 살펴보았다. 이들이 알아낸 것은 낯선 사람들과 보낸 그 짧은 시간이 기분에 큰 영향을 미친다는 사실이었다. 한 사람이 자신의 기분을 나머지 사람들에게 번지게 하는 경향이 있었다.

말 타기에서 말은 기수의 기분에 영향을 받는다. 비즈니스 그룹이나 직장에서는 대개 권한을 지닌 사람의 기분에 나머지 사람들이 영향을 받는다.

그러므로 관리자는 직원들에게 바라는 만큼 자기 자신도 일에 대해 의욕적이고 긍정적인 마음과 기분 상태에 있다는 점을 신입 사원들에게 확신시켜 주어야 한다. 이것이 무리한 요구일 수도 있다. 그러나 그렇기 때문에 바로 이 섹션의 자기 관리 테크닉이 아주 중요하다는 것이다.

다음으로, 당신이 어떻게 매일 리더십의 과제에 대해 자신을 자극하는가 하는 사소한 문제가 남아 있다. 당신이 가장 크게 효과를 볼 수 있는 곳에 자신의 리더십을 계속 집중시키려면 자신의 시간과 노력을 어떻게 가장 잘 관리할 수 있는지도 결정해야 한다.

사람의 마음가짐에는 전염성이 있다. 오늘 내 마음가짐은 직원들을 감염시키고 있는가 아니면 예방 접종하고 있는가?

직원들을 지속적으로 자극하고 집중하게 해서 올바른 방향으로 가게 하려면, 당신 자신이 먼저 자극을 받아 집중하고 올바른 길로 가야 한다. 리더십에 대한 당신의 개인적인 태도는 당신이 정의하는 것이다. 어쩌면 당신은 이 섹션에 나오는 어떤 사람들처럼 개인적인 리더십 철학을 개발하고 싶을지도 모르겠다. 그러나 당신의 접근 방식이 어떤 것이든, 그것은 당신 리더십의 근본이 되어야 한다. 회사나 팀은 생겨났다가 사라지는 것이라는 직원들의 하루살이 정신은 모두 그들의 리더인 관리자의 개인적인 생각과 접근 방식에서 유래한다. 리더십은 정말 개인적인 것이며, 흔히 그 성격이 개인적이지 않은 비즈니스 세계에서도 마찬가지이다. 이 섹션은 당신이 자신의 태도를 스스로 확인할 수 있게 한다. 이것은 당신이 매일 다시 안장에 올라가 앉기 전에 적어도 몇 분 동안 실천해야 할 아주 가치 있는 일이다.

∪ ∪ ∪

직원들이 리더십에 관해 목소리를 높이다

다음의 글은 국립 기상청의 관리자인 제너럴 그리핀을 '최고의 실천상(Best Practices Award)' 후보자로 추천하는 글에서 발췌한 내용이다. 이 글은 그의 직원들이 썼다.

행복하고 건강하며 적극적인 기수가 모는 말이 우울하고 스트레스 받은 데다 화가 난 기수가 모는 말보다 경주에서 이길 확률이 더 높을까?

미스터 그리핀은 오랫동안 우리의 리더였다. 그는 자신의 팀원들이 성취한 업적에 대해 적절히 인정받고 보상받도록 하기 위해 자신이 의무적으로 해야 하는 일 이상의 노력을 기울인다. 그러나 그 자신의 공로에 관해서는 대개 그냥 넘어간다. 미스터 그리핀과 함께 일하는 팀원들은 그에게 높은 충성심과 신뢰감을 느낀다. 왜냐하면 그는 팀원들이 공정하게 대접받고 존중받도록 하기 위해 자신보다 그들의 이익과 복지를 우선으로 생각하기 때문이다.

팀원 가운데 누군가가 간과되거나 직장에 대한 걱정거리를 가지고 있으면, 미스터 그리핀은 그를 위해 기꺼이 나설 준비가 되어 있다. 그리핀은 자기 밑에서 일하는 모든 직원들에게 공정하며, 모든 사람을 똑같이 대우하고, 일과 관련되어 진행되고 있는 모든 상황을 자기 팀에게 알려 주고, 각 개인을 크게 배려한다. 항상 개인적인 문제를 기꺼이 듣고 도와줄 준비가 되어 있다. 팀 프로젝트를 개선하기 위한 어떤 제안에 대해서도 마음을 열고 있으며 문제가 있는 일을 도와줄 준비도 늘 되어 있다. 그는 그냥 앉아서 누군가에게 프로젝트를 맡기고는 잊어버리는 사람이 아니다. 그는 직원들과 함께 일하면서 자신이 해야 할 일을 해내는 사람이다.

직원의 관점에서는 의사 소통, 지원, 배려, 공정성 등이 리더십의 자질이며, 이 조직은 긍정적인 맥락에서 이런 특징을 직원들이 말하게 하는 흥미로운 메커니즘을 가지고 있다. 후보자를 위한 직원들의 각 추천장은 모두가 볼 수 있도록 게시해 둔다. 관리자의 어떤 자질을 직원들이 가장 중요하게 생각하는지 확실히 알리기 위해서이다.

간단히 하라

위대한 리더십이 엄청난 노력일 필요는 없다. 그 목표는 당신의 직원들이 각자 가장 잘하는 것을 하게 하는 것이기 때문이다. 이것은 그렇게 하도록 만드는 것이 아니라 하도록 허용하는 것이다. 리더로서 당신이 꼭 그 일을 해야 하는 것은 아니다. 당신은 단지 직원들이 잘 하는 일을 하도록 확신을 심어 주어야 할 뿐이다. 이것은 적어도 뉴욕 양키스의 전설적인 감독인 조 토레의 철학이었다. 1998년 그가 이끄는 뉴욕 양키스는 기록적인 승

"**자**기 일에 재미를 느끼지 못한다면, 뭔가 문제가 있는 것이다."
– 알버트 에이커스 소장

률과 월드 시리즈 우승을 달성했다. 조 토레는 그가 패배시킨 다른 팀의 많은 감독들이 하는 것처럼 팔짝팔짝 뛰면서 자기 선수들에게 소리를 지르거나 매번 위기가 닥칠 때마다 구장으로 뛰어 들어가서 다그치는 일을 하지 않았다. 그는 자신의 일을 '인원 구성표를 기록하고, 투구법을 바꾸고, 가끔 선수들의 등을 두드려 주는 것'이라고 생각했다.

월드 시리즈 기간 동안 그의 선수 한 사람은 연합통신과의 인터뷰에서, "그는 대부분 우리에게 게임을 맡겨둔다"라고 말했다. 이것은 일반 리더들에게도 좋은 전략이다.

리더십 쇼가 이제 시작되었다!

"미네소타 주 뉴브라이튼에 있는 트렌드 엔터프라이즈사의 창업자이자 회장인 케이 프레드릭스는 자신의 사무실을 세련되게 장식하고는, 직원들이 자기 일터로 갈 때 지나다니는 주요 통로인 복도에서 훤히 볼 수 있게 해놓았다. 커다란 통유리를 통해 복도를 지나가는 사람은 누구나 사무실 안에 있는 프레드릭스를 볼 수 있다. 이 개방적 분위기는 프레드릭스의 전형적인 경영 스타일인 동시에, 회사 내의 개방성에 대한 기준을 설정했다."

– 도널드 E. 로시 & 찰스 라바로니,
EDUCATIONAL ENTREPRENEUR: MAKING A DIFFERENCE,
(*Edupreneur Press*, 2000년, p.79)

"**한** 생명은 다른 생명에게 영향을 줄 수 있어서 소중하다."

– 잭키 로빈슨

"**내** 가 한 인간으로써, 또 전문인으로써 어떤 문제에 직면해도 헤쳐 나갈 수 있는 것은 *THE LIFE AND LETTERS OF CHARLES DARWIN*이라는 책에서 읽은 한 구절 덕분이다. '가장 강한 자가 살아남는 것도, 가장 똑똑한 자가 살아남는 것도 아니다. 변화에 가장 잘 적응하는 자가 살아남는 것이다.'"

– 데이비스 스튜어드,
월드 와이드 주식회사의 최고경영자,
(*Black Enterprise*,
2001년 11월호, p.80)

자신의 스타일을 언제 바꾸어야 할지 알아야 한다

"내가 한 부서를 경영하고 있을 때 내 역할은 지금의 규모와 다양성을 지닌 회사를 경영하는 것과는 달랐다. 시간이 지나면서 나는 지금의 일에 필요한 리더십의 특징이 무엇인지 재평가해야 했다. 자신의 일이 바뀌면 스타일도 바뀌어야 한다는 점을 깨닫는 사람은 별로 없다. 예를 들어 부서장으로서는 좀더 직선적이고 전술적일 수 있지만, 최고경영자가 되면 좀더 코치와 같은 역할을 해야 하며, 다른 관리자들을 코디네이트해야 한다."

– 스티브 레이먼드, 펩시콜라 최고경영자

(*Business Week*, 2001년 12월 17일자,
헤이드릭 & 스트러글즈 섹션)

"**옛**날에는 품질이 큰 문제였지만 지금은 아니라고 생각하는 것은 미국 기업들의 착각일까?"

– 제프리 E. 가튼,
예일경영대학원 학장,
(*Business Week*,
2002년 12월 18일자)

엄격한 고품질 추구

10년 전에 내가 이 책을 썼더라면 여기는 품질 개선에 집중하고 있는 기업들의 사례와 인용문으로 가득했을 것이다. 이런 현상은 많은 성공적 경영자들의 생각에서 나온 것이었다. 그러나 지금은 품질이 또 하나의 구닥다리 유행어에 지나지 않으며, 또한 품질 개선에 매달리는 비즈니스 경영자도 별로 없다.

"**매**일매일 거울을 바라보며 이렇게 말할 수 있어야 한다. "난 최선을 다했어.""

– 보니 라이츠,
컨티넨털 에어라인즈 상무
(*Fast Company*, 2001년 12월호)

그러나 당신이 어떤 목적을 찾고 있거나 리더십을 위한 새로운 방향을 모색하고 있다면, 품질이라는 이 무너져가고 있는 사원을 다시 한번 방문해 보는 것도 좋을 것이다. 품질이라는 종교가 경영자들 사이에서는 더 이상 인기가 없지만, 품질 개선은 기초 토대라는 면에서 여전히 매일의 승리를 이끌어 가고 있다.

자사 제품을 리콜할 필요가 없는 회사는 그래야 하는 회사보다 훨씬 더 많은 돈을 벌 수 있다. 탁월하게 좋은 서비스나 제품을 공급하는 회사는 더 높은 매출을 올리고, 총자산 이익률도 더 높다. 고객들이 주목하고 기뻐할 정도의 고품질을 이루어 낼 만큼 열심히 추구한다면 품질 개선은 성과를 거둔다. 품질 면에서 주목할 만한 향상을 이루어 낼 가능성이 있다고 생각한다면, 당신의 리더십을 이 과제에 바쳐 보는 것은 어떻겠는가?

정말 중요한 세부 문제에 매달려라

경영자들은 일을 다른 사람들에게 맡긴다. 그러고는 세부 사항에 관해 걱정하지 않는다. 일반적인 통념이 그렇다. 예를 들어 호텔 비즈니스에서 최고경영자는 카펫, 사이드 테이블, 베드 시트 고르는 일을 각종 부서에 위임하고 있다. 그러나 왜 일부 최고경영자들은 직접 직물 견본이나 페인트 샘플을 연구하며 시간을 보내겠는가? 이런 세부 사항은 좋은 방에 머무르기를 원하는 고객들에게 아주 중요한 문제이기 때문이라고 '스타우드 호텔 & 리조트 월드와이드'의 최고경영자이자 회장인 배리 스턴리히트가 말한다. 이 기업은 쉐라톤의 소유권도 가지고 있다.

"이런 일은 중요하다. 특히 그것이 1만 번 반복되어야 할 경우에는 더욱 그렇다." 이것은 그가 지나치게 세밀한 부분까지 관여한다고 말하는 산업 논평가들의 비판을 반박한 말이었다. 이 기업은 그의 리더십 하에서 훌륭하게 성장하고 번창해 왔기 때문에 소위 전문가라고 하는 산업 논평가들은 자신들이 너무 섣불리 판단한 것이 아니었나 스스로 의아심을 품기 시작했다.

사실, 모든 세부 사항을 걱정하고 싶지는 않지만, 이러한 세부 사항 중에는 정말 중요한 사항이 반드시 몇 가지 있을 것이다. 이런 사항은 경영자가 시간과 관심을 투자할 가치가 충분히 있는 것이다(*Business Week* 인용, 2000년 11월 20일자, p.142).

자신의 고객이 되어라

B 영화사의 스포츠 코치들은 선수들에게 '공이 되라'라고 항상 말한다. 스포츠에서는 이것이 그다지 도움이 될 만한 조언이 아니지만 비즈니스에서는 도움이 되는데, 말 그대로 자신이 고객이 되어 보라는 말이다.

아니면 적어도 시간을 투자해서 고객의 경험을 공유하고 당신 사업에 관한 고객의 생각을 항상 알고자 해야 한다. 미국 호텔 체인의 위대한 두 경영자의 경영 스타일을 비교해 보면 이런 관점을 잘 이해할 수 있다. 하워드 존슨은 자기 시간의 대부분을 뉴욕에 있는 자신의 호화로운 본사에서 보냈다. 이렇게 하다가 한때 업계를 지배했던 그의 사업은 불황기를 맞았다. 고객들이 더 이상 그 회사 상품의 가격과 서비스를 마음에 들어 하지 않는다는 점을 깨닫지 못했기 때문이었다. 반면 마리옷은 수백 군데의 자기 체인 호텔을 매년 방문했으며, 자기 회사의 경영자들도 그렇게 하도록 했다. 그는 고객의 관점에서 자기 사업이 어떻게 보이는가를 더 명확히 알고 있었고, 그 결과 사업은 번창했다.

> **"타**인이 우리에게 갖고 있는 고정관념만 깰 것이 아니라, 우리가 우리 자신에게 갖고 있는 고정관념도 깨야 한다."
> – 셜리 치숄름
>
> 자리에 앉아서 경영자로서 자기 자신에 관한 어떤 고정관념이 있는지 목록을 만들어 보는 연습을 하면 재미있다. 자기 자신에 관한 고정관념은 보이지 않는 울타리와 같아서 당신이 가고 싶은 곳에 가는 것을 방해한다.

제록스 고객 관리의 날

제록스의 관리자들은 고객의 관심사가 무엇인지 놓치지 않는다. 관리자들 모두 자신에게 지정된 날마다 직접 고객 불만을 처리하고 있다. 이 개념은 경영자들이 일선에서 시간을 좀 보내며 알아보지 않는다면 고객 서비스에 관해 잘 알지 못하게 될 수 있다는 데서 나왔다. 이 문제를 해결하기 위해 제록스는 최고위급 관리자들 40명에게 각각 '고객 관리의 날'을 지정해 주었다. 각 관리자는 의무적으로 해당 날짜에 본사로 들어오는 고객의 불만을 듣는 책임을 맡는다. 고객의 불만을 듣고 해결해 주는 것이다. 처음에는 이 일이 고역스러운 의무였다. 전화가 끊임없이 왔기 때문이다. 그러나 이런 경험을 통해 관리자들은 제품과 서비스의 품질 향상을 위해 적극적인 노력을 기울이게 되었으며, 따라서 전화 걸려오는 횟수도 점차 줄어들게 되었다. 고객의 직접적인 반응을 듣는 것만큼 효과적으로 무엇을 개선해야 할지 알 수 있는 방법은 없다. 그것이 소규모 회사이건 다국적 기업이건 마찬가지이다.

제 눈에 안경

비즈니스 경영자들에게 자신의 행동에 관해 물어보면 그들은 대개 직원들이 생각하는 것과는 다르게 자신을 설명한다. 예를 들어, 경영자가 직원들의 말을 얼마나 잘 듣는가, 직원들에게 지속적으로 충분히 정보를 제공하는가, 훌륭한 성과에 대해서 칭찬하는가에 관한 관점을 보면 대개 크게 차이가 난다.

자신의 행위를 평가할 때 경영자들은 안목이 없는 것일까?

그렇지 않다. 사실 대부분의 비즈니스 경영자들은 대부분의 직원들보다 자신에 관해 좀더 현실적인 관점을 가지고 있다. 자기 인식은 리더십 성공의 중요한 요소이기 때문이다. 일반적으로 사람들은 남들이 생각하는 것만큼 자기 자신을 볼 수 있는 능력이 놀랍도록 부족하며, 대개 남들이 평가하는 것보다 자신의 대인 관계를 훨씬 더 좋게 평가한다.

이 일반적인 자기 편견은 사람들에게 매너에 관해 질문한 ORC 인터내셔널의 최근 조사에 잘 나타나 있다. 이 조사에 따르면 참여자 가운데 85%가 자신의 매너 등급을 '좋다' 또는 '훌륭하다'라고 평했다. 그러나 사람들이 자신에게 내린 이런 평가가 옳다면, 그들이 다른 사람들의 매너에 대해 '좋다' 또는 '훌륭하다'라고 평한 비율이 어째서 23% 밖에 되지 않는 것일까? 이것은 상당히 큰 차이이다. 이 조사에 따르면 대부분의 사람들이 굉장한 매너를 지니고 있거나 아니면 모든 사람 가운데 4분의 3 이상이 좋지 않은 매너를 가지고 있는 것이다. 어느 쪽이 맞을까?

매너에서 중요한 것은 그 매너가 어떤 의도에서 나온 것이냐 하는 것보다는 남들에게 어떻게 보이느냐 하는 것이다. 이 조사에서 우리는 대부분의 사람들이 대부분의 시간에 자신이 생각하는 것만큼 예의 바르거나 매너가 좋지 못하다는 사실이다.

> **"지**금 하고 있는 일이 효과가 없다면 그만 두어라."
> – 페르디난드 F. 포니스,
> *COACHING FOR IMPROVED WORK PERFORMANCE*
>
> 이 충고가 전하는 바는 분명하지만, 실제 행동으로 옮기기는 아주 어렵다! 계속 노력해도 원하는 결과가 나오지 않는 부분이 무엇인지 목록을 작성해 보라. 그런 후에 각각의 상황에 대해 새로운 대응책을 마련하라.

이것을 리더십에 적용해 보자. 경영자들이 자신의 행위에 관해 보통 사람들보다 잘못 평가하는 비율이 절반 정도라고 한다면? 그렇다고 하더라도 여전히 그들은 자신이 의도하는 것보다 무례하고 신경질적이고 감사할 줄 모르고 남의 말을 듣는 데 관심이 없는 것처럼 보일 것이다.

이것으로써 훌륭한 리더십에는 자신의 행위에 대한 상당한 주의와 관심이 필요하다는 것을 잘 알 수 있다. 자신이 만들어 내는 인상을 정확히 판단할 수 있는 지도자는 평범한 사람들을 훨씬 앞서간다. 평범한 사람들은 다른 사람들이 자기를 무례하다고 생각하는 데도 스스로 예의 바르다고 생각한다.

지나친 배려

직원들을 배려하고 예의 바르게 대하는 것은 좋은 경영 방침이며, 직원들과의 갈등과 법적 소송을 막는 데 도움이 되기도 한다. 그러나 지나치게 개인적으로 대하는 것은 완전히 반대의 결과를 빚어낼 수 있으며, 학대에 대한 배상과 기타 법적 소동이 일어나게 할 수 있다. 그 구분은 매우 미묘하다.

예를 들어 직원이 피곤하고 산만해져서 평균보다 저조한 수행 실적을 내고 있다는 점을 관리자가 알아차렸다고 하자. 관리자는 직원을 배려하는 마음으로 집에 무슨 일이 있는지 묻거나 기분이 우울한지 물어볼 수 있을 것이다.

이런 개인적인 질문은 직원을 법적으로 보호받는 상태로 설정해 넣을 수 있다. 예를 들어 우울증은 연방법과 주법 하에서 장애로 생각될 수 있는데, 그러면 당신은 장애 때문에 직원을 차별하는 것이 될 수 있다. 많은 관리자들에게 더욱 놀라운 일은, 직원들은 관리자가 자신을 우울증에 걸렸다고 생각하는 것으로 믿게 되며, 이것은 직원이 실제로 우울증에 걸리지 않았는데도 관리자가 직원을 우울증으로 인한 장애가 있다고 생각하는 것으로 해석될 수 있다.

어느 쪽이든, 만일 직원이 나중에 수행 실적이 좋지 못해서 해고된다면, 그 직원은 관리자의 개인적 질문을 관리자에게 불리하도록 이용할 수 있다. 직원은 관리자가 자기에게 장애가 있다고 생각해서 해고했다고 주장할 수 있을 것이다.

문제가 되는 특정 작업 행위에 초점을 맞춰 질문하고, 그것을 일으킨 원인에 관해 개인적인 질문을 하지 않도록 해야 한다. 직원의 개인적인 생활에 관해 묻기보다는 직원이 일을 더 잘 해나갈 수 있도록 도와주는 것으로 당신의 배려를 보여 줄 수 있다.

마찬가지로 직원들은 나이, 성별, 건강, 종교, 결혼 여부, 종족, 출신 국가 등의 이유로 차별을 받거나 남들과 다른 대우를 받아서는 안 된다. 어린 아이들을 양육하느라 애쓰는 독신 엄마는 관리자들의 배려를 받아야겠지만, 그렇다 하더라도 집에서 아무 일 없이 잘 지내는 지에 관한 개인적 질문은 하지 않는 것이 현명한 일이다. 만약 당신이 그런 질문을 한다면 그 여직원은 상사가 자신에게 직장에서 나가 달라는 신호를 보내고 있는 것이라고 느끼게 되기 때문이다.

– 낸시 L. 오닐, 미국 노동 및 고용 문제 전문 로펌 잭슨 루이스의 변호사

해병대 리더의 중요한 자질

미군 해병대에서는 '고난 극복' 과정을 통해 리더를 뽑는다. 지원자들은 10주 동안 버지니아 주 퀀티코에 있는 사관 지원자 학교에서 엄격한 선발 과정을 거친다. 여기서 이들은 학문적 및 신체적 기술에 관한 여러 가지 테스트를 받는데 이런 점들을 기준으로 지원자가 자격이 있는지 없는지를 판단한다. 그러나 가장 중요한 단 한 가지 요소는 리더십 능력이다. 이것은 대개 클립보드를 가지고 있는 교관들에 의해 들판에서 평가된다. 교관들은 각 지원자가 어려운 난관을 통해 동료 지원자들을 어떻게 이끌어 가는지 그 모습을 관찰한다(다음 페이지의 박스 참고). 어떤 리더는 자기 그룹을 조직하거나 자극하는 데 실패한다. 또 어떤 리더는 모든 것을 자신이 하려 하거나 지나치게 위험을 무릅쓰다가 죽을 뻔하기도 한다.

7주 간의 끊임없는 테스트 과정은 비즈니스 분야에서 관리자들을 심사하는 것에 비하면 아주 긴 직업 인터뷰인 것처럼 보일 수도 있다. 그러나 사실 이것은 그들이 리더십 상황의 압박을 느끼면서 얼마나 일을 잘 수행해 나갈 수 있는지 제대로 알기에는 충분하지 못하다. 퀀티코에서 장교 지원자들이 어떻게 실패하는지를 보면 많은 것을 배울 수 있다. 다음에 가장 흔히 범하는 실수를 몇 가지 예로 들어 보았다.

> **"한** 무리의 병사들이 작대기를 지레 삼아 통 하나를 커다란 나무 피라미드 위로 올리려고 필사적으로 노력하고 있었다. 그러다가 한 사람이 작대기를 떨어뜨려 작대기가 금지 구역에 떨어지고 말았다. 교관이 '꽥' 하고 소리 질렀다. 그러자 병사들의 리더는 겁에 질린 표정이 되었다. 몇 초간 병사들은 비참한 심정으로 서 있기만 했다. 이처럼 리더에게 악재가 되는 것은 작대기를 떨어뜨리는 것보다 추진력을 잃어버리는 것이다."
>
> – 데이비드 H. 프리드먼,
> *CORPS BUSINESS: THE 30*
> *MANAGEMENT PRINCIPLES OF U.S.*
> *MARINES*(2000년, 하퍼비즈니스
> 출판사, p.141)

- 다른 사람들을 조직하거나 돕기 위해 솔선수범을 보이지 않는다.
- 그룹 내의 다른 사람들에게 의견을 내달라고 요청하지 않는다.
- 계획이 실패로 돌아가고 있다는 것을 알아차려야 하는 시기가 훨씬 지난 후에도 계속 그 계획을 고수한다.
- 다른 사람들과 화합하지 못한다. 따라서 필요할 때 다른 사람들이 그를 도와주지 않는다.
- 다른 사람의 말에 잘 귀를 기울이지 않는다. 모든 정보를 듣기도 전에 미리 마음을 결정해 버린다.
- 지나치게 위험한 일을 무릅쓰거나 자기 자신이 짐을 떠맡는다. 모든 것을 자신이 다 하려고 든다.

(*CORPS BUSINESS*에 실린 데이비드 프리드먼의 기사에서 인용)

장교 지원자 학교에서 실시하는 그런 리더십 고난 과정은 사람을 당황케 할 수 있다. 해병대는 누가 사병을 이끌 수 있다고 믿어야 할 것인지에 관해 매우 신중하게 접근한다. 그러나 비즈니스에서는 경영자들이 이런 흔히 발생하는 실수를 저지르고 있으면서도 그것을 깨닫지 조차 못하고 몇 년씩 보내는 경우가 허다하다.

재설정

재설정은 지난번에 당신이 바랐던 만큼 일이 잘 되지 않았을 경우에도 과거를 뒤로 하고 새롭게 출발하는 것을 말한다. 신속한 재설정은 성공적인 리더십의 중요한 기술이다. 신속히 재설정 하는 방법에 통찰력을 불어넣어 주는 글을 다음에 소개하겠다. 여기에는 이 중요한 기술을 당신에게 상기시켜 주는 중요한 말이 들어 있다.

> "**나**는 경험을 통해, 회사가 뼈를 깎는 비용 절감 노력을 하거나 선택의 기로에 서 있을 때 직원들에게 동기를 부여하고 회사를 안정시킨다는 것이 얼마나 힘든 일인지 잘 알고 있다. 그렇지만 난 낙관적인 사람이다."
>
> – 잭 크레이그톤,
> 유나이티드 에어라인즈 최고경영자

> "어떤 잠재 고객이 거절하면 목록에 들어 있는 다음 잠재 고객으로 넘어가라. 어떤 아이디어가 효과가 없으면 즉시 다음 아이디어로 넘어가라. '다음'은 내가 아는 가장 중요한 말이다. 내게 어떤 것이 효과가 없으면, 나는 단지 '다음!'이라고 자신에게 말한다. '다음'이라는 말은 아주 효과적이다."
>
> – 마크 빅터 한센, *COCREATOR OF CHICKEN SOUP FOR THE SOUL*의 공동 저자
> (*Selling Power*의 인터뷰 내용 중에서)

"두뇌 게임"에서 승리하기

리더십을 발휘해야 할 또 하루를 준비하는 당신에게 기억해 두면 도움이 될 만한 재미있는 생각을 아래에 몇 가지 소개하겠다.

> "이것은 테니스의 문제라기보다는 정신력의 문제이다."
>
> – 후안 칼로스 페레로, 프랑스 오픈 준결승에서 패배하고 난 후에, 2001년 6월

"축구에서 무엇이 가장 중요한 플레이인가?

가장 중요한 플레이는 다음 플레이이다."

– 보라 밀루티노비치(월드컵 축구 코치)

"사업의 성공이나 실패는 정신적 능력보다는

정신적 태도 때문에 야기되는 경우가 더 많다."

– 월터 딜 스코트(경영자)

눈물을 흘릴 용기

"당신 존재에 그 슬픔이 더 깊이 배어들수록,

당신은 더 많은 기쁨을 수용할 수 있다."

– 칼릴 지브란

리더십에서 가장 어려운 교훈 가운데 하나는 아마도 언제 슬픔을 느껴야 하는가를 아는 것이다. 때때로 정말 상황이 좋지 못할 때가 있다. 그런 경우에 리더는 슬픔을 느껴도 무방해야 할 뿐만 아니라 그 상황을 잘 파악하고 거기서 벗어날 방법을 준비하는 수단으로서 슬픔을 느낄 필요가 있다. 당신 자신이 눈물을 흘리는 데 상당한 용기가 필요할 수 있다. 리더로서 우리는 때때로 다른 사람들의 슬픔에 대해 우리가 느끼는 것보다 더 슬픔을 표현하도록 요청받는다.

아프가니스탄에서 탈레반 정권이 무너지고 난 후에 생긴 여성부의 장관 시마 사마르가 이 새로운 장관직을 맡고 나서 처음 사흘 동안 울었다는 말을 들었을 때 나는 크게 감동받았다. 탈레반 정권이 통치한 5년 동안 여성들이 당했던 고통의 이야기를 그녀와 부하 직원들에게 들었을 때 그

충격은 엄청났다. 연합통신이 2001년 12월 30일에 보도한 내용에 따르면, 시마 사마르 장관은 "여성들이 그 동안 너무 심하게 상처를 받아서 울 수밖에 없었다. 우리는 그 밖에 무엇을 해야 할지 몰랐다"라고 했다고 한다.

> **"삶**에는 두 가지 규칙이 있다. 첫 번째 규칙은 '절대 포기하지 말라'는 것이다. 두 번째 규칙은 '항상 첫 번째 규칙을 기억하라'는 것이다."
> – 듀크 롤링톤, 음악가

그러나 그것은 처음 사흘뿐이었다. 그러고 나서 그들은 일에 착수했다. 사마르 장관의 첫 번째 조치는 행정에 좀더 자유롭고 과감한 태도로 접근해 가는 것이었다. 그녀는 "문밖에 무장 경비원을 세워두지 않는 장관은 나뿐이다"라고 언론에 자랑스럽게 말했다.

적극적 끈기

우리 회사의 리더십 워크숍에서는 적극적 끈기라는 원칙을 사람들에게 가르치는 경우가 많다. 거의 모든 기업적 성공, 기술적 약진, 부실기업의 회생을 통해 흐르고 있는 공통된 주제가 바로 이것이다. 이것은 무엇인가?

이것은 낙관주의, 결단력, 창의적 문제 해결의 결합체이다. 끈기만으로는 충분하지 않다. 왜냐하면 결국 머리를 벽에 쾅쾅 부딪히는 것도 끈기 있는 것이라고 할 수 있기 때문이다. 그러나 그것은 아무 소용없는 짓이다. 여러 가지 해결책에 가능성이 있다고 믿는 긍정적인 마음으로 당신은 그 벽을 세심하게 살펴보고 위로 넘어 가거나 돌아가거나 아래로 가거나 아니면 통과해 갈 방법을 찾게 될 것이다. 또는 벽을 폭파하거나 그 벽을 피해서 다른 곳으로 가는 방법을 찾을 수도 있다. 위대한 리더는 항상

> **"지**도력이란 경영학에서 그어 놓은 한계를 뛰어넘는 성과를 이끌어내는 기술이다."
>
> – 콜린 파월, 미 국무장관

긍정적인 끈기를 드러내며 이 강력한 태도를 자기 부하들에게 전파한다. 약간만 단순화시켜 말하자면, 위대한 리더가 되기 위해 당신이 정말 해야 할 일이라고는 평균보다 높은 수준의 긍정적 끈기를 가지고 해결 과제에 접근하기로 스스로 마음먹는 것뿐이다(내가 쓴 책인 *DOING THE IMPOSSIBLE*은 이 주제를 좀더 자세히 다루고 있다).

자신을 어떻게 보는가?

헬렌 켈러의 충고를 생각해 보자. 그녀는 아마도 극한 장애를 극복하는 데 있어 자신의 약점보다는 강점에 초점을 맞추었던 우리 시대의 가장 위대한 사례일 것이다. 헬렌 켈러는 이렇게 말했다.

> 날고자 하는 욕구를 느끼면서도
> 자신이 기어가는 것을 용납할 수는 없다.

신조를 가지고 있는가?

어떤 비즈니스 경영자들은 자신의 철학을 정의하고 그것을 기록해 둠으로써 자신이 어떻게 회사를 이끌어가기를 원하는지 스스로 상기시킨다. 재미있는 예를 들어 보겠다.

- 준비. 발사! 적중.
- 부서지지 않으면… 부숴라!

- 괴짜를 고용하라.
- 어리석은 질문을 하라.
- 실패를 추구하라.
- 이끌어라, 따라라… 아니면 비켜라!
- 혼란을 퍼뜨려라.
- 네 사무실을 몰락시켜라.
- 이상한 것을 읽어라.
- 중용을 피하라!

– 사치 & 사치 월드와이드의 최고경영자
케빈 로버츠의 리더십 신조

"삶은 너무나 짧기 때문에 자기 일을 즐기지 않을 수 없다."

– 피터 루이스,
프로그래시브 인슈런스 최고경영자

"천직을 선택하는 것은 신중히 해야 할 일이다. 먼저, 당신이 하고 싶은 일보다는 이루어지기를 바라는 일을 고려해 보아야 한다."

– W.E.B. 뒤브와

당신은 리더십 철학을 가지고 있는가?

리더십에 대한 자신의 접근 방법을 정의하고, 그것을 효과적으로 말할 수 있는 리더를 만나면 나는 항상 감명을 받는다. 이런 것을 명확히 해두면 리더에게 도움이 된다. 또한 따르는 사람들이 자기 리더가 믿고 있는 것이 무엇인지 알면 확실히 일이 훨씬 수월해진다. 명확한 철학을 쉽게 설명할 수 있는 사람의 좋은 사례를 들어보겠다.

내 철학은 짧은 세 단어로 요약할 수 있다. "옳은 일을 해라!"이다. 이것이 의미하는 바를 설명해 보겠다. 나는 "옳은 일을 해라!"에 중요한 요소를 여섯 가지로 생각한다. 그것은 성실, 충성, 팀워크, 개인의 자발성, 의사 소통, 우리 사람에 대한 배려이다.

이 여섯 가지 요소는 모두 밀접하게 연관되어 있고, 서로 상호 보완적이

> **"우**리가 보통 생각하는 것과는 달리, 우리 삶에서 최고의 순간은 뭔가 절로 이뤄지고 내 심신이 편했던 때가 아니다. 우리가 그런 운과 편안함을 얻기 위해서 열심히 노력했다면, 그런 시간들도 즐거운 경험이 될 수는 있을 것이다. 그러나 우리 삶에서 최고의 순간은 심신의 한계에 다다르면서까지 어렵지만 가치 있는 무언가를 성취하려고 노력할 때 찾아오는 것이다."
>
> – 미할리 치크젠미할리,
> *PSYCHOLOGY OF OPTIMAL EXPERIENCE*
> (하퍼 콜린스 출판사, 1991년)

다. 이 요소들은 분리할 수 없으며, 그것이 바로 내가 그 요소들을 다루는 방법이다.

– 알버트 B. 에이커스, 육군 소장

우리 회사의 리더십 워크숍 활동 가운데 하나는 각 참석자에게 큰 별이 그려진 종이를 한 장씩 나누어주는 것이다. 참석자들이 해야 할 일은 별의 각 포인트에 자신의 개인적인 리더십 철학의 중요 요소 가운데 하나를 적는 것이다. 자신이 별이 되는데 필요하다고 생각하는 것, 그리고 자기 회사가 별이 되도록 돕는 데 필요하다고 생각하는 것을 적어야 한다. 이것은 힘든 작업이지만 자신의 개인적인 리더십 철학을 명확히 하는 데 도움이 된다. 한번 시도해 보는 것이 어떨까?

가치관을 가지고 이끌어라

개인적인 가치관은 리더십 철학의 중요한 부분이다. 이것이 없으면 리더는 때때로 문제에 빠지게 된다. 그러나 가치관을 가지고 있으면 리더의 길은 대개 더 명확해진다. 다음의 경우를 보자.

경쟁사에서 온 한 직원이 가치 있는 고객 데이터베이스를 2만 달러에 팔겠다고 제안했을 때, 벡터 네트워크의 판매 및 마케팅 부사장 앤드류 파슨스는 즉시 그런 사실을 해당 경쟁사 넷서포트의 최고경영자에게 알렸다.

(*The Wall Street Journal*, 2002년. 1월 28일, p.C4)

후에 파슨스는 FBI에게 전화를 받고 '함정 수사'에 참여하기로 동의했다. 그렇게 해서 현금을 받고 데이터를 건네는 현장에서 범인을 체포할 수 있었다.

마르코니에서 '진실' 해지기

영국의 IT 통신 업체인 마르코니는 유용한 가치관을 받아들여 회사 성장에 도움이 되도록 했다. 거기에는 지금까지 들어본 기업 목표 가운데 가장 호기심을 자극하는 내용이 들어 있었다. 모두가 '진실한 사람'이 되기를 바라는 것이었다. 그 정의는 다음과 같았다. "마르코니 사람들은 직선적으로 말하는 사람들이다. 즉, 자기가 의미하는 바를 말하고, 말한 바를 의미하는 사람들이라는 말이다."

우리 회사가 실시하는 리더십 연수 과정에서 우리는 이런 자질을 '참됨(genuineness)'이라고 부른다. 우리가 실시한 조사에서 나타난 바를 보면, 직원들은 이 점을 상당히 중시하고 있었지만, 경영자들 사이에서는 그런 경우가 현저히 드물었다. 이 개념은 회사라는 마스크 뒤에서 자신이 누구인지, 어떻게 느

> "**다**른 사람 입장이 되어 보지 않고 그 사람을 비판하지 마라. 절대 아첨하지 마라. 진실한 말을 해야 한다는 것이 중요하다. 남들에 대해 말할 때, 진실을 말하는 것도 중요하지만 필요한 말을 하고 친절한 말을 해야 한다는 것도 중요하다. 듣고 싶어 하던 말을 들었을 때 상대방의 기분이 어떨지, 시간을 두고 알아보라."
>
> – 토니 라 모타,
> *RECOGNITION THE QUALITY WAY*
> (1995년, 퀄러티 리소스 출판사,
> p.204)

끼는지를 숨기지 말고, 좀더 진실하고 정직한 수준에서 관계를 시작한다는 것이다. 그렇게 하면, 의사 소통이 굉장히 원활해지고, 신뢰감이 쌓이며, 직원들의 헌신도 또한 놀라울 정도로 높아진다.

당신의 뇌를 사용하지 않으면 잃는다

일하면서 만나게 되는 많은 경영자들 중, 가장 활발하게 호기심이 많은 경영자들이 자기 경력에서도 가장 성공적이고 쾌활해 보이는 사람들이 많다는 점을 알고 참 재미있는 일이라고 생각했다. 아마도 존 젱어는 다음과 같이 말하면서 이런 이유에 관해 언급했던 것 같다.

"**뇌**는 놀라운 기관이다. 우리가 아침에 일어난 순간부터 시작해서 사무실에 들어갈 때까지는 활동을 멈추지 않으니 말이다."
- 로버트 프로스트, 시인

"두뇌 운동을 하고 있는 사람들은 자신의 생각하는 능력과 문제 해결 능력을 향상시키고 있다는 확실한 증거가 있다. 그런 사람들은 나이가 들면서도 정신 퇴화를 막거나 그 시기를 미루게 된다. 아무 생각 없는 텔레비전 프로그램을 꺼버리고 책을 읽거나 심지어 낱말 맞추기 게임을 하는 것도 당신의 뇌를 보존해 줄 것이다."

- 존 H. 젱어, 타임스 미러 그룹 회장

좀더 차분한 경영자가 되기 위해 자신의 스트레스를 풀어 버려라

모든 기업의 경영자는 불쌍하다. 이들은 잘못되는 일이 있으면 무엇이든 최종적으로 책임을 져야 한다. 다음에 무엇을 해야 할지 걱정하고,

회사 내의 갈등과 문제를 해결해야 하는 사람이 바로 이들이다. 정면으로 보자. 리더십은 아주 스트레스가 많은 것이다. 그러나 훌륭한 리더십에는 차분함이 필요하고, 일상적인 스트레스를 이기고 냉정함과 침착함을 유지할 능력이 필요하다.

위대한 경영자들은 모든 지옥문이 열려도 여전히 웃고 있으며, 스트레스를 피하는 그들의 능력은 내부에서 나오는 이 적군에 대항해 회사 전체를 지킨다. 그렇다면 당신과 같은 경영자들은 어떻게 스트레스에 영향을 덜 받고 본을 보여 사람들을 이끌어 갈 수 있는 것일까? 정서적 리더십을 제공하고 모든 사람들이 긍정적이고 생산적인 상태를 유지할 수 있도록 하기 위해 당신은 어떻게 주변 사람들보다 더 침착하고 차분할 수 있는가? 혼란과 혼돈 속에서도 말이다.

한 가지는 분명하다. 그것이 당신이 원한다고 해서 되는 것이 아니라는 점이다. 어

> **"이** 직업에서는 4년에서 6년 정도 버티는 것이 보통이다. 생존 본능이 없는 최고경영자는 오래 버티기 힘들다."
>
> – 존 체임버스,
> 시스코 시스템즈 최고경영자
> (*USA Today*, 2001년 12월 31일자,
> p.1B)

> **"두** 려워하거나 화를 내거나 좌절하는 것은 당신의 능력을 높여 주지 못한다. 다른 사람들에게도 마찬가지이다."
>
> – 토니 슈와츠, 미국 플로리다 주 올랜도 소재의 LGE 퍼포먼스 시스템즈사 회장(여기서는 경영자들을 상대로 '기업의 운동 선수(Corporate Athlete)'라는 혹독한 세미나를 제공한다. *Fortune*, 2002년 2월 7일자 p.120에서 인용)

떤 사람들은 천성적으로 다른 사람보다 차분하다. 하지만 모든 사람이 스트레스에는 기본적으로 같은 방식으로 반응한다. 스트레스를 받는 것이다. 그러므로 당신 자신의 스트레스를 제거하기 위해, 그리고 다른 사람들을 스트레스에서 벗어나도록 이끌기 위해, 스트레스가 당신을 지배할 수 없게 하는 몇 가지 연습을 해야 한다. 일하는 동안 당신이 할 수 있는 간단한 몇 가지를 아래에 적어 보았다.

- 몇 초 동안 주먹을 꽉 쥐고 있다가 점차 힘을 빼고 근육에서 스트레스가 흘러나가게 하라. 기분은 좋지만 긴장을 완전히 없앨 수 없다면, 긴장했다가 풀어 주는 이 패턴을 팔과 목, 어깨, 발, 엉덩이, 배 등 다른 근육에도 시도해 보라. 이 운동의 효과를 높이기 위해 깊이 숨을 들이마셔라.

- 유머 휴게 시간을 가져라. 농담에 관한 책이나 만화책을 가까운 데 두고 긴장을 풀 필요가 있을 때 잠시 훑어보라. 그 책을 읽고 자연스럽게 웃자마자 당신은 긴장이 가라앉고, 더 건강하고 새로운 기분으로 다시 일에 돌아갈 수 있게 된다.

- 당신의 일터와 직업 생활을 개선하기 위해 '작은 변화'를 시도해 보아라. *THE BIG BOOK OF STRESS RELIEF GAMES*의 저자 로버트 엡스타인에 따르면, "작은 변화는 큰 결과를 이끌어 낸다"라고 했다. 최소한 당신이 그런 작은 변화들을 스스로 실천함으로써 사소한 골칫거리의 아주 흔한 원인을 모두 제거할 경우 그렇다는 것이다. 예를 들어, 내 책상 위에 있는 전화는 너무 크게 울려서 나를 놀라게 하고 생각의 사슬을 끊어 놓는다. 10번 울리고 나면 나는 알지도 못하는 사이에 짜증이 나고 스트레스를 받는다. 이 문제를 해결하는 작은 변화를 내가 시도할 수 있었을까? 물론이다. 이제 내가 그 문제를 생각하고 있기 때문이다. 사실, 나는 이 문장을 쓰고 나서 전화벨 소리의 볼륨을 낮추어 놓았다. 전에는 내가 통제할 수 있다는 점을 알아차릴 정도로 전화기를 살펴본 적도 없었다는 사실이 우습다.

- 깊고 차분하게 숨을 10번 쉬어라. 그렇다. 10번을 다 쉬어야 한다. 대충하거나 일찍 그만두지 마라. 이 테크닉의 효과가 의심스러우면, 다음 문장을 읽기 전에 당장 시도해 보아라. 이제 내가 무슨 말을 하는지 이해하겠는가? 어쨌든, 담배 피우는 휴게 시간이 왜 긴장

을 풀어 주는지 생각해 본 적이 있는가? 그것은 주로 담배 피우는 동안 숨을 천천히 그리고 깊게 쉬기 때문이다. 그렇다고 담배를 피우라고 권하는 것은 아니다. 하지만 숨쉬기 휴게 시간을 가져 보는 것은 어떨까? 제일 가까운 문 밖으로 나가서 깊이 숨쉬기를 10번 시도해 보라. 컨디션이 분명 나아질 것이다.

회 사 서가에 유머 책을 채워 놓은 곳이 왜 그렇게 없는지 모르겠다. 스트레스에 유머만큼 좋은 해결책이 이 세상에 또 없는 법이다.

훌 륭한 경영자가 되려면 자기 자신의 스트레스부터 다스릴 줄 알아야 한다. 그래야 회사 전체의 스트레스가 줄어들기 때문이다.

• 직장에서 당신 기분을 좋게 만들어 줄 일의 목록을 작성해 보라. 그리고 맨 위 칸의 책상 서랍 안쪽에 붙여둔다든지 하는 방법으로 그것을 가까이 두고 필요할 때 잠깐씩 참고하라. 다음번에 당신이 스트레스를 받거나 짜증이 나기 시작하면 그 목록을 체크하고 한 가지 활동을 선택해서 즉시 실천하라. 예를 들어 내 목록에는 '우리 집 아이들에게 전화 걸기'와 '블록 주변을 산책하기' 그리고 '차 한잔 타기' 등이 들어 있다.

리더십 테크닉으로서의 겸손

피플소프트의 최고경영자인 데이비드 듀필드는 자신의 사무실을 직원들이 사용하는 것과 똑같은 칸막이로 이동함으로써 진지하고 접근 가능한 경영자로 명성을 얻었다.

뉴잉글랜드 패트리어트 팀의 슈퍼보울 우승 감독인 빌 벨리칙은 원정

경기를 하던 중 자신의 최고 선수 가운데 한 사람이 불편하고 작은 호텔 방을 배정받았다는 이유로 불평하는 소리를 들었다. 그 선수는 자신이 마땅히 받아야 하는 스위트룸을 받지 못했다는 것이다. 벨리칙은 그 선수에게 어린아이처럼 칭얼거리지 말라고 말하고 싶었을 것이다. 하지만 벨리칙은 그 선수에게 본을 보임으로써 겸손의 교훈을 가르치기로 결심하고 자신의 방을 그 선수와 맞바꾸었다.

정서적 리더십 제공하기

당신 자신의 기분이 그렇지 않을 경우, 회사의 분위기를 지속적으로 고양되고 긍정적이게 유지하는 것은 어려운 일이다. 그래서 우리 회사의 리더십 연수 과정에서 관리자들을 대상으로 실시하는 활동 가운데, 회사에서 자신의 기분이 처져 있을 때 기분을 좋게 만들 방법을 모두 생각해 내도록 시키는 과정이 있다. 우리가 관리자들에게 제공하는 지침을 아래에서 소개하겠다. 당신 자신도 이런 활동을 할 수 있는지 생각해 보아라. 그러고 나서 당신의 목록을 가까운 데 두고 그것이 필요할 때 참고로 하라.

활 동

당신의 기분을 좋게 만드는 행동을 알아내라

목   표 : 자신의 기분을 좋아지게 할 일을 최소한 다섯 가지 기록하여 목록을 작성하라. 기분이 좋아진다는 것은 기분도 좋아지지만 신체적 또는 정서적 상

태도 향상된다는 것을 의미한다.

제한 사항 : 각 행동은 완수하는 데 몇 분 이상 걸려서는 안 된다. 각 행동은 당신의 직
장에 알맞은 것이어야 한다.

다음은 당신 스스로 채워 넣어야 한다. 나는 당신이 이것을 해낼 수 있다고
생각한다. 행운을 빈다.

1 ....

2 ....

3 ....

4 ....

5 ....

6 ....

∪ ∪ ∪

생각 나누기

얼마 전 오후 나는 한 TEC 모임에 참석한 적이 있다. TEC란 경영자
위원회(The Executive Council)를 상징하는 약자로, 이 위원회는 내가
태어난 해인 1957년 이래로 비즈니스 경영자들의 지방 클럽들을 조직해
오고 있다. 경영자들은 한 달에 한 번씩 만나서 생각과 문제를 나누고, 서
로 의견을 제시하며 함께 배운다. 예를 들어 연사를 초청해서 강연을 듣
는 경우가 많다.

내가 이것을 말하는 것은 사업체 소유주 및 최고경영자들과 함께 시간

을 보내 보면 그들이 얼마나 스트레스를 받고 있는가를 알 수 있기 때문이다. 이 집단 역시 예외가 아니었다. 일부 경영자들은 경기 하락과 그것이 사업에 미치는 영향을 걱정하면서 직원들을 해고해야 할 것인지 아닌지를 고민하고 있었다. 한 경영자는 자기 사업을 살리기 위해 최고경영자를 해고하고 자신이 퇴직 상태에서 다시 돌아와야 했던 이야기를 들려 주었다. 그러나 이 집단에서 내가 가장 감명을 받은 것은 이들이 그 포럼에서 아주 즐겁게 시간을 보내며, 매우 쉽게 긴장을 풀고 서로를 지지한다는 점이었다. 이들은 정말 편안한 자세를 하고는, 사무실에서라면 결코 말할 수 없을 것 같은 일을 동료 경영자들에게 이야기했다. 또한 이들은 도움이 될만한 조언뿐만 아니라 서로에게 상당한 정서적 지원도 해주었다. 그들에게 이 월례 모임은 자신의 개인적인 관점을 돌아보는 한 가지 방법이었다. 이 모임을 통해 이들은 통찰력을 얻고 긴장을 풀기 때문에 새로워진 열정과 유머 감각을 가지고 다시 일터로 돌아갈 수 있었다.

각 경영자는 비즈니스를 경영하기 전에 자기 자신의 개인적 관점을 관리해야 하므로, 이런 활동이 필요하다. 경험이 많은 기수들이 우리에게 한 말을 상기해 보자. 말은 기수가 어떻게 느끼는지 알 수 있다고 한다. 사실 말을 가까이해 본 일이 있다면, 당신이 마구간에 들어가자마자 말이 당신의 감정을 알아차린다는 사실을 당신도 알

> "GE 메디컬 시스템즈사는 대형 병원에 질병 원인 분석 장비를 공급하는 입찰에서 패배를 맛봤다. 영업부는 눈물을 삼키며 패배를 인정했다. 그러나 대표 이사인 제프리 아이멜트는 패배를 인정하지 않았다." 아이멜트는 부하 직원들을 다시 일으켜서 불가능해 보였던 사업에 도전하게 했다. "아이멜트의 회사 동료들은 물론이고 웰치 회장까지도 아이멜트는 '불가능' 이란 단어를 모르는 사람이라고 말한다."
>
> – *The New York Times*, 2000년 1월 1일자, p.C1

것이다. 말은 당신이 안장을 얹을 때의 촉감으로 당신이 어떻게 행동하고 있는지 안다. 말이 당신의 감정을 알아차리도록 하려고 꼭 안장 위에 앉을 필요도 없다. 사실 아마도 말은 당신 자신이 아는 것보다 더 많이 당신의 개인적 관점을 알고 있을지도 모른다. 그러므로 당신이 주의하지 않으면, 결국 모든 문제를 겉으로 드러내게 되고 그러면 혼자서 처리할 경우보다 문제는 훨씬 더 커지고 다루기 어려워진다. 스트레스를 받는 것보다 유일하게 내가 더 싫어하는 것은 스트레스 받은 말을 다루어야 할 때이다.

다음 몇 가지 생각을 소개하겠다. 이것은 다른 사람들에게서 내가 훔친 생각들이기 때문에 아마 조금 더 심오할 것이다.

> "당신이 완전한 지배력과 권위와 통제력을 발휘해야 할
> 두 가지 사항이 있다. 그것은 당신의 마음과 입이다."
>
> – 몰레피 키티 아산테

> 끊임없는 낙관주의는 힘을 몇 배로 만드는 요소이다.
>
> – 콜린 파월, 미 국무장관

> "자신의 일은 신중히 생각하고 자신은 가볍게 생각하라."
>
> – 직장을 재미있게 만드는 방법에 관한 전문 컨설턴트 회사, 플레이페어의 모토

> "누군가를 관리하고 싶으면, 자신을 관리하라.
> 그것을 잘하면 관리하는 일을 그만둘 준비가 된 것이다.
> 그러면 이제 이끌기 시작하라."
>
> – 신입 관리자에게 제공하는 유나이티드 테크놀로지사의 지침

"내 목표는 저 멀리 햇빛 속에 있다. 거기에 도달하지 못할 수도 있지만
나는 위를 올려다보고 그 아름다움을 느낄 수 있으며,
믿음을 갖고 그것이 이끄는 대로 따라가려고 노력할 수는 있다."

— 루이자 메이 알코트, 작가

개인적 관점 체크 리스트

다음은 이 장에 나온 가장 좋은 아이디어와 실례를 강조하기 위한 체크 리스트이다.

✓ 다른 사람의 태도를 점검하기 전에 당신 자신의 태도를 먼저 점검하라.

✓ 직원들이 당신에게서 가장 중요하다고 생각하는 자질을 인식하라. 예를 들어 얼마나 공정하고, 사람들을 얼마나 배려하며 지지해 주는가 하는 것이다.

✓ 차분히 기다리면서 '직원들을 놀게 하라'.

✓ 자신의 일이 더 이상 재미없으면 직원들에 관해 걱정하는 것을 그만두고 자신을 돌보기 시작하라.

✓ 최고의 성과를 낼 수 있도록 직원들을 신뢰하라.

✓ 당신의 직원들이 열심히 일하고 있으며, 대부분의 시간에 열심히 하려고 애쓰고 있다는 점을 인식하고, 그 점에 대해 감사하라.

✓ 당신 직원과 고객에게 가장 중요한 세부 사항이 어떤 것인지 열심히 알아내라.

✓ 일을 제대로 하는 것보다는 올바른 일을 하는 데 초점을 맞춰라.

✓ 추진력을 유지하려고 애써라.

✓ 실패인 것으로 보이는 계획은 과감히 포기할 준비가 되어 있어야 한다.

✓ 당신 자신과 다른 사람의 강점에 초점을 맞춰라.

✓ 가능한 한 진실하고 정직하며 참된 사람이 되어라.

✓ 머리를 활용하라. 책을 읽고 문제를 해결하고 질문하라.

✓ 스트레스를 줄이는 방법을 개발하라. 스트레스가 쌓인 경영자가 되지 말고 차분한 경영자가 되어라.

✓ 가능한 한 낙관주의자가 되어라. 그럴 수 없다면, 잠시 멈추고 자신을 기분 좋게 할 일을 해라.

4
감독

말타기는 기수가 능동적으로 끊임없이 조절해 나가야 하는 과정이다. 말타기에는 여러 가지 스타일이 있지만, 어떤 스타일이든 거기에는 말과 기수의 지속적이고 능동적인 노력이 있어야 한다. 가장 빠른 기수는 기술이 매우 좋고 접근 방법도 능동적이다. 관리자의 경우도 마찬가지다. 회사를 계속 움직이게 하려면 회사와 함께 움직이는 능동적인 접근 방법을 취해야 한다. 당신이 직접 달리는 것은 아니지만, 당신은 회사가 움직여 가는 동안 모든 발걸음마다 회사를 안내해야 하고, 도전하게 해야 한다.

> 말에 올라탔으면 달려야 한다.

"사람들이 제 위치에서 일에 동기를 느끼도록 하는 것은
방향 감각, 즉 목적 의식이라고 나는 생각한다."

– 헨리 샤흐트, 루센트 테크놀로지사의 최고경영자(*Business Week*, 2001년 5월 7일자, p.106)

일 자체는 직원들이 끊임없이 상호작용하며 더불어 살아가는 것이다. 일은 그들이 하는 것이며, 그들의 돈벌이이고, 그들의 직업이다. 일은 자극을 주고, 흥미진진하며, 도전하고자 하는 마음을 불러일으키고, 훌륭한 학습 경험이 되며, 발전을 위한 멋

진 디딤돌이 된다. 아니면 일은 짐스럽고, 지루하고, 스트레스를 주고, 따분하고, 위험하고, 어리석고, 의미 없고, 목적 없고, 과당 경쟁이 되고, 다람쥐 쳇바퀴처럼 될 수도 있다. 한마디로 일 자체는 그 일을 하는 사람에게 엄청난 영향을 미칠 수 있다. 이것은 일에 사람이 엄청난 영향을 미칠 수 있는 것과 마찬가지다. 사람들에게 적절한 도전거리를 주어라. 그러면 사람들은 일을 아주 잘 해낼 것이고, 그러면 매출도 늘게 되어 있다.

직원들이 자기가 좋아하는 일에 적절히 도전받지 못하거나 일에 의미를 느끼지 못하거나 하고자 하는 의욕을 느끼지 못하면, 당신이 지도자로서 그 상황을 개선하기 위해 할 수 있는 일이 거의 없다. 직원과 일 사이의 지속적인 관계는 어떤 경영자라도 그의 훌륭한 리더십으로 극복하기에는 너무나 보편적이고 강력한 것이다. 사실 훌륭한 리더십은 나쁜 일에서 낭비밖에 되지 못한다.

그래서 가장 훌륭한 경영자들은 항상 일 자체에 초점을 맞추고, 직원의 임무를 구성하고 감독하는 일을 리더십 역할의 가장 중요한 부분으로 생각한다. 이런 경영자는 직원들에게 그들이 하고 있는 일에서부터 왜 그 일을 해야 하는지에 이르기까지 한 눈에 볼 수 있도록 좋은 시야를 제공한다. 그런 경영자는 직원들이 적절히 도전 과제를 해결해 가는 데 필요한 자원과 기술을 모두에게 공급해 준다. 여기서 적절함이란 직원들을 자극하지만 두렵게 만들거나 과도한 수준의 스트레스를 유발하지 않는 정

도를 의미한다. 이렇게 효과적으로 이끌어 가는 경영자는 훌륭한 성과를 내는 데 초점을 맞추고 있으면서 일을 잘 감독해 나가기 위해 정확히 무엇을 하고 있는지 알아보자.

∪ ∪ ∪

상당한 성과를 끌어내기 위한 직원 체크 리스트를 제공하라

대개 관리자들은 부족한 직원에게 벌을 주고 성과를 이루어낸 직원에게 상을 주거나 그를 인정해 줌으로써 바라는 결과에 초점을 맞춘다. 그

> **"사**람들은 도전을 불러일으키는 기회, 위로 상승할 수 있는 기회를 좋아한다."
>
> – 그레그 스미스,
> 조지아 주 고니어즈 소재
> 챠트 유어 코스 인터내셔널 회장,
> (Incentive, 2002년 2월호, p.40)

러나 결과는 특정 행위의 결과물이므로, 오히려 행위에 초점을 맞추는 것이 더 나을 때가 많다. 해야 할 일 가운데 가장 중요한 것을 3가지에서 6가지 정도의 목록으로 작성하라. 긍정적인 말로 써야 한다. '하지 말아야 할 일'의 목록은 직원들의 관심을 모으지 못할 것이다. 예를 들어, 전화로 고객의 주문을 받는 직원들에게, 아래와 같은 목록을 제공한다.

• 내가 정보를 잘 알아들었는지 점검하기 위해 고객이 알려 준 정보를 고객에게 도로 읽어 준다.
• 고객에게 도움이 될 다른 일은 없는지 고객에게 물어 본다.
• 고객의 주문에 웃으며 감사하다고 말한다.
• 주문을 당장 처리하도록 한다.

이런 행위가 고객을 만족시키고 혼동, 지연, 오류 등을 피할 수 있게

해준다고 믿는다면, 경영자인 당신이 이 체크 리스트를 직원에게 주고 사용하게 하는 것은 좋은 성과를 거둘 수 있는 아주 강력한 방법이다.

성과 체크 리스트를 직원들이 직접 디자인하고 개선하게 하라

직원들이 좀더 충분히 참여토록 하기 위해, 스스로 성과 체크 리스트 내용을 바꾸거나 추가하게 하라. 아니면 더 좋은 방법은, 일을 잘 할 수 있는 방법을 당신이 직접 쓰지 말고, 그 일을 하는 직원들끼리 회의를 하게 한 다음, 그들이 스스로 체크 리스트를 작성할 때 조언해 주는 것이다. 직원들이 가장 유용하다고 생각하는 형태로 체크 리스트를 디자인하고 작성하게 하라. 메모 용지에 견본 인쇄를 해 보거나 벽에 포스터를 붙여 보거나 지갑에 들어갈 크기의 카드로 만들어 볼 수 있을 것이다. 직원들을 참여시켜라. 그러면 체크 리스트가 좀더 유용해질 것이고, 직원들은 그것

당신이 뭔가 가치 있는 일
을 내게 맡겨 주어야, 나
도 당신이 내 직업을 가치 있
게 여긴다는 것을 알 수 있다.

을 더 많이 활용하게 될 것이다.

직원들에게 전체 수익이 아닌 특정 이익을 나누어 줌으로써 동기를 부여하라

직원들에게 회사 전체 수익을 나누어주는 방법을 실험해 본 회사가 많다. 원칙적으로 이런 방법은 직원들의 재정적 이익을 회사의 이익과 같은 선상에 두고 보는 것이기 때문에 매우 효과적이어야 한다. 문제는 개개의 직원이 손익 계산서의 결산 내용을 자신과 아주 먼 일로 느낀다는 점과, 자기가 하는 일이 그 결과에 어떤 영향을 미치는지 확실히 알지 못한다는 점이다. 수익성에 자기가 직접 영향을 미칠 수 없는 것 같이 보일 때, 사람은 거기서 아무런 자극도 받지 못할 것이다.

그러나 연구 보고에 따르면 특정 이익을 알리는 방법이 훨씬 효과적이다. 이 방법은 간단한 인정이나 보상을 측정할 수 있는 특정 목표, 즉 직원이 좀더 직접 영향을 미칠 수 있는 목표에 연결시키는 것이다. 예를 들어 한 슈퍼 체인의 일부 상점에서는 직원 전체의 봉급이 매출의 9.5% 이하로 유지될 때 직원들에게 보너스를 주었다.

이제 직원들은 이 숫자에 자신들이 영향을 미칠 수 있다고 느꼈다. 그래서 이들은 노동 비용을 높이는 일들, 예를 들어 과도하게 '병가'를 내거나 시간외 근무를 하는 것과 같은 일을 피하고, 매출을 올릴 수 있는 방법, 예를 들어 친절한 서비스, 좋은 선택, 매장의 상품 전시 등과 같은 방법을 사용함으로써 이를 실천했다. 이것은 그들이 승리할 수 있는 게임이었다. 이 특정 이익 나누기 방법을 활용한 상점의 매출은 25% 늘었으며, 보너스 비용을 모두 더하고도 오히려 노동 비용은 줄었다.

인정해 주는 가장 좋은 방법은 중요한 새 임무를 맡기는 것이다

대부분의 관리자들은 직원들을 인정해 주고 보상해 주는 것이 동기를 부여하는 방법이라고 말한다. 그래서 보너스를 현금으로 주거나 감사장을 전달하거나 등을 두드려 격려한다. 그러나 직원에게 물어보면 다르게 대답한다. 인정해 주는 가장 좋은 방법은 도전적이고 중요한 새 임무를 그들에게 맡기는 것이다. 그들의 태도는 종종 "내가 한 일이 훌륭하다고 생각한다면, 가치 있는 일을 나에게 맡김으로써 그것을 증명하라"인 것 같다. 중요하거나 상당히 눈에 띌 만한 일 또는 역할을 훌륭한 직원에게 맡겨라. 그렇게 하면 당신이 그들을 진심으로 인정하고 있다는 점을 확실히 증명해 보이는 것이다. 그런 좋은 임무가 없다면 창의성을 발휘해서 그 훌륭한 직원이 할 수 있는 프로젝트를 생각해 내라. 그런 재능을 낭비하는 것은 정말 말도 안 되는 일이다.

사람들이 일을 제대로 해내지 못하게 하지 마라

동기 부여 부문 전문가인 딘 스피처에 따르면, 직원들은 일을 훌륭하게 해내고 싶어 한다. 일을 잘 해냈을 때 느끼는 자부심은 동기 부여의 가장 강력한 요소이다. 그러나 우리는 훌륭하게 해내는 것이 불가능할 정도로 일을 계획하거나 관리하는 경우가 너무 많다. 그러면 직원들은 일의 기본적인 연관성을 상실하게 되고, 결국 실망하여 일찍 지쳐 버린다. 예를 들어, 당신이 직

"**내**가 어떤 일을 잘 해서서 존경을 받으면 난 감사하는 마음을 가진다. 그런 존경이 더 많은 돈을 의미하는 것은 아니지만, 다른 사람들이 나를 팀의 일부로 여기고 내가 있어 팀이 더 많은 능력을 발휘할 수 있다고 생각한다면, 기분 좋은 일이다."

– 토니 라모타가 실시한 직원 대상 설문 조사에서 한 직원의 대답, *RECOGNITION THE QUALITY WAY* (1995년, 퀄리티 리소스 출판사, p.148).

원들에게 고객의 전화를 빨리 처리하라고 요구한다면, 그것은 직원들에게 고객의 불만을 적절히 처리하기보다는 무시하라고 강요하는 것이다. 관리자가 관료적 형식주의의 태도로 직원들이 일을 훌륭히 해내는 것을 방해하기 때문에 직원들이 잘못된 태도를 갖게 되고, 사직서까지 쓰게 된다고 나는 확신한다. 이 점은 모든 경영자가 고민해야 할 문제이다.

훌륭한 일을 위해 하루를 바쳐라

델로이트 컨설팅은 임팩트 데이(Impact Day)를 일년에 하루씩 정하고, 이 날에는 많은 직원들이 지역 사회 프로젝트를 위해 작업하고 자선 기관을 위해 자원 봉사 활동을 하게 한다. 달력에서 이 날을 남겨 두게 함

법적 시각

모금 활동과 게시판

직장에서 직원들에게 권유하거나 게시하는 내용을 어느 정도 통제하고 싶어 하는 고용주가 많을 것이다. 예를 들어 회사에 현재 노동조합이 없다면, 관리자는 외부인들이 근무 시간 동안 직원들에게 조합 구성을 권유할 수 있도록 하고 싶지는 않을 것이다. 일에 방해가 될 수 있기 때문이다. 그러나 만일 다른 많은 기관들이 회사에 들어와 정보를 게시하거나 직원들에게 권유하도록 허용한다면, 마음에 들지 않는 기관도 들어오지 못하게 할 수 없다. 예외 규정이 너무 많으면, 노동조합 구성의 권유를 제재할 목적으로 규칙을 강제로 시행할 수 없다. 회사가 지원하는 모금 활동, 자선 활동, 화장품 같은 물건을 팔려는 직원의 권유 등은 노동조합원의 권유 활동과 큰 차이가 없다. 그러므로 직원이 지원하는 자선 활동의 수를 제한하고, 다른 모든 타입의 권유는 금해야 한다. 그래야 근무 시간에 직장에서 직원들에게 달리 접근하는 것을 계속 통제할 수 있다.

– 낸시 L. 오닐, 미국 노동 및 고용 문제 전문 로펌 잭슨 루이스의 변호사

으로써 관리자들은 직원들이 지역 사회 활동을 진지하게 받아들이게 하고, 직원들이 자신의 일부 근무 시간과 기타 자원을 그런 노력에 쏟을 수 있도록 격려한다. 많은 직원들이 일년 내내 자신의 지역 사회에서 활동적으로 일하고 있다는 점을 나도 알고 있긴 하지만, 그런 노력은 대부분 직장 밖에서 기울여지는 것이다. 특별한 날을 정해 직장에서 그런 노력을 쏟게 함으로써 직원들의 노력이 더욱 눈에 띄게 하고, 회사가 직원들의 자선 활동을 지원하고 있다는 점을 보여 줄 수 있다.

자연 보호를 위한 노력을 인정해 주어라

자신이 직접 바꾸거나 개선할 기회가 많지 않은 '익숙한' 작업 과정에서 일하는 직원이 많다. 이런 과정은 사람을 지루하게 만들기 쉽다. 직원들이 지루해지는 것은 도전 과제와 기회가 없기 때문에, 계속 일하고 싶은 의욕과 헌신적으로 일하고 싶은 마음이 생기지 않기 때문이다. 직원들에게 일을 좀더 자연 친화적이 되도록 만들 방법을 찾아내라고 해보라. 이것은 그런 문제를 잘 피해 가는 아주 좋은 방법이다. 직원들이 생각해 낸 어떤 아이디어든 그것은 회사에게 직접적으로 이득이 되기도 한다. 왜냐하면 대개의 경우 자연 보호와 쓰레기 줄이기는 환경에 도움이 될 뿐만 아니라 회사의 비용도 줄여 주기 때문이다.

벨 아틀란틱은 이 전략을 사용해 좋은 효과를 보고 있다. 또한 이 회사에서는 매년 '지구의 날'에 직원 개인이나 팀에게 '환경 우수상'을 줌으로써 회사 내에 이런 메시지를 전파하고 있다. 예를 들어 어떤 직원은 쿨링 시스템을 회사의 중앙 쪽 사무실에 필요한 에어 컴프레서로 바꾸자는 좋은 아이디어를 생각해냈다. 케이블 서비스를 유지·보수하는 데 있어서 에어 컴프레서가 어떤 일을 하는지 나는 잘 모른다. 그러나 분명한 것은

난제가 있으면 큰 의욕을 불러일으킬 수 있다. 직원들이 난제를 문제라기보다 기회로 받아들인다면 말이다.

그것이 중요한 것이라는 점과 그 회사에서는 그것을 시원하게 유지하기 위해 매년 수백만 갤런의 물을 사용해 왔다는 점이다. 지금은 직원들이 열심히 생각해 준 덕분에 컴프레서는 새로운 폐쇄 쿨링 시스템을 따라 운영되고 있고, 이 시스템에서는 부동액을 재활용하고 있으며, 폐수가 나오지 않게 되었다.

이것은 좋은 아이디어이며, 동시에 직원들이 그저 출근 도장만 찍는 대신 자발성을 발휘한 아주 훌륭한 사례이다. 당신이 이런 기회를 직원들에게 더 많이 제공할수록 더 좋다.

직원들에게 봉급을 잘 주지 못할 정도로 여유가 없는 것은 아니다

마이크로소프트의 최고경영자 스티브 발머는 비용을 삭감하는 데 대담하다. 그러나 봉급에 관해서라면 그는 정반대이다. 사실 빌 게이츠에게 이 최고 직위를 넘겨받았을 때, 그는 즉시 마이크로소프트의 직원 4만 명이 경쟁사에서 비슷한 일을 하는 사람들보다 더 많은 봉급을 받도록 보장해 주기 위해 봉급 인상 작업에 들어갔다. 이 아이디어는 당신이 소중하게 생각하는 사람이 자신의 가치를 제대로 인정받지 못하고 있다고 느끼지 않도록 해준다.

반면에…
봉급이 동기 부여의 요소로 작용하기를 기대하지 마라

한 주요 연구에 따르면, 직원들은 현재 받고 있는 봉급보다 평균 25% 더 많은 봉급을 받고 싶어 한다. 현재 어떤 비율로 봉급을 받고 있는지, 얼

마나 최근에 봉급 인상을 받았는지 등은 상
관이 없었다. 자신이 봉급을 너무 많이 받
고 있다고 생각하는 사람은 한 명도 없다.
많이 받고 있다고 생각한다 하더라도, 대부
분의 사람들이 지금보다 일을 더 열심히 하
지는 않을 것이다. 모든 사람의 봉급을 오

목 마른 말은 일을 잘 못한
다. 하지만 물을 너무
많이 마신 말은 일을 아예 못
하는 법이다.

늘 두 배로 올려 준다고 해서 내일 그들의 생산성이 두 배로 올라갈까? 나
는 그렇지 않다고 생각한다. 사실 생산성은 실제로 내려갈 것이다.

직원들에게 봉급을 부족하게 받지 않고 있다는 점을 확신시켜라. 봉
급은 의욕을 살려 주는 요소로서보다는 의욕을 상실하게 만드는 요소로
서 더 강력한 영향력을 발휘하기 때문이다.

건강한 수준의 도전을 제공하라

심리학자들은 오랫동안 사람들에게 적당 수준의 도전이 필요하다는
사실을 알고 있었다. 그래야 사람이 제대로 기능하고 스스로 일에 대한
동기를 느낄 수 있기 때문이다. 과도한 도전 과제는 사람을 쇠약하게 만
들고, 걱정과 스트레스를 만들어 낸다. 도전 과제가 너무 하찮으면 사람
은 지루함을 느끼고, 자신에게는 자격이 있다고 생각하여 자발성을 발휘
하지 않게 되기가 쉽다. 그러나 누군가에게 약간만 더 노력하도록 만들
일을 제공한다면 대개의 경우 최고의 성과를 보게 될 것이다.

요즘 새로 발표된 연구 결과를 보면 리더십의 이런 원리에 긴박감을
더해 준다. 일에서 과도하게 많은 도전을 받거나 너무 적게 도전받는 사
람들은 약물 남용을 할 위험성이 큰 것으로 결과가 나왔기 때문이다. 어
바나 샴페인에 있는 일리노이즈 대학의 그레그 올드햄과 그의 동료 연구

자들은 너무 단순하거나 너무 도전적인 일을 하는 직원들 사이에서 흡연, 음주, 불법 약물 사용 수준이 더 높다는 사실을 알아냈다. 일은 사람들에게 술을 마시거나 더 해로운 일도 하게 만들었다.

결론은? "일에서 오는 도전이 과도하거나 너무 적으면 그 결과, 사람들은 좌절을 경험하게 되는데 그런 좌절을 달래기 위해 사람들은 약물을 사용할 수도 있다." (*JOURNAL OF HEALTH AND SOCIAL BEHAVIOR*)

연구자들은 관리자들에게 정기적으로 직원의 강점과 약점을 평가하고, 그 결과를 적당히 보상이 따르는 일과 매치시키라고 권한다. 다시 말해서, 당신이 사람들에게 주는 임무, 그 임무를 실행하는 데 필요한 지원과 원조의 양을 관리하라. 당신은 직원들이 자신에게 주어진 일이 흥미롭고 보상이 따르는 것이라고 느끼기를 원한다. 당신이 적절히 조절했다고 확신하지 못하면, 언제나 직원들에게 물어볼 수 있다.

자기 만족에 빠진 직원에게 도전하는 방법

때로 경영자는 직원을 환기시켜야 한다. 물론 당신은 직원들에게 항상 심하게 하고 싶지는 않다. 그러나 직원들이 자신의 방법을 바꾸어야 할 중요한 문제가 있다는 점을 깨닫지 못하고, 그것이 평소와 다름없는 비즈니스일 뿐인 척할 때가 있다. 그럴 때 당신은 반드시 직원들을 환기시켜야 한다. 그렇다면 어떻게 해야 하는가?

우선, 타이밍이 중요하다. 이것은 밀워키 벅스 농구팀의 코치 조지 칼이 보여준 행동에서 알 수 있다. 그는 자신의 선수들이 워싱턴 위저드에 대항해서 쉽게 경기를 할 수 있었음에도 불구하고 그 게임에 지는 모습을 지켜보아야 했다. 그것은 2001년 11월 게임에서 연속 네 번째 진 것이었다. 팀의 스타 선수들을 제외한 모든 사람이 분명히 알고 있는 점이 있었다. 그것은 그들이 처리해야 할 중요한 문제점이 있다는 사실이었고, 게임에서 팀이 제대로 경기를 하지 못하게 되자 그런 문제점들이 수면으로 떠올랐다(교훈 1 : 직원들을 환기시키기 위한 기회로, 성과를 제대로 내지 못한 특정 사례나 다른 가시적 위기를 활용한다).

별은 빛을 발하고 블랙홀은 에너지를 흡수한다. 우리는 블랙홀이 아니라 별에다 투자를 해야 하는 것이다!

다음으로, 칼은 그의 중요한 각 '스타 선수들'을 자기 사무실로 불러, 자신의 비평적 견해를 전달하고 그들이 한 팀으로서 좀더 플레이를 잘 해야 한다고 말했다. 여기서 얻을 교훈은 무엇인가? 당신은 반드시 크고 분명하게 말해야 하며, 이것을 평소와 다름없는 비즈니스로서 다루고 있지 않다는 점을 분명히 해야 한다는 것이다. 이것은 당신과 자신들에게 전환점이 된다는 점을 직원들이 느끼게 해야 한다. 칼은 선수들을 어떤 면에서는 무책임한 '백만 달러의 겁쟁이들'이라고 말하면서까지 그 점을 확실히 하고자 했다고 후에 기자들에게 말했다. 칼은 또한 사람들 앞에서 뿐만 아니라 언론 매체를 통해서도 공개적으로 그의 비판적 견해와 우려를 반복해서 말함으로써, 선수들이 적절히 반응할 때까지는 결코 물러서지 않을 것이라는 점을 확실히 했다(교훈 2 : 당신은 이 상황을 직원들이 즉각적으로 바뀌어야 하는 위기로 생각하고 있다는 점을 확실히 함으로써, 직원들이 당신의 우려를 무시하지 않도록 해야 한다).

마지막으로 칼은 선수들의 견해를 받아들이거나 심지어 들으려 하지도 않았다. 대개의 경우 훌륭한 경영자는 남의 말을 잘 듣는 사람이 되어야 하지만, 칼은 선수들을 환기시켜야 하는 문제에 있어서는 좀더 지도적이고 강인한 태도를 취해야 한다고 생각했다. 나중에 인터뷰에서 기자들에게, 선수들과 가졌던 모임에 관해 칼은 그들의 말이 원색적이었다는 점

직원들을 환기시키기 위해서는,

1. 특정 상황에 주목하라.
2. 그 상황을 위기로 규정하라.
3. 강하고 분명해져라.
4. 너무 자주 하지는 마라.
   (그러면 이솝 이야기에 나오는 양치기 소년처럼 신뢰를 잃게 된다.)

을 빼고는 선수들이 뭐라고 말했는지 조차 기억이 나지 않는다고 말했다. 그 당시에 그들이 하려고 하는 말이 무엇인지에 관심이 없었기 때문이다(교훈 3 : 직원들을 환기시켜야 할 때가 오면, 당신의 스타일은 강력하고 단정적이 되어야 하며, 대화는 일방적이 되어야 한다는 점을 기억하라).

앞에 닥친 상황에 따라 여러 가지 스타일을 구사하는 방법에 관해 경영자들을 훈련시키면서 나는 종종 소위 지도자의 도전적 스타일이라는 것을 다룬다. 이것은 일상적으로 사용할 것은 못되지만, 어려운 상황의 현실에 닥쳐서도 자기 만족이나 지나친 자신감 때문에 직원들이 이것을 직시하지 못할 때, 당신은 직원들이 현실감을 갖도록 하기 위해, 직원들을 배려하는 사려 깊은 경영 방법은 잠시 접어두어야 한다. 도전적 스타일이 우선시 되어야 할 때, 나는 이 프로농구팀 코치의 전례를 따르라고 권한다. 이 방법이 그에게는 아주 효과적이었다. 그가 선수들을 환기시키는 작업을 시도했을 때 그의 팀은 3승 9패라는 저조한 기록을 가지고 있었다. 나중에 이 기록은 반전되어 그의 팀은 나머지 게임 가운데 49게임을 이기고 21게임만 졌다. 때로는 환기시키는 것이 정말 가장 좋은 약일 때가 있다. 그것을 처방하고 복용토록 하는 것은 리더의 몫이다. 그러나 이런 스타일을 너무 자주 사용하지 않도록 조심해야 한다. 그렇지 않으면 직원들은 당신의 태도를 진지하게 받아들이지 않게 될 수도 있다.

그렇다면 칼이 주는 '교훈 4'는 무엇일까? 그는 이런 도전적 스타일을 시즌에서 가장 효과적일 것이라고 느낀 순간에 단 한 번만 사용했다는 사실이다. 그 덕분에 각 선수들은 시즌을 성공적으로 마치면서 그 순간을 터닝 포인트로 기억할 수 있게 되었다.

목표를 너무 높게 정하지 마라

도전은 자극을 준다. 우리는 산에 오르고 강을 건너고 미스터리를 풀고자 하는 타고난 욕구를 가지고 있다. 그러나 사람에게 너무 힘든 도전거리를 주면 의욕을 잃고 아마도 실패할 것이다. 이것은 리더로서 당신의 노력이 실패한다는 것을 의미한다. 매출 목표가 불가능해 보이기 때문에 좋은 판매직을 그만둔 한 직원의 말에 따르면 그런 일이 체이스 은행에서 있었다고 한다. 그 사원은 다른 많은 동료들보다 더 많은 매출을 올렸지만, 자신의 일에 관해 여전히 만족하지 못하고 기분이 나빴다. 그가 회사를 그만둘 때 그의 관리자에게서 자신이 목표를 너무 높게 잡아서 그 목표를 달성한 사람이 판매부 인력의 40%도 되지 않는다고 하는 것을 들었다고 한다. 관리자는 그 직원을 잃고 싶지 않았지만, 이미 때는 늦었다.

> **직**원들에게 일에서 정해 놓은 목표가 성취할 만한 것인지 마지막으로 물어본 것이 언제인가?

여기서 얻을 수 있는 교훈은 어떤 것이 있을까? 더 높은 목표를 설정하고 싶은 유혹을 피하라는 것이다. 목표만으로는 훌륭한 성과를 만들어내지 못한다. 거기에는 긍정적인 태도도 필요하다. 따라서 만일 목표가 비현실적이면 그 목표 때문에 결국 좌절하게 된다.

각 직원에게 현재의 목표에 관해 말하고, 그 목표가 얼마나 도전적이라고 생각되는지 물어봄으로써 도전의 수준을 점검하라.

말을 훈련시켜서 높은 울
타리를 뛰어넘을 수 있
게 하려면, 낮은 울타리부터
시작해서 차례로 높이를 높여
가야 한다. 회사 조직을 훈련
시킬 때에도 마찬가지이다.

• 어려움을 약간 느낄 만한 괜찮은 수준
의 목표이면서 달성하기가 불가능하
지 않은 목표를 제시하고 싶다고 직원
들에게 말하라.
• 자신의 일에 흥미를 느낄 만한 적당한
목표를 가지고 있는지 직원들에게 물
어라. 그리고 필요하면 그들과 함께
목표를 조절하라.

대부분의 경영자들은 직원들과 도전의 수준에 관해 이야기하기 위해
멈춰서는 경우가 없다. 그러나 직원들은 자신의 도전 목표를 적절하게 만
들어 줄 경영자들의 어떤 노력에 대해서도 긍정적으로 반응한다.

각 직원의 주요 업무에 계속 초점을 맞춰라

모든 사람이 직장에서 바쁘지만 그들은 무엇을 하느라고 바쁜 것일
까? 경영자로서 당신은 직원 한 사람 한 사람이 중요한 일에 초점을 맞추
고 있기를 바란다. 그렇게 하는 좋은 방법은 각 직원의 가장 중요한 업무
가 무엇인지 결정하는 것이다. 그러고 나서 정기적으로 일이 어떻게 되어
가고 있는지 질문함으로써 그 업무의 중요성을 강화한다.

한 관리자는 다음과 같은 방식으로 한다. 이 관리자는 사무실에 있는
화이트보드에 각 직원이 작업 중인 모든 일을 목록으로 기록해 둔다. 그
러고 나서 각 직원에게 맡겨진 업무 가운데 한 가지에만 붉은 색으로 밑
줄을 그었다. 밑줄이 간 업무는 관리자가 생각하기에 가장 중요한 업무이
며, 관리자는 매일 그 업무에 관해 언급하고 모니터하도록 신경 쓴다. 그

렇게 하지 않으면 관리자의 주의는 자연스럽게 새로운 프로젝트와 잘못되어 가고 있는 일에 쏠리게 되고, 그렇게 되면 관리자는 무의식 중에 엉뚱한 일에 초점을 맞춘 채 직원들에게 그들의 가장 중요한 활동에 관해 말하지 않게 될 수 있기 때문이다.

경영자가 직원들과 어떻게 상호 작용하느냐 하는 점과, 직원들에게 필요한 자극과 지원을 경영자가 제공하고 있느냐 하는 점에 관해 많은 관심이 쏠리고 있다. 이 방법은 훨씬 간단하고 근본적인 것, 즉 당신이 무엇에 관해 이야기하는가 하는 것으로 귀착된다. 이것은 믿을 수 없을 만큼 강력한 리더십의 도구가 될 수 있다. 예를 들어, 경영자가 서비스를 향상시킬 필요가 있다고 말하고 나서 실제로 각 직원에게 서비스 개선을 위해 무엇을 하고 있는지 매일 잊지 않고 물어본다면, 그 목표에 지속적으로 초점을 맞추고 있다는 점을 직원들에게 확인시켜 주는 것이기 때문에 상당한 진전을 볼 수 있을 것이다.

상황별 지도력 개발 프로그램의 공동 창안자인 폴 허시는 다음과 같이 지적한다. "직원들의 업무 수행 능력은 직원을 이끄는 경영자의 기대를 반영하는 경우가 많습니다."

당신이 직원들에게 할 일만 하고 집으로 가라는 식의 기대를 걸면, 직원들은 진짜 그만큼만 한다. 반대로 경영자가 직원들에게 자신의 일에 열의를 가지고 최고를 향해 노력할 것을 기대하면, 직원들은 그만큼 더 큰 일을 해내는 것이다!

– 폴 허시,
SITUATIONAL LEADER
(워너북스, 1992년)

개선 목표를 제안하라

대부분의 관리자들이 직원들에게 할 일의 목록을 제공한다. 품질경영을 실행해 온 많은 회사에서 우리가 배울 한 가지 좋은 교훈은, 직원들은 경영자가 그들에게 일을 더 잘 하라고 요구할 때 좀더 자극을 받는다는 것이다. 이 간단한 리더십 테크닉의 파워를 활용하기 위해 정식 자질 향상 프로그램이나 어떤 특별한 도구 또는 훈련이 필요하지는 않다.

개선이 가능하다고 생각하는 일을 각 직원이나 팀에게 한 가지씩만 제시하라. 직원들이 충분히 다루어 낼 수 있는 일을 선택해 제시함으로써 그들의 개선 노력이 유효한 것이 되도록 해야 한다. 직원들에게 일을 어떻게 하면 더 잘 할 수 있을지 생각해 보게 하라. 일의 품질을 평가하는 간단한 방법을 생각해 내라고 제안하라. 예를 들어 생산 개수, 일 처리 속도, 잠재 고객을 고객으로 전환시키는 퍼센티지 등이 있다. 그리고 나서 직원들에게 개선할 방법을 찾아낼 수 있는지 생각해 보라고 하라.

정기적으로 직원들과 체크하라. 그러면 직원들은 어떻게 하고 있는지 열심히 설명해 줄 것이다. 그러나 개선된 점이 없다고 하더라도 비판적인 태도를 취해서는 안 된다. 이런 접근 방법의 실질적인 이득은 직원들이 개선하려고 노력하는 일에 참여하게 된다는 것이므로, 결과뿐만 아니라 노력에 대해서도 인정해 주고 칭찬해 주도록 하라.

어셈블리 라인 작업에 의미를 부여하라

텍사스 안토니오에 있는 USAA는 재물 및 상해 보험 고객을 수백만 명이나 보유하고 있다. 따라서 이 회사에서는 수많은 보험 신청서를 처리해야 한다. 대부분의 보험회사와 마찬가지로 USAA는 보험 신청서를 처리하기 위해 어셈블리 라인 형태를 사용해 왔다. 한 데스크와 부서에서 다른 데스크와 부서로 신청서를 넘겨 주는 방식으로 모든 과정이 완결되었다. 지금은 더 이상 그렇게 하지 않는다. 최고경영자 로버트 맥더모트는 이 과정을 재설계해서 개개의 직원이 각 신청서와 고객을 다루도록 했다. 따라서 각 직원은 좀더 책임감을 가지고 자신의 일을 관리하고 고객과의 경험을 할 수 있게 되었다. 직원들에게 일이 좀더 의미있게 하려는 이런 의욕적 조치로 고객은 더욱 만족하게 되었고 수익은 올라가게 되었다. 또한 직원이 바뀌는 일도 줄었고, 직원들의 충성심 또한 향상되었다. USAA의 경쟁사들은 매년 평균 42%의 콜센터 직원을 잃는다. 그러나 USAA는 겨우 6%만이 바뀌었을 뿐이며, 이것은 USAA가 직원을 채용하고 훈련시키는 데 드는 비용을 크게 절감할 수 있고, 고객을 대하는 일선에 좀더 즐겁고 경험이 풍부한 직원들을 보유하고 있다는 것을 의미한다(*Bloomberg*, 2000년 5월호, p.83).

반복적인 일을 하는 일선의 모든 업무를 좀더 흥미진진하고 의미 있는 일로 바꿀 수 있다. 여기서 당신이 해야 할 일은 그런 일을 하는 직원들에게 무엇을 하고 싶은지 묻고 나서, 어떻게 하면 그들이 그것을 할 수 있도록 만들 수 있는가 하는 방법을 생각해 내는 것뿐이다. 일반적으로 여기에는 전문가들이 소위 '수직적 업무 부과'라고 하는 것이 포함된다. 그러나 맥더모트처럼 상식적인 경영자라면 그것을 단지 각 직원에게 어떤 전체적이고 의미있는 일을 통째로 맡기고 그 일을 할 수 있도록 직원들을 충분히 훈련하고 지원해 주는 것으로 생각한다.

직원들이 비평을 긍정적으로 받아들일 수 있게 하라

경영자로서 당신은 직원들에게 그들이 무엇을 잘못했는지 그리고 그 결과가 무엇인지에 관해 정확히 알려 줄 필요가 있다. 그리고 그런 정보를 빨리 알려 주어야 한다. 때로는 부정적 피드백이 직원들을 실망케 해서 그 실수에서 뭔가 배우기 위한 긍정적 조치를 스스로 취하지 못할 것처럼 보일 때도 있을 것이다. 따라서 이 방법을 사용할 때는 부정적 피드백을 제공하고 난 후에 직원의 등을 두드려 주며 용기를 북돋워 주어야 한다. 먼저 등을 두드리고 나서 부정적 피드백을 주어서는 안 된다. 어떻게 개선할 것인지에 관한 생각을 직원에게 물어보면서 마무리할 수도 있다. 그렇게 하면 직원은 자신이 그렇게 할 수 있는 능력을 가지고 있다는 점을 당신이 믿는다고 확신하게 된다. 또는 직원에게 그 문제를 개선하도록 격려하거나 심지어 그냥 미소를 짓기만 해도 된다. 이것은 말이 아닌 형태로 긍정적 피드백을 제공하는 것이다. 다음에 몇 가지 간단한 예를 제시해 보겠다(알렉스 히암 & 어소시에이트, *1:1 LEADERSHIP*에서 발췌).

- 여러분이 _____을 _____한 방식이 효과가 없었습니다. 그것으로 _____에 문제가 생겼기 때문입니다. 여러분이 앞으로는 그런 문제를 피할 방법을 생각해 낼 수 있다고 나는 생각합니다. (미소를 지으면서) 어떤 아이디어가 있습니까?

- 여러분의 _____에는 몇 가지 문제점이 있다고 생각합니다. 특히, _____에 문제가 있습니다. 여러분이 거기에 조금만 더 시간을 투자하면 해결할 수 있을 것 같습니다. 아시겠습니까? (직원들이 정말로 동의하는지 확인하기 위해 잠시 기다리고 나서) 감사합니다! (미소 짓는다)

- 이것은 제대로 된 것 같지 않습니다. 그것은 _____해야 합니다. 이것을 수정할 수 있겠습니까?(미소로 마무리한다)

이것은 직접적인 수정 작업으로서, 관리자는 주저하지 않고 문제나 오류를 지적한다. 대개 이것은 잘못된 일이 아닌데도 관리자들은 그렇게 하기를 꺼린다. 무례하게 보일 수 있기 때문이다. 정중한 태도로 '나쁜 소식'을 직접 전달하고 나서, 용기를 북돋아 주는 친절한 미소로 마무리 지음으로써, 특정 문제가 좀 있긴 하지만 당신이 직원들의 능력을 전체적으로는 믿고 있다는 점을 알려 주는 이 방법을 연습해 보는 것이 좋을 것이다. 이 접근 방법은 부정적인 피드백을 좋게 꾸미는 것이 아니다. 그렇게 하면 이해하기가 정말 더 힘들어질 뿐이다. 이 방법은 오히려 직선적으로 내용을 전달하는 것이기 때문에 의미가 즉각적으로 명확하게 다가온다. 그리고 나서 아주 간단하고 짧은 마무리를 활용함으로써 직원들에게 당신이 특정 행위에 관해서는 부정적이지만 그들에 관해서는 전반적으로 긍정적인 생각을 가지고 있다는 점을 알려 주는 것이다.

그런데 만일 직원이 그 일을 어떻게 해야 더 잘 할 수 있는지 모르고 있다고 생각

효율성이 뭔지 아는 경영자들은 다른 사람이 결정해도 될 사안들은 직접 결정하지 않는다. 경영자들이 항상 결정에 대해서 고민하고 이야기하는 것은 아니다. 그래서 직원들의 의견을 수렴하고, 직원들 스스로 훌륭한 의사결정을 할 수 있도록 격려하는 데에 많은 시간과 노력을 들인다.

된다면, 또 다른 접근 방법이 필요할 것이다. 마무리를 하면서 도와주거나 지원해 주겠다고 제안하라. "내가 도울 일이 있나요?"와 같은 질문은 그렇게 하는 가장 간단한 방법이다. 직원을 앞으로도 실패할 사람으로 설정하지 않도록 주의하라. 때로는 수정되어야 하는 부분이 사람이 아니라 일 자체인 경우도 있다.

칭찬하고 난 후에 "하지만…"이라는 말을 덧붙이지 마라

대부분의 관리자들은 긍정적인 피드백과 칭찬을 직원들에게 해주어야 할 필요가 있다는 것을 알고 있으며, 사실 자신들이 그렇게 하고 있다고 믿는다. 그러나 직원들에게 물어보면 전혀 다른 이야기를 한다. 사장은 직원에게 비판적이고 그들을 인정해 주는 일이 없다는 것이다. 이런 불일치는 왜 생기는 것일까?

프리시전 러닝 시스템스의 창업자인 오브레이 다니엘스는 관리자들이 칭찬을 하면서 약간의 조언을 해주고 싶은 마음을 참을 수 없기 때문에 이런 일이 생긴다고 믿는다. 늘 이런 식이다. "그 보고서 참 잘 쓰셨어요. 내가 봤던 가장 훌륭한 보고서 중 하나였습니다. 그런데 한 가지만 말하면, 만일 재정에 관한 내용을 짧은 표로 작성해서 앞 페이지에 요약해 둔다면 읽기가 더 편할 것 같아요."

직원들에게 비판을 할 때는 시작과 끝에 칭찬을 끼워 넣지 말라. 비판을 칭찬 속에 '샌드위치'처럼 끼워 넣으면, 부정적인 말을 하는 것에 대한 미안한 마음을 좀 덜 수는 있을 것이다. 하지만 직원의 입장에서는 당신이 앞으로 접근할 때마다 항상 당신의 말 속에서 부정적인 요소를 찾아내려고만 할 것이다.

사장의 의도는 칭찬을 해주고 나서 앞으로의 개선을 위해 도움이 될만한 조언을 약간 덧붙이려는 것이었을 것이다. 그러나 직원에게는 그 칭찬이 비판을 하기 위한 준비운동 정도로 들린다. 그러므로 이런 저지르기 쉬운 실수를 조심하고, "하지만…"처럼 칭찬의 긍정적인 감정을 손상시키는 다른 조건을 덧붙이지 마라. 교정하고 개선할 시기가 있고, 칭찬하고 감사할 시기가 있다. 다니엘스가 한 말의 요점은 그 두 가지 시기를 겹치게 하지 말라는 것이다.

부정적인 피드백은 객관적이고 유익한 것이 되게 하라

그렇다면 어떻게 해야 효과적일까? 개인이나 그 사람의 자질에 초점을 맞추지 않는 것이 부정적 피드백을 전달할 때 중요하다는 연구 결과가 많이 있다. 결코 개인화하지 말라는 것이 최고의 조언이다. 샌드위치처럼 칭찬 사이에 비판을 끼워 넣는 방법은 부정적 피드백을 개인화한다. 수행 과정과 그 결과에 관한 정보를 더 강조할수록 더 좋다. "당신이 그런 방법으로 하면 그런 일이 생긴다. 이런 방법으로 한다면 이런 더 좋은 결과를 얻을 것이다"처럼 정보를 제공하여 유익하게 하라.

그 대안으로 의도적이든 아니든 통제적이고 교묘한 방법을 쓰게 된다. "나는 당신을 중요하게 생각합니다. 일이 잘못되기는 했지만 내가 말하는 대로 한다면 여기서 성공할 수 있을 것입니다"라고 말한다면 이것은 부정적인 피드백을 긍정적인 말 사이에 끼워 넣는 샌드위치 방식이며, 또한 통제적이고 교묘한 방법이다.

샌드위치 방식을 사용하지 말고, 사실적이고, 유익하며, 객관적이 되도록 해야 한다. 그 방법은 사람의 가치에 초점을 두지 말고 행동이나 과정 그리고 결과에 초점을 두는 것이다. 그러면 당신은 거짓된 칭찬으로 비판 내용을 포장하는 것이 아닌가 하는 걱정을 할 필요가 없을 것이다. 단지 무엇이 잘못되었는지, 다음에는 그것을 어떻게 수정할 것인지 하는 것에만 초점을 맞출 수 있다.

빠르게 비판부터 먼저 하라

직원들의 잘못을 교정하는 또 한 가지 방법이 있는데, 이것은 리더십에서 흔히 일어나는 문제점을 안고 있는 방법이다. 부정적 피드백은 미루고자 하는 유혹에 빠지기 쉽다. 마음이 불편하기 때문이다. 그러나

'쓴 소리'를 절대 쌓아두려고 하지 말라!

미루다 보면 초점이 흐려지고 피드백의 유용성이 떨어지게 된다. 앞부분에 농담을 해가면서 비판의 말을 길게 늘어놓으면 부정적인 감정의 반응이 생기게 할 수 있으므로 그런 방법도 피하는 것이 좋다.

불행히도, 정기적으로 피드백을 주지 못하는 관리자가 많이 있다. 특히 부정적인 피드백에 관해서는 더욱 그렇다. 이들은 점점 더 실망하면서 그 직원에 대한 부정적 견해가 쌓일 때까지 기다린다. 물론 그 직원은 전혀 모르고 있는 것처럼 보인다. 일이 잘못되어 가고 있다는 점을 깨닫고 그것을 개선하는 데 필요한 피드백을 받지 못하고 있기 때문이다. 이런 문제점을 피하기 위해 당신은 부정적인 피드백과 기타 모든 나쁜 소식을 신속히 그리고 우선적으로 전달해야 한다. 그러면 나쁜 소식을 전달해야 하는 입장이 되는 것을 피하려고 그런 소식을 다른 말로 포장해야 할 필요가 없어진다.

성공적인 개입

한 제조업체의 팀장은 '문제 직원'을 어떻게 처리해야 할지 몰라서 당황하고 있었다. 이 문제 직원은 중요한 기술적 지식을 가지고 있긴 하지만 회의에서 끝없이 말하는 나쁜 버릇을 가지고 있었다. 그는 그런 점을 전혀 눈치채지 못하고 모든 팀원을 미치게 만들었다. 기쁘게도 해결책은 간단했다. 팀장은 그를 따로 불러서 명확하게, 그리고 포장하는 말 없이 의견을 전달했다. 회의에서 다른 사람들이 이야기할 시간을 더 가질 수 있도록 그의 행동을 바꿔 달라고 말했다. 그리고 나서 질문에 대답을 하거나 할 말이 있을 때는 일정 시간 내에 끝낼 용의가 있는지 물었다. 특히 팀장은 그의 전문 지식이 필요하다는 점을 강조하면서, 기술적 문제에 관해 토의할 때 간단하게 말하는 것이 어렵다는 점은 알고 있지만, 그가 그런 도전적 요구 사항에 응해 줄 수 있기를 바란다고 말했다. 두 사람은 대답 하나에 3분의 시간 제한을 두는 것을 목표로 정했다. 앞으로 있을 회의에서 그가 이 시간 제한을 넘기기 시작할 경우 팀장은 그에게 재빨리 눈

수행 실적의 문제

직장에서 긍정적인 태도로 리더십을 발휘함으로써 직원들이 잘못하는 점보다는 잘하는 점을 강조해 줄 수 있다. 예를 들어 관리자들은 잘못한 일을 비판하기보다는 잘한 행위를 칭찬하는 데 초점을 맞출 수 있다. 그러면 나쁜 점을 없애는 방법으로 좋은 점을 강화해 줄 수 있다고 생각하기 때문이다. 이런 방법이 효과적일 수 있지만, 여기에는 숨은 함정이 있다. 수행 실적이 좋지 못한 직원에게 긍정적인 피드백만 주는 것은 피해야 한다. 그렇게 하면 직원이 자신의 수행 실적에 관해 잘못된 견해를 가질 수 있으며, 그것 때문에 나중에 문제가 발생할 수 있다.

수행 실적이 개선되지 않아서 해고될 경우, 그 직원은 자신이 나이, 인종, 또는 기타의 다른 불법적인 이유 때문에 해고되었다고 주장할 수도 있다. 그러면 어떡하겠는가? 그렇게 되면 관리자의 긍정적인 피드백은 그 직원으로 하여금 자신은 일을 잘했으며, 해고를 당할 입장이 아니라고 주장할 근거가 될 것이다.

어떤 경우든 기본적인 예방 전략은 수행 실적의 문제점을 문서로 남기는 것이다. 예를 들어 처음에는 말로 조언을 해주고 나서도 그 문제가 계속되면, 그런 내용을 명확하게 기록해 두고, 반드시 해당 직원에게 그런 점들을 정확히 말해 주어야 한다. 그리고 그 기록의 사본을 보관하라. 수행 실적을 개선하도록 조언해 주는 긍정적인 접근 방법이 이것 때문에 방해 받지는 않는다. 이것은 단지 나중에 그 증거 문서를 제시해야 할 경우를 대비해서 수행 실적의 문제를 정확히 기록해 두는 것뿐이다.

수행 실적의 문제를 문서로 기록해 둘 때, 회사에 그 문제가 왜 중요한지도 설명해야 한다. 희망 실적과 실제 실적의 면에서 특정 문제점들을 기술하라. 그 문제가 회사 전체의 목적, 직원들의 사기, 또는 고객 이미지에 미치는 영향도 기록하라. 또한 그 문제가 어떻게 시정되기를 바라는지 해당 직원에게 설명하라. 특정 부분에 관해 이야기해야 한다. 마지막으로, 그 직원에게 자신의 입장에서 설명할 기회를 주어라.

– 낸시 L. 오닐, 미국 노동 및 고용 문제 전문 로펌 잭슨 루이스의 변호사

썹을 치켜 올리며 미소를 지음으로써 신호를 보내기만 하면 되었다. 한 달이 채 안 되어서 그는 "자기 감시"를 하고 있었고, 팀장은 더 이상 그에게 요점만 말하며 간단히 해야 한다는 점을 상기시킬 필요가 없었다. 다

만 회의가 한결 잘 진행되도록 그가 노력해 준 것에 감사한다고 말하기만
하면 되었다.

보상은 예측할 수 있고 공정하게 하라

다른 많은 기업과 마찬가지로 텍사스 인스트루먼트사는 판매직 사원
들의 노력을 보상해 주기 위해 보너스 프로그램을 이용했다. 이론상 적어
도 판매직 사원들은 성공적으로 판매를 하고 나면 많은 보너스를 받을 수
있어야 했다. 문제는 그 보너스 프로그램이 주관적인 판단에 따라 운영되
고 있기 때문에, 보너스가 판매 사원의 기술과 노력에 직결되지 못한다고
직원들이 느끼고 있다는 점이었다. 그러면 사람들은 공정하게 대우받지
못하고 있다고 느끼고, 따라서 의욕이 저하되는 사태가 발생하게 된다.
또한 직원들이 자신의 일을 바라보는 시각이 흐려져서 언제 자신이 일을
잘하고 있는 것인지 판단하기가 더 힘들어지고, 피드백의 질이 저하되고,
그 결과 학습과 개선의 잠재력도 덩달아 떨어지게 된다. 피드백이 명확하
지 못하거나, 빠르지 못하거나, 직원 자신의 노력으로 통제할 수 없게 되
면, 피드백은 직원의 의욕을 저하시킨다. 어떻게 해야 좋은 결과를 만들
어 낼 수 있는지 알 수 없기 때문이다. 밝혀진 대로 그것은 판매 사원들의
사기를 높이는 일과 관련해서 흔히 발생하는 문제점이다. 그래서 텍사스
인스트루먼트사는 보너스 프로그램을 혁신하고 나서 무척 만족스러웠
다. 혁신된 프로그램은 명확하고 정확한 평가 기준을 바탕으로, 직원들이
만들어낸 결과에 따라 좀더 운영될 수 있도록 고안되었다. 이런 변화로
보너스 프로그램은 더 좋고 유용하며 직원들의 의욕을 북돋우는 피드백
의 형태가 될 수 있었다.

직원들이 자신에 관해 스스로 평가하게 하라

직원들이 일을 어떻게 하고 있는지 말해 주는 대신, 자신의 작업 진행 과정을 스스로 평가하게 하라고 퍼스넬 디시전스 인터내셔널의 수장 게벨라인이 권한다. 직원들은 여러 경로를 통해 자신이 어떻게 하고 있는지에 관한 정보를 수집할 수 있다. 예를 들어 동료나 감독자와 면담, 정보 시스템, 기타 사내 기록, 어쩌면 심지어 고객을 통해서도 수집할 수 있을 것이다. 그러고 나서 관리자가 수행 평가 회의를 주재하는 대신, 직원들이 그 정보를 요약하고 나서, 관리자와 그 평가 내용을 토론하기 위한 회의를 주재한다(〈법적 시각〉에서, 당신은 형편없는 수행에 관해 어쨌든 여전히 문서화가 이루어지고 있다는 점을 알리고 싶다. 어쩌면 간단한 메모로 직원에게 무엇을 해야 할지 알려 주는 형식일 수도 있다. 부적절한 일을 좋은 말로 포장하지 마라. 그렇지 않으면 위기가 왔을 때 당신에게 문서 기록이 부족하다는 사실을 깨닫게 될 것이다).

"휘하 장병들이 당신에게 더 이상 자신의 문제를 말하지 않는다면, 당신의 지도력은 이미 끝난 것이다. 장병들은 당신에게서 도움을 받을 수 있다는 확신을 잃어버렸거나, 당신이 그들에게 신경을 쓰지 않고 있다고 판단한 것이다. 전자이든 후자이든, 지도자로서는 실패한 것이다."
- 콜린 파월, 미 국무장관

미군 기초 군사 훈련 과정에서는, 그동안 무엇을 배웠는지 지휘관이 훈련병에게 되물어 보는 것이 이제 관례가 되어있다. 이렇게 몇 분 간 이야기를 나눔으로써, 다음번에 실수를 방지할 수 있는 통찰력을 기르는 데 많은 도움을 받을 수 있다.

직원에게 무엇을 배웠는지 물어라

컨설팅 회사인 베스트 프랙티시스 LLC에서 내놓은 좋은 아이디어 하나는, 프로젝트 하나가 완성되고 나면, 직원들에게 '배운 교훈 돌아보기' 세션을 갖게 하는 것이다. 임무를 마치고 난 후에 모여서, 직원들에게 그 프로젝트에 관해 가장 좋은 점과 가장 나쁜 점을 밝히고 다음번에 더 잘하려면 어떻게 하는 것이 좋을지 아이디어를 내달라고 요청하라. 경험을 통해 배우는 이 단계를 작업에 추가하는 데 걸리는 시간은 많지 않지만, 회사와 직원들이 얻는 이득은 잠재적으로 엄청나다.

∪ ∪ ∪

생각 나누기

'감독'이라는 단어는 재미있는 말이다. 경영에서 최일선의 가장 낮은 직급을 바로 '현장 감독'이라고 부르기 때문에, 우리는 무의식 중에 감독이라는 말을 뒤로 제치고 좀더 감명 깊게 들리는 '경영'이라는 말을 사용하거나, 심지어 최고 지위의 역할을 일컫는 '리더십'이라는 말을 사용하고 싶어 한다. 그러나 감독은 조직의 한 직위를 말하는 것이 아니다. 그것은 리더십의 핵심적인 활동이다. 감독 역할을 감독자들에게 위임하면, 당신은 그 감독자들을 더 잘 감독해야 한다. 그렇지 않으면 그들이 일선의 직원들을 감독할 수 없게 될 것이다. 감독의 일을 피해 갈 방법은 없다.

말의 이야기로 다시 돌아가서, 어떻게 해야 할지 모르기 때문에 그저 안장 위에 앉아서 말이 하는 대로 두려고 생각하는 사람과 능숙한 기수의 차이점이 무엇인지 생각해 보자. 누가 더 잘 달릴까? 말은 그 크기와 힘, 지력에도 불구하고 기수에게 많은 지시와 피드백을 받아야 한다.

예를 들어 기수가 빨리 달리고 싶으면, 말 위에서 감자 주머니처럼 이

리저리로 그냥 뛰는 것이 아니라, 경속보로 말과 보조를 맞추어 경쾌하게 앉았다 일어났다 할 것이다. "속보시 앉아 있는 법"을 배우는 기수들은 말의 움직임을 흡수하는 법을 배워야 하며, 말이 반대로 움직이게 해서는 안 된다. 말이 움직이는 리듬과 맞지 않게 기수가 말 위에서 튀기면 말과 기수가 모두 타박상을 입게 된다. 또한 반대 주기로 움직여서 생기는 에너지 낭비는 말이 자연스럽게 움직일 수 없게 방해하기 때문에 결국 말의 속도가 떨어지게 된다.

승마에 별 경험이 없던 시절, 난 말에게 이야기를 하는 기수가 많다는 말을 듣고 놀란 적이 있다. 말이 말을 한다는 것은 헛소문에 불과하겠지만, 말이 말을 알아듣는다는 것은 명백한 사실이다.

감독 역할을 훌륭히 해내지 못하면 경영자와 그 직원들은 미숙한 기수가 부딪히는 것과 비슷한 문제에 봉착하게 된다. 이들은 어떤 시도를 할 때마다 서로 부딪히게 되고, 서로 각자의 길을 갔을 때보다 속도가 더 느려지고 좋지 못한 여행을 하게 된다.

훌륭한 기수는 말과 호흡만 잘 맞출 경우 안장 위에 앉아 있음으로써 말이 달리기 힘들게 하기보다는 오히려 말을 더 빨리 달리게 할 수 있다는 것을 잘 알고 있다.

그래서 리더십과 말 타기는 모두 적극적인 노력의 과정인 것이다. 하지만 이 개념에는 조심해야 할 숨은 덫이 있다. 당신이 불편하게 말 등에서 튀고 있을 때 말에서 뛰어내려 스스로 달리기 시작하기가 쉽다. 다시 말해서 당신 직원들은 그들이 무엇을 하고 있는지 모르고 있다는 결론에 이르기 쉽다는 것이다.

만일 당신이 끼어들어서 일을 대신 맡고 싶은 유혹을 받으면, 기수가 땅으로 내려와 말을 끌고 가보려고 하는 것과 같이 어떤 것도 해결하지 못할 것이라는 점을 꼭 기억하라. 해결책은 오히려 훌륭한 감독 기술에 의

지해서 그런 기술들을 조직 전체에 걸쳐 매번 반드시 사용하도록 하는 것이다. 모든 직원이 무엇을 해야 하는지 알고 있으며 그것이 왜 중요한지 알고 있는가? 직원들은 자신이 그런 중요한 일을 하고 있다는 사실을 알 수 있을 만큼 충분히 피드백을 받고 있는가? 피드백은 직원들이 좌절하고 수치심을 느끼고 실망하게 하는 것이 아니라, 일을 통해 배우며 개선을 시도하도록 하는 형태로 전달되고 있는가?

마지막으로, 직원들은 재미있게 일을 하고 있는가? 만일 그렇다면, 그것은 일이 당신의 직원들을 지치게 하는 것이 아니라 그들에게 에너지를 공급해 주는 가치 있는 도전이 되고 있다는 확실한 증거이다.

감독 역할의 체크 리스트

다음은 이 장에 나온 가장 좋은 아이디어와 실례를 강조하기 위한 체크 리스트이다.

- ✔ 고품질 작업의 중요한 측면들에 관해 의사 소통하기 위한 체크 리스트를 개발하라.
- ✔ 직원들이 품질 특징에 관한 자기 자신의 체크 리스트를 개발하게 하라.
- ✔ 훌륭하게 일을 해낸 직원에게 흥미로운 새 임무를 줌으로써 보상하라.
- ✔ 직원들이 결코 자신의 개인적 기준을 타협적으로 낮추게 하지 말라.
- ✔ 직원들이 에너지와 물건, 그리고 시간을 잘 보존할 수 있는 방법을 찾아내도록 격려하라.

✓ 너무 쉽지도 너무 어렵지도 않은 일을 줌으로써 직원들이 적당히 도전받도록 하라.

✓ 특별히 어려운 임무를 맡고 있는 직원들에게 좀더 많은 지원과 체계를 제공하라.

✓ 직원들이 자신의 성과 체크 리스트를 스스로 디자인하게 하라.

✓ 직원들이 힘든 일을 하고 난 후 에너지를 회복할 기회를 주어라.

✓ 각 직원에게 그의 가장 중요한 업무나 목표에 관해 질문하라.

✓ 당신 그룹을 위한 개선 목표를 생각해 내라.

✓ 최고를 기대하라. 직원들은 당신의 기대만큼 일을 해내는 경향이 있다.

✓ 노력을 자주 인정해 줄 수 있는 방법을 찾아라.

✓ 부정적 피드백은 객관적이고 직접적인 방식으로 전달하라.

✓ 각 직원이 자신의 업무 수행에 관해 명확하고 정확한 피드백을 자주 받게 하라.

5

혁신

말은 가끔 새로운 길을 가 보고 싶은 마음이 든다. 같은 길과 환경에 너무 오랫동안 한정되어 있으면, 말은 의욕을 잃고 미리 늙어 버린다. 비즈니스도 마찬가지다. 비즈니스에는 변화와 모험이 필요하다. 관리자로서 당신은 당신의 말에게 안대를 씌우고 똑같은 낡은 길로 달리게 할 수도 있지만, 낯선 영역으로 가서 새로운 길을 개척할 수도 있다. 어느 쪽이 당신과 말에게 더 좋을까?

> 같이 탐험하는 것이 중요하다. 모르는 오솔길로 말을 몰았는데, 더 즐거운 경험으로 남는 경우도 많다.

"최근 하와이 여행을 갔을 때 '니시무라'는 대나무 피리를
2달러 95센트에 샀다. 그리곤 피리 부는 법을 배웠다.
'나는 항상 배우는 것에 호기심을 느낀다.'라고 그는 말한다.
'피리 부는 법을 배우는 데 여섯 시간이 걸렸다.
하지만 아내는 내가 괴짜라고 생각했다.'"

– 고이치 니시무라, 솔렉트론의 최고경영자(WORTH, 2001년 5월호, p.76)

명백하게 드러나는 혁신의 이유들은 좋다. 비용을 줄이고, 고객을 붙잡아 두는 새로운 방법을 모색하고, 더 좋은 제품을 만들어 내고, 유통을 개선하고, 더 좋은 기술을 받아들이고 하는 것 등이다. 그러나 거기에는 그 이상의 이유가 있다. 말에 비유해 보면 가장 좋은 이유를 쉽게 알 수 있다. 말처럼 비즈니스는 틀에 박힌 모양새가 되기 쉽다. 단조로움과 반복적인 일은 말과 비즈니스에게는 적이다. 그러면 말은 경직되고 융통성이 없어지며, 가만히 서서 주위를 둘러보기나 하고, 살이 찌고, 더 이상 재미를 못 느낀다. 그런 말이 경주에서 이기거나 다른 훌륭한 성과를 성취해 낼 수 있겠는가? 물론 그렇지 않다. 그와 같은 비즈니스도 생산적이지 못하다는 것은 뻔한 일이다.

> "**나**이 든 사람들은 말과 같아서, 정상적으로 계속 일하게 하려면 그들에게 일을 시켜야 한다."
> – 존 애덤스

> '**왜**그런가?' 또는 '왜 그렇지 않은가?' 하는 두 가지 질문은 창조력을 발휘하는 데 가장 좋은 원동력이 된다. 그런데 불행하게도 이런 질문은 직장에서보다는 유치원에서 더 자주 오가곤 한다.

불행히도 직장은 직원들과 우리에게 호기심을 잃게 만들기 쉽다. 적어도 우리의 창의적인 상상력을 생산적이고 수익성 있게 활용하기 힘들게 만든다. 혁신은 아마도 직장 생활에서 가장 힘든 임무인 것 같다. 그러나 오늘날의 빠르게 변하는 도전적 비즈니스 풍토에서 이것은 우리 모두가 떠맡아야 할 임무이다. 만일 당신이 파도를 일으키고 있지 않다면 당신은 파도 때문에 가라앉기 쉽다.

때때로 혁신은 주요한 공학적 프로젝트나 새로운 약품 테스트 또는 기타 거대한 과학적 노력과 함께 이루어진다. 그러나 사실 우리가 하는 일과 그 일을 하는 방식 면에서 일어나는 혁신은 모든 비즈니스에 하루하루

활력을 불어넣어 주는 근원이 된다. 회계 기간의 혼란이 가라앉은 후에 승리자는 대개 새로운 아이디어를 가지고 있으면서 그 아이디어를 어떻게 하면 효과적이게 만들 수 있을까 생각해 내는 사람이다. 대기업보다는 많은 중소기업에서 현실적인 혁신이 일어날 필요가 더 많다.

경영자로서 당신은 확실히 새롭고 더 나은 접근 방법에 관해 생각할 필요가 있다. 당신은 더 창의적인 경영자가 되어야 하며, 타고난 혁신가가 되어야 한다. 그러나 당신 자신이 호기심 강한 사색가가 되는 것만으로는 충분하지 않다. 당신의 직원들도 반드시 창의적이 되도록 해야 하기 때문이다. 직원들이 변화에 저항하기보다는 변화를 만들어낼 때 훨씬 재미있고 이익도 된다. 혁신은 당신 회사 전체에서 동시에 일어나야 한다.

그렇게 되도록 하기 위해 사람들이 어떤 일을 하는지 알아보자.

창의적이 되어라

이미 마음의 결정을 내린 경영자들은 직원들에게도 마음의 문을 닫게 만든다. 호기심이 많고, 새로운 아이디어나 질문에 흥미를 갖는 경영자는 주변에 창의적인 사고방식을 퍼뜨리고 회사 전체에 혁신이 일도록 자극한다. 창의성은 어떤 형태든 띨 수 있다. 심지어, 혁신적인 스타일로 유명한 솔렉트론사의 최고경영자 경우에서처럼 대나무 피리를 부는 법을 알아내려고 노력하는 것조차도 창의성을 발휘하는 것이라고 할 수 있다.

창의적인 직원을 찾아라

토마스 에디슨은 자기 회사의 직원을 뽑을 때 평가 방법으로 "수프 테스트"를 사용했다고 한다. 에디슨은 지원자들을 저녁 식사에 초대하고, 그들이 수프가 나왔을 때 어떻게 하는지 보았다. 아무 생각이 없는 이들은 소금이나 후추를 수프에 타고 나서 맛을 보았는데 이런 사람들은 테스트에 불합격이었다. 처음의 맛이 어떤지 알아볼 만큼의 호기심도 없다는 것이 불합격의 이유였다. 호기심에 차서 수프를 맛본 뒤에 소금이나 후추를 더 뿌릴 필요가 있는지 결정한 사람들이 채용될 가능성이 더 높았다.

창의적인 문제 해결의 태도

필립스 일렉트로닉스의 자회사인 노렐코 소비자 제품 회사는 플로리다 주 로더데일에 있는 마리옷 하버 비치 리조트에서 전국 영업부 모임을 열었다. 맑은 날씨를 이용해 영업부 관리자들은 100명의 직원들을 팀으로 구성하고, 직원들에게 판지, 테이프, 기타 쉽게 이용할 수 있는 재료를 사용해 항해에 적합한 보트를 만들게 했다. 이 창의적인 문제 해결 작업에서 성공한 직원들은 자신의 다음해 영업 목표를 새로운 관점에서 보았으며, 그 목표를 달성하기 위해 좀더 창의적인 방법으로 접근하는 경향이 더 높았다고 한다.

끈기 있고 오픈 마인드를 지닌 어떤 기업가

사망 기사를 읽는 것은 최근에 사망한 사람에게서 몇 가지 교훈을 얻고자 하는 경영자들에게는 아주 좋은 방법이다. 알 그린우드를 예로 들어 보겠다. 2001년에 그가 사망하자, 캘리포니아 신문들은 그에 관한 이야기를 길게 실었다. 그는 창업자, 경영자로서 성공한 사람이었을 뿐만 아니라, LA에 본사가 있는 유명한 침대 덮개 소매 회사의 텔레비전 광고에 출연했던 사람이기도 했다. 이 전문 사업으로 그는 천만장자가 되었으며, 또한 "침대 덮개의 제왕"으로 텔레비전 광고에 많이 출연하면서 유명한 인물이 되었다. 광고에서 그는 왕관을 쓰고 벨벳 로브를 걸친 채 황금 왕좌에 앉아 자기 상점 물건을 유머러스한 말로 선전했다.

그러나 그린우드는 어떻게 이러한 이례적인 성공을 달성할 수 있었을까?

첫째, 그는 끈기가 있었다. 그는 놀랍도록 끈기 있는 사람이었다. 사실 그의 생애는 70대가 되기까지 별 진전이 없었다. 참고로 그는 90대까지 계속 일했다.

둘째, 그는 컨설팅 회사가 '침대 덮개의 제왕' 광고를 제안했을 때, 한심하다고 생각했으면서도 그 아이디어를 시도해 볼 만큼 오픈 마인드를 지니고 있었다. 그린우드의 아이디어는 카우보이 복장을 하고 광고에 나오는 것이었다. '제왕' 아이디어가 자신의 생각도 아니었고 그것이 대단하다고 생각하지도 않았지만 그린우드는 그 아이디어를 시도해 볼 정도로 오픈되어 있었다. 나머지 이야기는 기업가로서 그가 남긴 역사이다. 이것은 또한 여전히 사망 기사를 찾아 읽는 우리 같은 경영자들에게는 훌륭한 교훈이 된다. 충분히 끈기 있고 오

> **"말**에게 씌우는 곁눈 가리개처럼, 명확한 목표는 사람들의 시야를 좁힌다."
> - 로버트 프로스트

픈 마인드를 지닌 경영자는 이례적인 성공을 달성할 가능성이 훨씬 높다.

제안 시스템의 제안

아이디어를 수집하기 위해 상자나 기타 전통적인 '포괄적인' 시스템을 사용하는 대신, 좀더 특정 부분으로 범위를 좁혀 당신에게 필요한 제안 내용을 요구하는 것이 어떨까? 예를 들어 저축, 고객 보유, 에너지 보존, 재고 감소, 지연 감소, 품질 향상, 새 고객 유치, 일을 좀더 즐겁게 하는 방법 등과 같은 범주의 아이디어를 요구할 수 있다. 특정 타입의 아이디어를 요구하면, 그런 아이디어를 얻어낼 가능성이 더 높아진다. 이것은 사람들을 파티에 초대하는 것과 같다. 특정 범주의 아이디어를 요구하면 아이디어를 얻기 더 쉽다.

이 달의 아이디어

1년을 12개의 새로운 아이디어 범주로 나누고, 매월 각기 다른 범주의 아이디어를 찾는다. 그리고 나서 그 달의 가장 훌륭한 아이디어에 트로피나 기타 상징적인 상을 준다.

"엉뚱한 아이디어" 제안 상자는 어떨까?

대단한 아이디어를 내놓을지도 모를 엉뚱한 괴짜들을 위해 엉뚱한 아이디어 상자를 제안함으로써도 아이디어를 얻을 수 있다. 그런 아이디어를 뉴스레터에 게재하거나 이메일을 통해 사람들에게 정기적으로 알림으로써 모든 사람이 서로의 창의적인 생각을 활용할 수 있게 한다. 이런 방법을 통해 당신은 회사 내의 좀더 엉뚱하고 기발한 생각을 수집할 수 있다. 이런 생각들은 대개 일반적으로는 듣기 어려운 창의적인 생각들이다. 직원들이 좀더 편한 마음으로 접근할 수 있도록 이 제안 상자의 제안 내용을 익명으로 하는 것이 좋다.

생각을 위한 "자유" 시간 허용하기

3M은 직원들에게 자신들이 선택한 '비공식적인' 프로젝트에 업무 시간의 15%를 투자하도록 하는 것으로 유명하다. 혁신은 대개 이런 자유 계약의 노력에서 나온다. 만약 3M에서 R&D 부서를 운영하지 않는다면 어떨까? 회사에서 직원들에게 매주 업무 시간의 일부를 직원 개인의 비공식적인 프로젝트에 투자할 수 있다고 말하는 것이 그래도 합당할까? 그

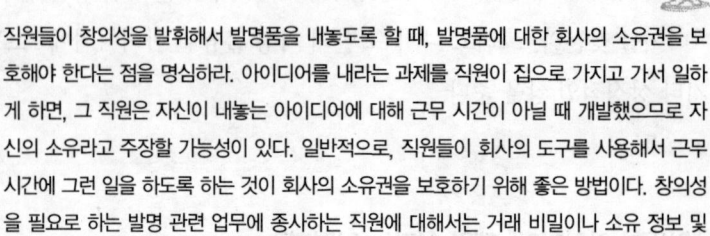

법적 시각

발명품

직원들이 창의성을 발휘해서 발명품을 내놓도록 할 때, 발명품에 대한 회사의 소유권을 보호해야 한다는 점을 명심하라. 아이디어를 내라는 과제를 직원이 집으로 가지고 가서 일하게 하면, 그 직원은 자신이 내놓는 아이디어에 대해 근무 시간이 아닐 때 개발했으므로 자신의 소유라고 주장할 가능성이 있다. 일반적으로, 직원들이 회사의 도구를 사용해서 근무 시간에 그런 일을 하도록 하는 것이 회사의 소유권을 보호하기 위해 좋은 방법이다. 창의성을 필요로 하는 발명 관련 업무에 종사하는 직원에 대해서는 거래 비밀이나 소유 정보 및 개발에 관한 동의서를 받아두는 것이 좋다.

– 낸시 L. 오닐, 미국 노동 및 고용 문제 전문 로펌 잭슨 루이스의 변호사

것은 당신의 사업이 아이디어 위주냐 아니냐에 달려 있다. 만일 당신에게 고객 서비스의 개선, 비용 절감, 소요 시간의 절감, 문제 해결, 고객 유치에 관한 새로운 아이디어가 필요하다면, 당신은 직원들에게 생각할 자유를 줄 필요가 있다. 물론 농땡이를 치는 것과 발명하는 것 사이에 구분을 둘 필요는 있다. 직원들이 아침 내내 집에 있으면서 '생각'하고 있는 중이라고 우기기를 바라지는 않을 것이다. 직원들이 정말로 작업 과정에 관한 어떤 아이디어를 추구하고 있는 것이기만 하다면 직원들에게 그렇게 하게 하라. 비공식적인 아이디어가 많을수록 더 좋다. 그 가운데 하나가 수익성이 있는 것으로 증명될 것이다.

창조력은 창조적이어야 하지 파괴적이어선 안 된다는 사실을 기억하라. 무슨 말인가 하면, 창조란 옛 것으로부터 새 것을 이끌어내는 것이지, 이전의 모든 규칙을 파괴하는 것이 아니라는 뜻이다. 이제는 무너진 엔론의 최고경영자였던 제프리 스킬링은 "우리 회사는 창조적 파괴를 믿는다"라고 말했다."
– *Worth*, 2001년 5월호, p.73

그는 아마 그가 원했던 것을 '문자 그대로' 받게 될거라는 생각은 하지 못했던 것 같다.

발명가 클럽을 만들어라

미국 해군의 카더록 분함대에서는 과학자와 엔지니어를 고용하고, 이들에게 수중 물질에서 추진력 시스템에 이르기까지 모든 것을 연구하게 하고 있다. 다른 많은 유사 시설에 비해 규모는 작지만, 카더록은 특허 출원의 수에서 제1인자의 위치를 지키고 있으며 그 유효성에서도 명성을 자랑하고 있다. 혁신을 인정해 주고 부추기기 위해 이 분함대에서는 성공적인 발명가들에게 상을 주고 있으며, 또한 발명가 클럽을 가지고 있다. 이것은 혁신이 중요한 역할을 하는 모든 조직에서 활용하기에 아주 좋은 아이디어인 것 같다. 당신 회사에 발명가 클럽을 만들고, 성공적으로 실행되게 된 좋은 아이디어를 직원들에게 추천해 달라고 하는 것은 어떨까?

"가상 공간상"의 크로포드 종이 돌리기

이메일이 발명되기 오래 전에 C.C. 크로포드 박사는 어떤 주제에 관한 좋은 아이디어를 만들어 내는 훌륭한 방법을 생각해 냈다. 그는 한 사람이 아이디어 하나를 적어서 그 종이를 다른 사람에게 전달하도록 시켰다. 그 사람은 자신의 생각을 덧붙여 다시 다른 사람에게 전달하는 방법이었다. 말은 하지 못하게 했다. 말을 하면 사람들의 호기심이 방해를 받는 경향이 있기 때문이었다. 종이 한 장이 방을 빙 도는 동안, 각 사람의 아이디어는 다른 사람들이 새로운 아이디어를 내놓을 수 있도록 영감을 불어 넣었고, 결국 재미있는 아이디어가 많이 쏟아져 나왔다. 이 합동 브레인스토밍 방법은 효과적인 반면 사용되는 경우가 드물다. 사람들을 모이게 하여, 회의 탁자 둘레에 모두 조용히 앉아 아이디어를 종이에 적은 다음 옆으로 돌리도록 하는 것이 소란스러운 일이 될 수 있기 때문이다.

대부분의 직원들은 이 방법의 규칙에 대해 불만스럽게 생각한다.

현대적인 이메일이 발명되었다. 이메일 시스템은 자연스럽게 크로포드 방식을 부가적 노력이나 소란스러움 없이 실행 가능하게 만들었다. 이제는 그저 "_____에 관한 아이디어가 필요합니다. 떠오르는 아이디어가 있으면 그 품질에 상관없이 어떤 것이든 적어 주십시오. 한 가지 아이디어가

> **위**험한 데도 사람들이 잘 알지 못하는 사실 하나 : 업무상 오가는 이메일 중 99%는 일상적인 정보를 담고 있다. 1%도 안 되는 메일만이 신선한 아이디어나 혁신을 이끌어 내기 위한 것들이다.

또 다른 아이디어를 이끌어 낼 수 있으니까요. 그러고 나서 이 이메일을 목록에 있는 다음 사람에게 전달해 주십시오. 다음 사람이 자신의 생각을 덧붙이고 나면 그 다음 사람에게 전달할 수 있도록 해주십시오. 마지막에는 저에게 다시 돌아오도록 해주십시오. 도와주셔서 감사합니다"라는 내용의 이메일을 보내기만 하면 된다. 가상 공간상의 아이디어 과정에 포함시키고 싶은 모든 사람의 이름을 목록으로 작성해서 덧붙여라. 그러면 전자 우편을 통해 이메일이 목록에 있는 사람들에게 배달되고, 최종적으로는 당신에게 돌아올 것이다. 거기에는 사람들의 아이디어와 코멘트가 덧붙여져 있을 것이다. 필요하면 다음번에 그것을 다시 돌려서 더 많은 아이디어를 얻어낼 수 있다.

일일 최고경영자

호주 시드니에 있는 케이블 & 와이어리스 옵터스사의 직원들은 직원 한 사람을 추첨해서 그 해의 우승자로 정하고, 그 사람의 이름을 따서 건물 한 층의 이름을 명명하는 행사를 열고 있다. 우승자들의 사진과 이름을 명판에 새기고, 그들의 취미와 "하루 동안 최고경영자가 된다면 당신은 어떤 일을 하겠는가?"라는 질문에 대한 그 사람의 대답도 기록해 둔다. 이것은 참 재미있는 질문이지 않은가? 당신의 직원들 각 사람에게 이런 질문을 던진다면 어떤 대답이 나올지 궁금하다. 아주 좋은 제안을 당신이 얻게 될 것이라고 나는 확신한다.

피드백은 혁신의 연료이다

"정말로 힘차게 전진해 나가고 있을 때면 언제나 끊임없이 계속되는 피드백이 필요하다. 아폴로 우주선은 날아가는 동안 90%를 궤도에서 벗어나 있었다. 하지만 아폴로는 진로를 재빨리 수정할 수 있게 해주는 피드백 메커니즘을 가지고 있었다."

– 찰스 가필드, PEAK PERFORMANCE의 저자(Entrepreneur에서 인용)

"제안 시스템"을 책으로 만들기

직원의 제안 시스템이 제출된 모든 아이디어를 발표하거나 활용할 수 있게 하는 경우는 매우 드물다. 왜 그럴까? 제안 시스템을 '지속적으로 아이디어를 창출하기 위한 의견 교환'이 되게 하면 어떨까? 한 가지 아이디어는 또 하나의 아이디어를 만들어 낸다. 하지만 그런 아이디어를 직원들이 나누어 가질 때만 그럴 수 있다.

일손만이 아니라 마음도 참여하게 하라

너바나 캔들스는 캘리포니아 프리덤에 있는 성공적인 창업 회사이다. 이 회사는 처음부터 수평적인 조직 및 직원 참여라는 현대적 아이디어를 써왔다. 직원들은 이 사업에 관한 자신의 지식을 확대하기 위해 많은 기회를 부여받는다. 그래서 교차 훈련과 순환 업무 할당 방식을 통해 다양한 일을 한다. 직원들이 자발적으로 나서서 장비를 업그레이드하고 생산 과정을 개선하는 경우가 많다.

직원들의 자기 개선 아이디어를 지원하라

작업팀에게 실제로 자기들의 제안 내용을 실행할 수 있는 권한을 주는 것은 제안 시스템의 효율성을 크게 향상시킬 수 있는 방법이다. 예를 들어 플로리다에 있는 팜 하버 하우스에서는 제안 상자를 폐기하고, 대신 각 작업팀에게 그들 자신의 개선에 관한 제안 내용을 수집하게 했다. 여기서 유일한 조건은 그 팀이 스스로 아이디어를 실행해야 한다는 점이었다. 팀들은 아이디어를 실행하기 위해 약간의 예산을 제공받는다. 그 아이디어가 가치가 있다고 생각하면 더 많은 자금을 요청할 수 있는 옵션

> **"회**사나 경영자가 창조적 발상에 대해서 인정하고 보상한다면, 직원들은 그 회사를 떠나지 않을 것이다. 길 아래쪽에 있는 회사에서 40,000달러를 더 준다 해도 말이다."
>
> – 딕 둘리,
> 일리노이 주 리버우드 소재
> 둘리 그룹 주식회사

이 있다. 이 시스템은 직원들이 개선 아이디어를 좀더 현실적이고 국부적으로 생각할 수 있게 한다. 또한 일반적인 제안 시스템보다 훨씬 많은 아이디어가 실행될 수 있도록 하는 장점도 있다. 직원들은 경영진이 자신들의 아이디어를 가지고 무엇을 하는지 아니면 아무 것도 하지 않는지 기다려 보는 것보다는, 스스로 그 아이디어를 실행할 수 있는 것을 아주 좋아한다.

아이디어를 물으러 직원들을 찾아감으로써 주도권을 잡아라

텍사스 주를 위해 일하는 직원들에게서 제안 내용을 수집하기 위해, 텍사스 인센티브 생산성 위원회는 직원들의 작업장으로 찾아가서, 이 일을 하게 된 경위를 설명하고, 그들에게 아이디어와 제안 내용을 제출해 주면 재미있는 상도 주겠다고 제안했다. "목적지 혁신"이라고 하는 이 프로그램은 확실히 큰 효과가 있었다. 텍사스 주는 지금까지 직원들이 제안해 준 안을 실천함으로써 수백만 달러를 절약할 수 있었다고 보고하고 있

"어떤 문제를 풀려고 손을 써보기 전에 자신의 기분부터 좋게 가다듬는 것을 잊지 말아라. 긍정적인 마음 자세가 가장 중요하다! 자기 자신의 기분을 띄우지 못하겠거든 다른 사람의 기분이라도 대신 띄우도록 노력해 보라. 자기 자신의 기분을 좋게 하는 데에는 다른 사람을 도와주는 것이 아주 확실한 방법이기 때문이다."

– *UNLOCKING THE CREATIVITY CHEST*
(알렉스 히암 & 어소시에이트의 마법사 가이드북)

"발견이란 누구나 한번쯤 해봤던 것으로부터 아무도 한번도 해보지 않은 생각을 이끌어내는 것이다."

– 앨버트 본 젠트-기오르기

다. 직원들이 경영자에게 오기를 기다리는 대신, 직원들에게 조언을 구하러 직접 찾아간다는 이 아이디어는 아주 그럴 듯했다.

개선이 전염되도록 하려면 아이디어를 존중하라

미시간에 있는 한 자동차 부품 공급 업체는 획기적인 실적을 달성했다. 제조 공장 몇 군데에서 폐기물 양을 2년 만에 90%나 줄였기 때문이다. 어떻게 된 것일까? 관리자의 말에 따르면, 직원들이 대대적으로 참여해 준 덕분이었다고 한다. 또한 이것은 직원들의 아이디어와 제안을 진지하게 받아들였기 때문에 가능한 일이었다.

"한 가지 좋은 제안이 두세 가지의 새로운 좋은 제안을 나오게 했던 것 같다. 일단 직원들이 자신들의 아이디어가 중요시된다는 점과 진지하게 고려될 것이라는 점을 알고 나자, 굳이 참여하도록 자극할 필요가 없게 되었다. 네덜란드 공장을 좀더 깨끗하고 안전하게 만드는 것뿐만 아니라 좀더 생산성 있고 수익성 있게 만든다는 흥분의 분위기는 전염성이 강했던 것 같다."

– 멜 숍, 재활용 코디네이터, 유나이티드 테크놀로지 오토모티브의 엔지니어 시스템 팀
(폐기물 줄이기 본부의 미시간 사무소에서 실시한 사례 연구에서 인용)

호기심을 일깨우는 질문을 하라

모든 혁신과 좋은 새 아이디어는 사람들이 호기심을 갖고 일에 몰두할 때 시작된다. 의문을 갖는 능력은 작업장의 소란스러움 때문에 무뎌진다. 따라서 호기심을 다시 일깨우는 일은 경영자가 해야 할 일이다. 이 방법을 활용함에 있어서 당신이 해야 할 일은 직원들의 창의적인 생각에 불을 붙이기 위해 고안해 낸 질문을 규칙적으로 던지는 일뿐이다. 이것은 바람직한 행동의 모델이 될 뿐만 아니라, 당신이 그런 행동에 오픈되어 있다는 점을 나타내는 것이기도 하다. 그렇게 함으로써 직원들이 호기심을 발휘할 수 있게 하고 그들의 자연스런 창의성에 문을 열어줄 수 있다. 거기에 적절한 질문의 예를 아래에 적어 보았다(*1:1 LEADERSHIP*, 알렉스 히암 & 어소시에이트에서 발췌).

- 무슨 의미입니까?
- _____에 관해 어떻게 생각합니까?
- _____에 관심이 있는지 몰랐습니다.
- 그것에 관해 내게 말씀해 주십시오.
- 아이디어가 좀 있습니까?
- 아이디어가 좀 더 있습니까?
- 신선한 아이디어를 가진 사람을 알고 있습니까?
- 그 프로젝트에 누가 최적임자라고 생각합니까?
- 이 문제를 해결하는 데 도움을 주시겠습니까?
- 추가로 선택 사항을 생각해 낼 수 있습니까?

변혁을 두려워하지 마라

캐나다 앨버트 소재의 전화 회사인 텔러스 커뮤니케이션즈에는 노조에 소속되어 있는 전화 교환원이 500명 있다. 최근 이 회사의 경영자들은 쉬운 경영 기법을 알려 주고 있는데, 직원들과 정보를 나누면서 경영상의 의사 결정 과정에 직원들이 직접 참여할 것을 격려하기도 한다.

- 이 문제에 도움이 될 만한 것이나 그런 사람을 알고 있습니까?
- 이 문제를 해결할 다른 방법이 좀 있을까요?
- 이 문제의 원인이 무엇이라고 생각합니까?
- 이것을 해결하는 좀더 좋은 방법이 있을까요?
- 왜 그것을 항상 이런 방법으로 해야 할까요?
- 왜 저런 방법으로는 할 수 없을까요?

재미를 부추겨라

직원들은 비교적 일정한 체계가 없는 방식으로 서로 대하고 있을 때, 그리고 즐겁게 일할 때 좀더 좋은 아이디어를 생각해 내는 경향이 있다. 놀이는 창의성을 자극한다. 그러므로 근무 시간 동안 직원들에게 편히 놀 기회를 제공하도록 하라. 비교적 일정한 체계가 없는 놀이 기회는 좀더 자주 있는 매우 공개적인 형식적 이벤트나 콘테스트보다 더 효과적일 것이다. 여기서 당신이 원하는 것은 인형이나 블록을 가지고 노는 수준의 성인이다. 이런 놀이 재료는 직원들이 당신의 일을 체계적으로 처리하도록 하기보다는 창의적인 놀이를 하도록 만든다.

예를 들어 어떤 회사에서는 휴게실이나 창의성 코너를 마련하고, 거기에 아트 패드와 마커, 진흙, 돌과 솔방울 같은 자연에서 구해온 물건들과 함께 그런 물건을 붙일 수 있는 판지와 풀을 가져다 놓는다. 또한 드럼과 기타 간단하게 연주할 수 있는 악기를 가져다 놓는다. 직원들이 그런 재료를 가지고 주변 사람들과 함께 창의적으로 상호 작용할 수 있게 하는 것이면 어떤 것이든 좋다.

또 하나의 옵션이 있다. 애완동물 가게에서 게르빌루스 쥐를 몇 마리 사오고, 정교한 미로를 만들 수 있는 투명한 플라스틱 재료를 구입한다.

쥐들에게 훈련용 터널 환경을 만들어 주기 위한 것이다. 여기서 창의성이 발휘되는 부분은 그런 재료들을 구입하고, 미로를 만들었다가 정기적으로 다시 디자인하게 하는 데서 나온다. 원하는 직원 누구에게나 한 주 동안 그것을 디자인하는 임무를 부여할 수도 있다. 그러고 나서 매 회가 끝날 때마다 참여한 모든 직원들에게 가장 좋은 디자인

사람들이 일을 재미있어 해야 일에서 창의력과 독창성을 발휘할 뿐 아니라, 스스로 적극적이 된다. 그래서 어느 정도의 시끌벅적한 분위기도 직장에서는 꼭 필요한 법이다.

에 대해 상을 주게 한다. 이것이 한심한 것은 사실이지만 바로 그런 한심한 면이 창의성과 자발성을 자극하는 경우가 많다.

또한 나는 쿠키, 빵, 머핀 또는 기타 사무실용 스낵을 만들기 위한 기본적인 재료들을 갖춘 사무실 주방이 이런 같은 목적을 위해 사용될 수 있다고 생각한다. 요리는 매우 창의적인 활동이 될 수 있기 때문이다. 사실, 창의적인 면을 포함하는 어떤 활동이든 상상력을 자극하는 훌륭한 요소가 될 수 있다.

근무 시간 놀이의 신중한 접근 방법

사무실에 모형 골프 코스를 설치하고 직원들에게 서로를 막고 있는 작은 칸막이를 떠나 함께 어울려 놀 수 있게 한다.

왜 안 되겠는가?

이것은 일리노이에 있는 성공적인 회계 법인인 립스컬츠, 레빈 & 그레이사가 최근에 실천했던 일이다. 이들은 사무실 한 가운데에 모형 골프 코스를 설치했다. 왜? 이 사무실에는 서로에게 말을 거는 사람이 없었다. 모든 사람들이 자신의 일 더미에 깔려 웅크리고 있었다. 이 아이디어는

당신 회사에 '창의성 코너'를 정해 두는 건 어떨까? 사람들이 그곳에 가면 상상력을 다시 불러일으킬 수 있게 말이다.

사람들이 서로 좀더 이야기를 나누고 협동할 수 있게 하기 위한 것이었다. 이들은 또한 재미라는 요소를 도입하고 싶었다. 그것이 효과적인 것일까? 회사 대표자들 말에 따르면, 회사의 수익이 올라가고, 직원들은 좀더 일에 대해 열성적이 되었다고 한다. 골프에 대해서도 역시 마찬가지였다.

이 아이디어를 좀더 확대해 보자. 모형 골프 코스를 만들 수 있는 기본적인 블록을 구비하는 것은 어떨까? 그런 다음 직원들에게 기존의 모양이 싫증나면 블록을 쌓아서 골프 코스를 다시 디자인하게 하는 것이다. 그러면 놀이를 통해 훨씬 더 창의성을 자극할 수 있다.

나는 항상 사무실에서 모형 기차 세트로 이런 놀이를 하는 것을 상상해 왔다. 직원들에게 자신이 원하는 대로 기차 세트를 구성하며 재미를 느끼도록 하는 것이다. 기차 세트를 이용해서 메모나 커피 같은 것을 전달할 수도 있을 것이다. 직원들의 상상력에서 나오는 것은 어떤 것이든 좋다.

창의적인 역할을 이해하고 관리하라

창의성의 스테레오 타입에 속아 넘어가지 말라. 그런 사람들은 소수의 예술적이고 창의적인 사람들만이 위대한 창의성을 발휘할 수 있으며, 나머지 우리 같은 사람들은 그렇지 못하다고 말한다. 사실 비즈니스계의 모든 발명과 혁신은 이런 스테레오 타입의 "예술적" 창의성 스타일과 다른 몇몇 스타일이 조화를 이루어 생겨난다.

성공적으로 혁신을 해내는 데는 엉뚱한 상상력 이상의 것이 필요하다. 거기에는 다른 종류의 사고도 필요한 것이다. 예를 들어 일을 완성하고 좋은 아이디어를 실행할 수 있게 하는 엄격하고 체계적인 스타일이 필요하다. 경영자로서 당신은 당신 회사에서 누가 어떤 스타일의 창의성을 가지고 있는지 알아야 한다. 그리고 그들이 잘 조화를 이루도록 노력함으로써, 여러 스타일의 창의성을 고루 잘 갖추게 하여 어떤 중요한 프로젝트나 팀의 노력이라도 거기서 이득을 얻게 해야 한다. 그렇게 함으로써 상상력에서부터 효과적인 이행에 이르는 완전한 창의적 과정을 통해 프로젝트를 수행할 능력을 팀이 충분히 갖추었다고 확신할 수 있게된다.

> ### 이상한 생각들을 환영한다. 왜냐하면…
>
> **"인**간은 걸어 다니는 기계를 만들어내고 싶어지자 바퀴를 발명했다. 그렇다고 바퀴가 다리와 닮은 것은 아니다."
>
> – 권레임 어폴레이어
>
>

다양한 창의적 역할 이해하기

당신이 혁신을 이끄는 데 도움이 될 수 있도록, 당신 자신과 다른 사람들의 창의적인 역할을 알아볼 수 있는 다음의 가이드를 사용해 보라. 이것은 사람들이 혁신을 어떻게 생각하는가 또는 문제 해결에 어떻게 접근하는가에 관한 설명에 기초를 두고 있다. 우리 회사에서는 이것을 '창의적인 역할 분석'이라고 부른다. 다음의 네 가지 설명 가운데 어느 것이 당신에게 가장 해당하는 것인가?

- **기업가**는 필요 요소를 인식하고 창의적인 과정을 주도한다. 사고 스타일은 창의적이지만 또한 체계적이기도 하다. 호기심이 강하고, 독립적이며, 열성적이고, 의욕이 넘치고, 주도적이고, 가능성을 알

아본다.

- **예술가**는 가능성을 상상하고 창의적인 탐구를 확대한다. 사고 스타일은 아주 창의적이지만 그다지 체계적이지는 않다. 상상력이 풍부하고, 열성적이고, 독창적이고, 직관적이고, 표현력이 뛰어나다.
- **발명가**는 상상의 결과물을 어떻게 가능하게 할 것인가를 알아냄으로써 탐구에 집중한다. 사고 스타일은 엄격하지만 또한 꽤 자유롭기도 하다. 끈기가 있고, 상상력이 풍부하며, 결단력이 있고, 재치가 있고, 집중력이 강하다.
- **엔지니어**는 새로운 아이디어나 디자인을 성공적으로 채택하게 함으로써 탐구 과정을 완성시킨다. 사고 스타일은 엄격하고, 집중력이 강하고, 체계적이다. 신중하고, 목적의식이 강하며, 질서 정연하고, 매우 집중력이 뛰어나고, 일관성이 있다.

당신은 어떤 식으로 창의력을 발휘하는 편인가? 창의적인 생각을 이끌어내는 과정에서 주로 하는 역할이 무엇인가? 기업가? 예술가? 발명가? 아니면 엔지니어? 다른 역할을 보완해 줄 사람은 주변에 있는가?

훌륭한 창의성 팀 구성하기

당신은 창의적인 일에 접근할 때, 기업가, 예술가, 발명가, 엔지니어 가운데 어떤 스타일인가? 이제 당신 자신의 창의성 스타일이 어떤 것인지 알았으니, 당신이 어떤 역할을 하게 될지도 알았을 것이다. 또한 당신이 어떤 역할을 하지 않을 것이라는 점도 알았을 것이다. 그러므로 이제 당신은 나머지 세 가지 창의적 역할을 채워 줄 직원이나 동료를 선택할 수 있다. 보완적인 역할을 할 수 있는 사람들로 구성된 창의성 팀은 상당히 효과적으로 일할 수 있다.

창의성을 구하기 위해 "뇌물"을 쓰지 마라

창의성에 관한 연구의 결과를 보면, 좋은 아이디어에 대해 보상을 하면 사실 상상력이 꺾인다고 한다. 혁신과 창의성은 내면에서 흘러넘치고 진정한 호기심에 자극 받아야 한다. 가장 좋은 아이디어에 대해 보상을 함으로써 강압적인 방법으로 그것을 만들어 내려고 한다면, 생각만큼 효과적이지 못하게 될 것이다. 다시 말해서, 당신은

경고! 우리는 보통 우리와 같은 스타일의 창의력을 가진 사람들에게 호감을 가지는 경향이 있다. 그들이 무슨 생각을 하는지 잘 이해할 수 있기 때문이다. 하지만 그럴 경우, 대부분의 창의적인 노력은 결과적으로 균형이 잘 맞지 않게 된다.

회사를 창의성으로 이끌 수는 있지만, 그것을 먹도록 강요할 수는 없다.

창의성을 알아보라

한편, 창의적인 생각을 인정하는 경영자들은 자기 회사에서 좀더 많은 창의성을 얻어낼 수 있다. 창의적으로 생각하려는 노력을 당신이 높이 평가한다는 점을 직원들에게 보여 주는 것이 중요하다. 만약 당신이 직원들의 창의성에 관심을 보이지 않는다면 직원들은 당신이 직원 스스로 창의적으로 사고하는 것을 원하지 않는다는 증거라고 생각할 것이다.

"그 아이디어들을 내주어서 감사합니다" 또는 "재미있는 제안이군요. 계속 생각해 보세요!"라고 말하도록 하라. 또한 대화나 회의를 하는 동안 창의적인 아이디어를 내달라고 요구하는 것은 어떨까? 브레인스토밍에 대해 긍정적인 생각을 가지고 있어서 직원들이 한 가지 아이디어에서 또 다른 아이디어를 연상해 내도록 하는 경영자는 직원들에게 실제로 좋은 아이디어를 얻어낼 가능성이 훨씬 많다.

디딤돌이 되는 아이디어의 가치를 인정하라

직원들이 만들어 내는 아이디어는 골든아워를 위해 준비된 것이 아닌 경우가 대부분이다. 그러나 그런 아이디어들이 좋은 디딤돌 역할을 해서 더 훌륭하고 더 실질적인 제안을 이끌어낼 수 있다. 경영자로서 당신은 디딤돌이 될 만한 아이디어의 가치를 인정하고 직원들이 그 아이디어에서 영감을 받아 계속 아이디어를 내놓을 있도록 함으로써 직원들이 창의적인 여정을 계속해 나가도록 할 수 있다.

이렇게 하는 한 가지 방법은 마음에 들지 않는 아이디어에 관해 들었을 때 당신은, "그것은 훌륭한 디딤돌 아이디어가 되겠군요. 그 아이디어로 또 무엇을 생각해 낼 수 있지요?"라고 말하기만 하면 된다. 이것은, "그건 멍청한 생각이군요" 또는 "그건 효과가 없을 겁니다"라고 말하는 것과는 완전히 다르다. 당신이 많은 직원들의 아이디어 샘을 완전히 말라버리게 하기 원한다면 그런 말 한두 마디면 충분할 것이다.

의사 소통을 최대화하기 위한 팀의 혁신

복잡한 새 제품, 프로젝트, 공정, 디자인을 개발하는 것은 힘든 일이다. 많은 사람들이 하는 여러 가지 일을 조합해야 하기 때문이다. 대개의 경우 맞추어져야 하는 여러 부분들이 완전히 조화를 이루지 못하며, 일이 실제로 준비되기까지는 결함을 없애야 할 부분도 많고 추가 작업도 필요하다. 이런 상황이 새로운 소프트웨어를 개발하는 일보다 더 딱 들어맞는 곳도 없을 것이다. 그래서 최근에 스탠디쉬 그룹이 실시한 연구에서는 소프트웨어 프로젝트의 84%가 데드라인을 넘긴다는 결과가 나온 것 같다.

그러나 샌프란시스코에 있는 에반트 솔루션스사에는 이것이 맞지 않는 이야기다. 이 회사에서는 10명에서 12명 정도의 사람들이 그룹이나 짝으로 단단한 팀을 이루어서 프로그램의 각 부분을 공동 개발하는 방법으로 소프트웨어를 개발하고 있다. 이들은 대부분의 개발 팀보다 더 많은 의사 소통을 한다. 그렇게 함으로써 조기에 잠재적 문제점을 발견하고 해결해 나간다. 이들은 진정한 의미의 한 팀이 되도록 하기 위해 개발이 진행되는 동안 회사에 함께 출근하고 퇴근하며 점심도 함께 먹는 등 작업 스케줄을 서로 조정하기도 한다.

분야와 상관없이 여기서 혁신자가 얻을 수 있는 교훈은 팀이 더 단단히 결속하고 협력할수록, 프로젝트를 진행해 가는 동안 의견을 더 많이 주고받을 가능성이 높아진다는 것이다. 이렇게 함으로써 완성 단계에 다가갔을 때 프로젝트를 그르치게 할 수 있는 많은 문제점들을 피해 갈 수 있다.

> "**생**각은 꼬리에 꼬리를 무는 법이다. 한 가지 생각을 가지고 100가지 생각을 이끌어내라. 그러고 나서 가장 좋지 않은 생각 99개를 버려라."
>
> – UNLOCKING THE CREATIVITY CHEST
> (알렉스 히암 & 어소시에이트)

> **수**천 가지 생각을 이끌어내는 여행은 한 가지 생각으로부터 시작해야만 한다. 다행스럽게도 여행을 시작하기 전에는 아무도 그것을 밟고 올라서지 않을 것이다!

생각 나누기

"겸손한 태도로, 그 일을 하는 사람들에게 해결책이
있다는 점을 인식하는 것이 중요하다."

– 제럴드 차말레스, 리노테크 컴퓨터 프로덕트의 회장
(칼슨, 캘리포니아; *The Wall Street Journal*의 인터뷰 내용)

"사람들은 재미있고 에너지 넘치며, 자신이 뭔가를
해낼 수 있는 환경에서 일하는 것을 좋아한다."

– 켄 블란차드(저서 *FISH!*의 머리말에서 발췌)

> IBM의 한 부이사가 회사를
> 위한다면서 위험한 투자를
> 하는 바람에 10만 달러가 넘
> 는 자금을 날려 버린 일이 있
> 었다. 이 젊은 친구가 사직서
> 를 제출하자, 이 회사의 창립
> 자인 톰 왓슨은 이렇게 말했
> 다. "너무 신경 쓰지 말게. 자
> 네를 교육시키느라 10만 달
> 러를 쓴 것뿐이네.""
>
> – 도나 디퍼로즈,
> *How To Recognize & Reward
> Employees*(아마콤 출판사, 1994년)

이 사람보다 더 잘 할 수 있겠는가?

오하이오 클리블랜드에 있는 파커 하니
핀사는 회사가 직원 한 사람이 내놓은 제안
을 가장 많이 받아들인 것에 대해서 세계적
인 기록을 가지고 있을 것이다. 그 직원은
기계공으로 이름은 어반 비안치이다. 지난
번 보고에 따르면, 그는 회사의 비용 삭감
을 위해 800개가 넘는 아이디어를 냈다고
한다. 창의적인 역할에 있어서 그는 전형적
인 "기업가"인 것 같다. 만일 파커 하니핀
사가 제안 한 건당 평균 1,250달러의 비용
을 절약했다면, 그는 1백만 달러가 넘는 비
용을 회사가 절약할 수 있게 해준 셈이다.
사실 총액은 아마도 훨씬 더 높을 것이다.

창의적인 생각을 위해 당신이 두고두고 생각해 볼 만한 두 가지 간단
한 질문이 있다.

• 당신의 모든 직원들에게 이런 창의적인 열정이 번지도록 하려면 어

떻게 해야 하는가?
- 그렇게 한다면 당신의 회사는 얼마나 이익을 보게 될 것인가?

혁신 체크 리스트

다음은 이 장에 나온 가장 좋은 아이디어와 실례를 강조하기 위한 체크 리스트이다.

✔ 당신의 사과 수레를 뒤집어라. 그리고 모든 것을 개선하거나 대체할 수 있는 방법을 찾아라.
✔ 스스로 호기심을 갖고, 직원들의 호기심도 자극하라.
✔ 의문을 품는 창의적인 직원을 고용하라.
✔ 당신 자신의 아이디어에 쏟는 것만큼의 관심을 다른 사람들의 아이디어에도 쏟아라.
✔ 직원들에게 스스로 선택한 아이디어를 탐구할 시간을 주어라.
✔ 직원들의 아이디어를 이메일을 통해 물어라.
✔ 직원들을 생각하게 만드는 "어처구니없는 질문"을 던져라.
✔ 직원들의 아이디어가 당신 마음에 들든 안 들든 그들의 창의성을 인정해 주고 그것에 감사를 표하라.
✔ 당신 회사의 분위기를 관리하라. 직원들의 사기가 꺾인 상태에서는 아무도 어려운 문제를 해결할 수 없다.
✔ 모든 제안을 공개적으로 기록하라.
✔ 아이디어와 제안을 구하기 위해 직원들을 찾아가라.
✔ 재미를 부추겨라.
✔ 이상한 아이디어를 진지하게 고려하라.

✓ 각 사람이 각기 다른 창의적 역할을 한다는 점을 인식하라.

✓ 창의성을 인정하되 그것을 통제하기 위한 인센티브와 보상의 방법을 사용하지 마라.

✓ 비난하기보다는 실패에서 배우도록 하라.

✓ 어반 비안치의 기록을 깰 만한 제안 시스템을 통해 당신이 직원들의 창의성을 자극할 수 있는지 생각해 보라.

6

일터

가장 훌륭한 말은 가장 좋은 마
구간에서 나오는 것 같다. 말은 기
수와 떨어져서 많은 시간을 보내는
데, 좋은 환경에서 시간을 보내면
사람을 태우는 데 더 적절한 상태

> 말을 돌보다 보면 마구간 청소를
> 해야 할 때도 있는 법이다.

가 되고 더 의욕적이 된다. 현명한 기수는 마구간을 깨끗하게 유지하고,
말을 좋은 목초지로 데리고 나가 풀을 뜯게 하고, 다른 말들과 어울리게
하는 데 많은 노력을 기울인다. 말이 외롭거나 시무룩해지지 않게 하려는
것이다. 한 마디로 환경은 중요하다!

> "사람들은 일을 창의적으로 멋지게 해내고 싶어 한다. 환경이 적절하면
> 사람들은 실제로 일을 멋지고 창의적으로 해낼 것이다."
>
> – 휴렛패커드의 빌 휴렛

창의적인 업무 환경을 만든다는 것은 포스터를 사서 벽에다 붙이는 것 이상의 무엇을 의미한다.

근무 환경이 좋다고 느끼는 직원들은 일에 더 창의적이고 효율적으로 임할 수 있다.

당신 자신만이 리더십을 발휘해서 직원들을 이끌고 그들에게 영감을 불어넣어야 하는 것은 아니다. 당신은 바쁜 데다가 또 늘 기분이 최상인 것도 아니다. 리더십은 당신 자신과 당신이 무엇을 하느냐 하는 것에만 관련 있는 것이 아니다. 작업 환경이 당신을 대신해서 직원들을 이끌고 영감을 불어넣는 리더십의 일부가 될 수 있다. 자연스럽게 직원들에게 의욕을 불어넣어 그들의 내면에 있는 최대의 능력을 끌어낼 수 있게 하는 작업 환경을 조성해 보는 것은 어떨까? 더욱 좋은 방법으로, 직원들에게 그런 환경을 만들고 유지하도록 시켜보는 것은 어떨까?

우리가 일하는 환경에는 물리적인 면과 더불어, 우리가 언제 어떻게 누구와 일하는지, 그리고 우리의 작업 공간은 얼마나 편안하고 쾌적한지를 구성하는 기타 구조적 및 정책적인 면도 있다. 이런 요소들은 우리에게 어마어마한 영향을 미치지만 대부분의 회사와 경영자들은 너무나 작업 환경에 신경을 쓰지 않아 놀라울 정도다. 그들은 정기적으로 작업 환경을 관리하지 않는다. 이것은 그들이 리더십의 중요한 원천을 간과하고 있다는 것을 의미한다.

다음에 나오는 여러 가지 아이디어와 조언, 도구에 관해 읽으면서 당신은 아마도 일터 자체가 당신 자신과 직원들에게 효과적으로 일을 할 수 있도록 만들 수 있는 방법이 아주 많다는 사실에 놀랄 것이다. 예를 들어 사람들에게 자기 자리를 어떻게 세팅할 것인지에 관한 결정권을 좀더 부여해 주는 것과 같은 간단한 방법만으로도 직원들에게 책임감과 의욕을 더 불어넣어 줄 수 있다. 당신이 직원들에게 융통성을 허락해 주면 직원들은 그것을 매우 높이 평가하고 자신의 직장 생활을 좀더 스스로 관리할 수 있다고 생각하게 된다. 그러면 직원들은 좀더 자발적으로 행동하고 책임감도 강해진다. 벽지 색깔을 선택한다든지, 미술 작품이나 조명을 둘 것인지 아닌지를 결정하게 하는 정도의 간단한 선택권도 직원들이 직장에서 어떻게 느끼느냐 하는 것에 큰 영향을 미칠 수 있다.

특별한 작업 환경에서 특별한 사람들과 특별한 성과가 나온다. 직원들이 특별한 작업 환경을 창조해 내도록 함으로써 "특별하다"라는 개념을 직원들에게 불어넣을 수 있다. 이런 일에 다른 경영자들은 어떤 방법으로 접근하는지 알아보자.

U U U

궁극적인 특권 – 프라이버시

대부분의 직원들은 공개된 공간에서 일한다. 자기 자리에서 직원들은 다른 사람들의 소리를 늘 듣거나 볼 수 있고, 자신의 모습도 다른 사람들에게 늘 보여 주고 있다. 대부분의 사람들이 그보다는 훨씬 더 많은 프라이버시를 원한다. 그렇지 않다면 사람들은 개인 아파트보다는 공용 주택에서 살려고 할 것이다. 직원들의 작업 공간을 좀더 좋게 만들어 주고 싶다면, 단단한 벽을 사용함으로써 프라이버시를 더 많이 제공하라. 그들이 전체 작업 시간 가운데 짧은 시간 동안만 자기 자리에 머무른다 할지라도 말이다.

칸막이 벽 위로 1피트의 패널만 연장해도 직원들의 사기에는 큰 영향을 미칠 수 있다. 또한 키 큰 식물이 담긴 화분이나, 직물 블라인드 등 프라이버시를 더 높이기 위해 사용할 수 있는 어떤 것이든 직원들이 사용할 수 있도록 할 수 있다. 부드러운 재료는 소리를 흡수한다. 대부분의 직장에서 소음은 눈에 띄지 않지만 아주 강력한 스트레스와 피로의 원천이다.

"쉿!"

보통 직장에는 건강이나 작업 집중에 해로운 소음이 너무 많다. 그러나 코넬 대학의 게리 W. 에반스가 최근에 실시한 연구에 따르면, 사람들은 대부분 이것을 의식하지 못하고 지낸다. 그는 사무직원으로 구성된 한 그룹을 타이핑, 전화, 대화와 같은 전형적인 "낮은 강도의 소음"에 노출시켰다. 또 하나의 그룹은 조용한 가운데 일하게 했다. 인터뷰에서 둘 중 어떤 그룹도 스트레스나 문제를 호소한 쪽은 없었다.

샌프란시스코 산 호세 소재의 하이테크 회사인 캘리언트 네트워크에는 직원들이 스트레스를 풀 수 있는 작은 레크리에이션 방이 있다. 그 방에는 탁구대와 손으로 하는 간이 축구 테이블을 비롯한 몇 가지 시설이 갖춰져 있다. 회사 입장에서는 적은 비용이 들 뿐이지만, 직원들에게는 잠시나마 일에서 오는 근심과 스트레스에서 벗어나 몸을 움직이고 웃을 수 있는 공간이 된다.

그러나 소음에 노출된 그룹은 스트레스 호르몬 에피네프린의 수치가 올라갔으며, 일에 집중하는 데 문제를 겪었고, 의자와 컴퓨터 화면에 잘 적응하지 못했다. 다시 말해서 낮은 강도의 소음에 노출된 그룹은 일련의 부정적인 영향을 겪고 있었다. 이것은 작업장 관리자가 배경 소음을 최소화하는 데 적극적인 조치를 취해야 한다는 것을 의미한다. 직원들이 소음에 관해 불평을 하지 않더라도 말이다. 벽을 더 많이 세우고, 소리를 흡수하는 직물을 사용하고, 모임 공간과 작업 공간을 좀더 분리하는 등의 간단한 방법부터 시작할 수 있다.

새로운 공간을 설치할 때, 칸막이보다는 벽을 세워라

회사 시설 컨설팅 회사 스트래터지즈 디벨롭먼트 그룹에 따르면, 개인 사무실을 만드는 것이 생각만큼 돈이 들지 않는다고 한다. 단단한 재질의 벽이 있는 사무실은 건축 자재 비용과 시간이 더 많이 들겠지만, 공간을 만드는 데 필요한 프리스텐딩 사무용 가구는, 칸막이로 된 작업 공간용 고급 붙박이 가구보다 대개 가격이 훨씬 싸다. 다른 부분이 다 갖추어진 상태라면, 개인용 사무실을 설치하는 데는 대개 10%의 비용만 더 들이면 된다. 그러므로 새로운 공간을 설치하려고 한다면 개인용 사무실이 불가능하다고만 생각하지는 마라.

대부분의 직장에서 업무 환경을 기획하거나 꾸미는 데에 실질적으로 직원들의 의견이 반영되지 못하고 있다. 왜 우리는 제대로 된 직장이라면 칸막이가 있어야 하고 건축가가 디자인해야 한다고 생각하는 것일까? 안전 문제만 확실히 한다면, 직원들도 자신의 업무 환경을 설계하는 데에 일정 역할을 해야 한다.

개인용 공간과 공용 공간을 모두 제공하라

오늘날 대부분의 사람들이 하고 있는 일인 지식 관련 직업의 종사자들은 일반적으로 즐겁지 못한 공간에서 작업하고 있다. 이들의 작업 공간은 세미 개인용이어서, 겨우 한 두 명의 사람에게 알맞은 작은 칸막이 공간과 사무실로 되어 있다. 그러면서도 혼자서 일에 집중해야 하는 사람들을 위한 프라이버시는 없는 상태다. 이상적으로 말하면, 작업 공간은 조용하고 개인적인 공간이 되어야 한다. 아주 작더라도 말이다. 더불어 편안한 공용 장소가 있어서 직원들이 팀워크나 사교적 유대를 위해 모일 수 있어야 한다. 아도브 시스템스사가 산호세에 있는 새로운 건물로 이사해 들어

갔을 때, 이들은 각 층을 벽이 있는 작은 사무실로 나누고, 각 복도의 끝에는 편안한 라운지를 만들어서 직원들이 모일 수 있게 했다. 그런 방법으로 이 회사는 직원들이 개인적인 공간에서 일을 하거나 더 넓고 편안한 장소에서 함께 만날 수 있게 했다. 새로운 시설을 세우는 것이 아니라고 하더라도, 직원들에게 좀더 개인적인 작업 공간을 제공하고, 필요할 때는 좀더 많은 사람들이 함께 모여 일할 수 있는 공용 공간을 만들기 위해 그런 일을 생각해 볼 수 있을 것이다.

직원들에게 최대한의 융통성을 제공하는 방법

우리는 가끔씩 근무 시간 자유 선택제에 관한 이야기를 듣는다. 이 제도에 따르면 직원들은 자기 필요에 따라 하루의 근무 시간을 바꿀 수 있다. 예를 들어 탁아소 스케줄, 자원 봉사나 학습 과정 같은 과외 활동 등에 따라 바꾼다. 그러나 이 아이디어를 대부분의 고용주들보다 훨씬 더 심화시켜 받아들일 수 있다는 것을 런던의 HSB 은행에서는 실례로 보여 주었다. 이들은 출산 휴가를 엄마에게만 주는 것이 아니라 아빠에게도 준다. 직원들에게 근무 시간 자유 선택제 이외에도 파트타임을 제공한다. 또한 일감 나누기 제도를 통해 수백 명의 직원들과 관리자들이 중요한 전일 근무 작업을 또 한 사람과 나누어서 할 수 있도록 하고 있다. 따라서 보통 근무 시간의 절반만 일할 수 있다. 또한 가족

휴가가 옵션으로 있어서, 직원들은 아픈 부양가족을 돌보기 위해 최대 5일까지 휴가를 낼 수 있다. 이 은행에는 소위 경력 휴가라는 것이 있어서, 최근 5년 이내에 회사를 떠났던 사람들이 일자리에 다시 지원할 수 있는 우선권을 갖도록 하고 있다. 이런 방법들을 통해서 직원들이 자신의 필요에 맞도록 쉽게 일을 조절할 수 있게 해주는, 믿을 수 없을 정도로 융통성 있는 작업 환경을 제공하고 있다.

왜 그렇게 하는 걸까? 물론 첫째, 스케줄 관리가 좀더 편리하기 때문에 직원들이 회사를 잘 떠나지 않으므로 회사 인력 보유 능력이 개선된다. 둘째, 직원들은 자신의 스케줄에 따라 일할 수 있을 때 더 열심히 일을 하게 되므로, 직원들의 노력 정도가 더 향상된다. 이것은 직원들이 자신의 일을 좀더 스스로 관리할 수 있다는 느낌을 갖게 해주고, 또 일하는 동안 해야 할 다른 일을 걱정할 필요가 없어진다는 것을 의미한다. 셋째, 융통성 있게 한다는 것은 사려 깊게 남을 배려한다는 것이며, 대부분의 직원들이 자기 관리자가 그랬으면 하고 바라는 부분이기도 하다. 그러나 직원들은 대부분 자기 관리자가 그렇지 못하다고 생각한다.

직원들이 "인생을 즐기게" 하라

오레곤 비버톤에 있는 오닐 파인사는 직원들에게 주 30시간 일하게 하면서, 그 30시간을 자신이 원하는 때에 할 수 있게 하고 있다. 직원들은 이런 융통성과 가족 생활을 할 수 있도록 생긴 여유 시간에 대해 매우 효율적이라고 생각한다. 그 결과 또한 이들의 이직률은 매우 낮아졌다.

MeaningfulWorkplace.com에서 실시한 설문 조사 결과에 의하면, 44%에 달하는 직원들이 관료제만 없어도 생산적인 근무가 가능할 것이라고 대답했다.

단순하게 하라

좀더 영감을 불어넣는 작업장을 만들기 위해 건축가에게 작업하도록 할만한 돈과 시간이 없다면, 직원들에게 환경 개선을 위한 간단하고 실질적인 방법을 물어보는 것은 어떨까? "우리의 작업 환경을 좀더 재미있고, 자극적이고, 영감을 불어넣는 환경이 되도록 만들기 위해 아이디어나 제안을 내주시기 바랍니다. 진지한 것이든 아니든 관계없이 모든 제안 내용을 메시지 보드에 올려 주시기 바랍니다"와 같은 내용의 요청서를 돌릴 수 있다. 또는 팀에게 시켜서 제안을 모으고 선택해서 사무실을 직접 다시 꾸미게 할 수도 있다.

에덴 동산에서 일하기

시스코 시스템스의 영국 사무소에서는 2,000명이 넘는 직원들이 직

법적 시각

직원의 장애 다루는 법

부상을 입었거나 다른 장애를 지닌 직원들을 관리자들이 어떻게 대우하느냐에 관한 법적 분쟁이 자주 일어난다. 자신이 지닌 장애 때문에 해고되었거나 승진하지 못했다고 생각하는 직원들에게는 법적 선택권이 많이 있다. 관리자들은 직원들이 쓸데없이 그런 장애에 관해 말하지 않도록 함으로써, 이런 분쟁의 위험성을 줄일 수 있다. 예를 들어, 직원의 건강에 관해 먼저 알아볼 필요는 없다. 그러나 직원이 연방법이나 주법의 보호를 받는 장애에 관해 먼저 알려 온다면, 고용주는 그 직원이 자기 직위의 필수 기능을 수행할 수 있도록 합리적인 시설을 해주어야 할 것이다. 단, 그 시설이 회사에 부당한 고난을 가져오지 않는다는 조건 하에서이다.

– 낸시 L. 오닐, 미국 노동 및 고용 문제 전문 로펌 잭슨 루이스의 변호사

장에서 신선한 과일을 무한정으로 제공받는다. 이 단순한 지원과 감사의 상징은 억스브리지 공장이 영국에서 일하기 가장 좋은 곳으로 사람들에게 뽑히게 된 이유 중의 하나이다.

직원들이 진취적이고 혁신적으로 일하기를 원한다면 진취성과 혁신을 불러 일으키는 업무 환경을 만들어 줄 필요가 있다. 꽉 짜여 있어서 단조로운 환경은 그렇지 못하다.

위대한 사람들이 위대한 일을 하기 위한 위대한 장소를 만들어라

칼슨사의 최고경영자인 마릴린 칼슨 넬슨은 다음과 같이 말했다. "우리는 우리가 하는 일을 일컬어 '위대한 사람들이 위대한 일을 하기 위한 위대한 장소를 만드는 것'이라고 말한다." 이것은 자주 인용되는 말이다. 이 회사의 철학은 직원들과의 관계에 투자하고, 충성스런 직원 기반을 구축하는 것이다. 그렇게 하면 직원들과 회사와 고객들 사이의 관계도 마찬가지로 강해질 것이다. 또한 이 개인 소유의 여행 및 서비스 회사에서는 실제로 자기네 19만 명의 직원들을 동료라고 부른다. 이 전략의 성공 척도 가운데 하나는 직원들, 아니 동료들이 일반적으로 그곳을 일하기 좋은 곳이라고 생각한다는 것이다. 이직률은 낮으며, 회사는 일하기 가장 좋은 회사로서 그 지역 톱 10 리스트에 종종 올라간다.

이 전략을 실행하기 위해 칼슨사가 기울이는 노력은 크고 비용도 많이 든다. 예를 들어 이 회사에서는 미니애폴리스에 있는 본사에서 최근에 현장 어린이 시설의 문을 열었다. 그러나 다른 곳의 어린이 시설에 대해서는, 기존의 어린이 보육 기관에서 할인을 받아 이용할 수 있도록 주선했다. 작은 사무소에 자체적인 시설을 설립하는 것이 현실적이지 못하기 때문이었다. 넬슨은 또한 휴가와 개인 시간을 더 쉽게 얻을 수 있도록 하는 새로운 타임 오프 정책을 추진했다.

약간 돈이 덜 들지만 여전히 직원들에게 긍정적인 반응을 얻는 것으로는 관리자들이 나누어 주는 TGI 프라이데이 식당 체인의 많은 상품권과, 라디손 호텔에서 주말을 보낼 수 있는 상품권이 있다. 이 회사는 이 두 체인을 모두 소유하고 있으므로 아마도 이런 임직원의 혜택은 보기보다 비용이 덜 들 것이다. 그래도 회사는 이 방법을 통해 "우리는 당신을 생각하고 있습니다"라는 말을 직원들에게 전하고 있다. 지역 공원에서 주중에 가끔 바비큐 파티를 하는 것도 마찬가지며, 본사에서 직원들이 카페테리아를 매일 이용할 수 있도록 한 것도 역시 그런 메시지를 직원들에게 전하는 것이다(본사에는 굉장한 메뉴가 있는 큰 카페테리아와, IT 직원들이 사용하는 메가바이트라는 건물에 작은 카페테리아가 있다).

"동료 철학"에는 눈에 보이지 않는 면이 많이 있다. 그들의 경영 철학에서 알 수 있듯이 넬슨과 그의 경영팀은 사람을 중요시한다. 당신의 회사를 '위대한 사람들이 위대한 일을 하기 위한 위대한 장소'로 만드는 데 있어 중요한 부분은 위대한 사람들이 함께 위대한 일을 즐겁게 할 그런 관리자가 되는 것이다. 직원들은 질문이 있을 때 상관에게 이메일을 보낼 수 있다고 생각한다. 심지어 넬슨에게도 보낼 수 있다고 느낀다. 직원들은 자기네 최고경영자의 지지를 직접 느낀다고 자주 말한다. 실제로 그런 말을 *ComputerWorld*의 한 기사가 인용해 실었다. "넬슨은 정말 이곳을 일하기 가장 좋은 곳으로 만들려는 목표를 가지고

> "**내**가 맡고 있는 직원들에게는 아이들이 있고, 가족이 있으며 자기가 해야 할 일도 있다. 노트북 컴퓨터를 집에 가지고 갈 수 있게 하고, 또 회사로 가지고 올 수 있게 한다거나, 아예 집에서 회사처럼 일하는 것을 허락해 주면, 우리 회사 시스코에도 실질적으로 이득이 될 수 있다."
> – WRAL 라디오 방송국과 시스코 시스템즈 경영자간의 인터뷰 내용(1999년 3월 2일)

있습니다. 그리고 거기에 실제로 투자를 하고 있지요."

움직이게 하자

자극은 행동을 취하게 하는 충동이다. 다시 말해서 에너지 넘치는 움직임이다. 그러나 평범한 직장 환경에는 움직임이 놀라우리만치 없다. 사람들이 유일하게 움직이는 요소이고, 그 밖의 다른 모든 것이 움직이지 않고 있다면, 사람들이 그 모든 에너지를 만들어 내야 하는 셈이다. 에너지가 부족한 물리적 작업 환경이라는 문제를 해결

> **"직**원들은 재미있고 화사하며 창의력이 넘치는 근무 환경에서 일할 수 있어야 한다."
> – 짐보리사가 샌프란시스코 주 새크라멘토에 회사 시설을 신축하면서 담당 건축가에게 내린 지침 중에서 인용

하기 위해서, 그리고 사람들이 이용할 수 있는 약간의 에너지를 보태기 위해서, 당신은 기분 좋은 방식으로 움직이는 물건들을 도입할 수 있다. 칼더 스타일의 모빌을 천장 높이 달아 놓거나 사람들이 많이 다니지 않는 구석에 달아 놓을 수 있다. 전기 펌프로 돌리는 샘을 야자수와 함께 출입구나 많이 사용하는 복도나 로비로 난 창에 둘 수도 있다. 네온 빛이 나는 활기찬 물고기들이 담긴 어항은 에너지의 원천이 될 수 있다. 그러나 어떤 어항은 에너지를 주기보다는 잠이 오게 할 수도 있다. 그 안에 이리저리 움직이는 것이 있어야 한다. 구식 전기 기차 세트도 사무실 바깥쪽을 돌도록 하면 재미있고 에너지를 더해 준다. 기차로 특별 뉴스를 전할 수도 있지 않겠는가? 추운 겨울에는 난로의 불이 그런 역할을 하며, 불을 보는 사람에게 에너지를 전해 준다.

직원들은 그런 것에 직접 노출되는 것을 개인적으로 통제해야 한다는 점을 명심하라. 사람들의 개인 작업 지역을 통과해서 끊임없이 달리는 기

칼손사의 직원들은 질문이 생겼을 때 경영자에게 메일을 보내길 주저하지 않는다. 최고경영자인 마릴린 칼슨 넬슨에게도 역시 마찬가지다.

차 세트는 설치하지 마라. 대신, 직원들이 움직이는 것을 정지하게 할 수 있거나, 그런 물건들을 직원들이 보고 싶을 때 찾아가서 볼 수 있는 구역, 또는 사람들이 통과해 지나가는 구역에 두도록 해서, 하루 종일 그것과 접촉하게 하지는 마라. 애완동물도 작업 환경에 움직임과 흥미를 많이 더해 줄 수 있지만, 모든 사람이 좋아할 때만 적절하다. 예를 들어 사무실 고양이는 털에 알레르기 반응을 일으키는 사람에게는 부정적인 에너지를 생성하게 한다. 그들은 좋아하기는커녕 화가 나게 될 것이다. 마찬가지로, 새장은 창문이나 입구에 두면 긍정적인 자극을 더해 줄 수 있지만, 직원들이 너무 가까이 지나가지 않도록 해야 한다. 어떤 사람들은 새에 대한 공포증을 가지고 있기도 하기 때문이다.

생일 댄스 파티

클리블랜드에 있는 로큰롤 영예의 전당에서는 각 직원들의 생일을 기념해서 근무 후에 생일 파티를 열어 준다. 이것이 강제적인 것은 아니지만 직원들은 가능한 한 파티에 온다. 파티가 훌륭하기도 하고 대개는 음악이 아주 좋기 때문이다.

게임과 콘테스트로 권태를 쫓아내라

몇몇 공장에서는 반복적인 일을 하는 콜센터 및 기타 작업장 직원들이 하는 빙고 게임, 안전 콘테스트, 기타 게임을 인정해 주고 상도 주는 프로그램을 아주 성공적으로 진행하고 있다. 관리자들은 일반적으로 직원들이 그런 상을 탈 준비가 되어 있다고 생각하지만, 사실 직원들은 권태를 덜고 자신의 주의를 집중시킬 뭔가 새로운 것을 하게 된 것이 즐거워서 열심히 참여하는 것이다. 참여할 수 있는 새로운 이벤트나 프로그램은 어떤 것이든 다소 복잡하거나 다양하기만 하면 이런 효과를 발휘할 수 있다. 특히 직원들 입장에서 결정권을 가질 수 있는 것이라면 특히 효과가 좋다. 리더십의 중요한 원리 한 가지는 아무도 일터에서 지루해지지 않게 만드는 것이다!

최고의 기수는 시간을 두고 말에게 무엇이 가장 중요한지 알아본다. 잘 훈련된 말은 마음가짐이 되어 있어서 예상보다 더 달려야 하는 상황이 닥쳤을 때도 잘 감내할 수 있다.

샤인 바이오 로직스의 직원들은 보스턴 소재의 드코르도바 박물관으로부터 지원을 받아, 회사에서도 미술품을 감상할 수 있다. 그 뿐 아니라, 박물관을 방문하거나 그곳에서 교육을 받는 것도 가능하다.

직원들이 자기 벽을 스스로 장식하게 하라

자신의 사무실이나 다른 작업 장소에 있는 벽을 장식하는 것은 그 공간을 자신의 것으로 만들고 그것이 자기 소유라는 느낌을 더 갖게 할 수 있는 아주 좋은 방법이다. 그러나 대부분의 회사에서는 그런 벽에 관해 통제하고 있다. 벽 색깔부터 시작해서 부착물에 이르기까지 모든 것을 직원에게 전혀 물어보지 않고 결정한다. 당신은 직원들이 벽을 맘대로 할 수 있게 함으로써 동기를 자극하고 책임감이 높아지게 할 수 있다. 공손함의 기본 규칙을 따르라. 사람들이 이보다 더 싫어하거나 모욕감을 받는 것도 없다. 그러나 그렇지 않다면 직원들에게 자신의 작업 공간의 벽을 완전히 마음대로 관리하게 하는 것은 어떨까? 사실, 그 벽이 고객 서비스에 관련된 지역이라면, 좀더 엄격한 가이드라인을 가지고 있어야 한다는 점에는 동의하지만, 그러나 대부분의 작업 공간에는 개인적으로 사용할 수 있는 벽이 있는 경우가 많다.

사람들은 자기 작업 공간의 외형을 좀더 마음대로 할 수 있게 되면 좀더 활기차고 자발적이 된다.

직원들이 미술 작품을 수집하게 하라

자기 작업 공간의 벽을 직원들이 마음대로 꾸미게 한다는 취지에서, 직원들이 선택한 그림 액자나 기타 미술 작품을 위해 라이브러리를 하나 만들면 어떨까? 그림이나 사진의 포스터를 산다면 액자에 끼워 달라고 하더라도 비용은 최소한이 될 것이다. 제너럴 밀스사와 마리 케이 코스메틱스사를 포함한 수많은 회사들은 정말 많은 미술 수집품을 가지고 있다. 그래서 직원들은 사무실 공간을 꾸미기 위해 거기서 작품을 고를 수 있다. 회사의 예산이 적다면 포스터로도 같은 효과를 볼 수 있다. 포스터는 값이 싸기 때문에 직원들에게 직접 구입하도록 할 수도 있다. 그러면 직원들은 어느 것을 걸어둘지 선택할 수 있을 뿐만 아니라, 우선 수집품에 어느 것을 넣을지도 선택할 수 있게 된다. 통제권이 있다는 것은 매우 의욕을 북돋우는 효

> **그들의 등을 긁어 준다면…**
>
> 캘리포니아 주 마운틴뷰 소재의 검색 엔진 회사인 구글은 오랜 시간 컴퓨터 앞에서 일해야 하는 직원들을 위해 마사지 전문가와 계약을 맺고 목과 어깨에 마사지를 제공하고 있다. 아니면, 직원들의 생일을 기념하여 등을 밀어 주거나 마사지를 해주면 어떨까?

과가 있으며, 자발성과 창의적 문제 해결 능력도 생기게 한다. 그러므로 이것은 단지 작업 공간을 얼마나 멋지게 꾸미느냐의 문제만이 아니다. 물론 그것도 충분히 가치 있는 일이기는 하지만 말이다.

매년 미술품 수집을 하는 데 일정 액수의 예산을 잡아두고 각 직원에게 다음 구입할 작품을 선택할 수 있게 하면 어떨까? 그렇게 하기에 직원 수가 너무 많으면, 팀을 이루도록 하거나, 추첨제로 해서 당신이 한 달에 한번씩 직원들의 이름을 뽑고, 두 세 명의 당첨자에게 예를 들어 작품당 50달러씩 각각 쓰도록 할 수 있다. 직원들은 개인적으로 각각 살 수도 있고 돈을 합쳐서 더 큰 작품을 살 수도 있을 것이다.

직원들에게 혹시 지루하지나 않은지 물어봐야 된다는 것을 기억한 적이 몇 번이나 있는가? 그리고 만약 지루하다면, 지루함을 풀기 위해 뭘 하면 좋을지 물어봐야 한다는 것은 몇 번이나 기억했는가?

직장에 전시해 놓은 미술품을 몇 번이나 바꾸었는가? 직장 분위기가 융통성이 있고, 유연하지도 않으면서 직원들이 그러기를 기대한다는 것은 말이 안 되는 일이다.

독서를 통한 리더십

중고 도서와 기부 받은 책으로 대출 도서관을 만듦으로써 직원들에게 독서를 장려하라. 책을 보관하는 간단한 규칙을 만들 수 있을 것이다. 예를 들어 책을 한 권 가져가는 사람은 가져갈 때 대신 다른 책 한 권을 가져다 두어야 한다. 그렇게 하면 형식적인 기록을 하지 않아도 될 것이다.

비즈니스에 관한 도서나 당신 회사의 업무와 관련된 전문적 주제에 관한 도서로 직업 개발 섹션을 도서관에 추가해 보도록 하라. 이런 도서를 당신의 예산으로 새로 구입할 경우, 책을 잃어버리지 않기 위해 현장에서

만 보도록 제한하고 싶을 것이다. 아니면, 클립보드를 두어서 직원이 거기에 이름을 적고 밤사이에 읽고 가져다 놓도록 한다. 그러면 빠진 타이틀의 책을 읽고 싶은 사람이 그 책을 누가 빌려갔는지 알 수 있을 것이다. 또한 관련 있는 전문 매거진이나 저널을 정기 구독 신청하여 도서관 선반에 비치해 둘 수도 있다.

직장의 99.9%에 도서관이 없다는 것은 정말 믿기 힘든 사실이다. 직원들이 지적인 일을 하는 직장에서는 적어도 인간 지식과 학습에 관한 이런 기본적인 투자가 이루어질 것으로 당신은 생각할 것이다. 그러나 늦게라도 하는 것이 안 하는 것보다는 낫지 않은가?

"평소에는 여유가 없어 감상해 보기 힘든 지역 작가들의 작품을 볼 수 있다는 것이 흥미롭기만 하다."

– 엘리자베스 오나니안,
보스턴의 법률 회사인
콘 카바노프 로젠살 파이쉬 & 포드사,
드코르도바 박물관이 제공하는 미술품
대여 프로그램에 관한 언급에서 인용

직원들이 미술 전시회를 열게 하라

나는 샌프란시스코 현대 미술관의 임대 갤러리에서 캐시 & 어소시에이트 아트 어드바이저스사의 잔 캐시를 만났다. 그녀는 그 갤러리에서 단기로 임대하거나 영구적으로 구입할 수 있는 수천 가지의 그림, 프린트, 사진 가운데서 한 회사의 벽에 걸기 위한 후보 작품들을 고르고 있었다. 당신 회사 근처에도 이런 갤러리가 있을 것이다. 또한 규모가 큰 도서관이나 특히 대학 도서관에서는 프린트를 빌려 주는 경우가 많다. 어쨌든, 캐시는 직원들에게 미술 작품을 선택하게 함으로써 사원들의 사기를 높이고 자발적인 직장 분위기를 만든 자신의 고객들에 관해 나에게 몇 가지 이야기를 해주었다.

내가 마음에 들어 하는 한 가지 아이디어는, 직장의 정문이나 로비 또는 조명이 잘된 복도에서 직원들이 매년 미술 전시회를 열게 하는 것이다. 캐시는 최고 수준의 갤러리에서 순수 미술 작품을 구입하거나 빌려서 전시회를 할 수 있도록 회사들을 도와주고 있다. 그러나 또한 지역에서 재능 있는 사람들의 전시회와 지역 어린이들의 미술 작품 전시회를 여는 일도 하고 있다.

한 전시회에서는 집 없는 어린이들의 미술 작품을 특집으로 다루었다. 지역의 한 자선 단체가 그 아이들에게 미술 수업을 해주기 위해 수용 시설을 방문하고 있다. 예산이 다양한 것만큼이나 많은 방법과 아이디어가 있다. 그러니 회사에서 미술 작품을 통해 직원들에게 자극 주는 일을 주저하지 말고 생각해 보라.

남을 괴롭히는 것을 금하라

직장에는 잘난 체하면서 고압적인 태도를 취하는 사람, 즉 남들을 교정해 주거나 남들 생각에 소란스럽게 반대하면서 사람들을 기분 나쁘게 만드는 사람이 있는 경우가 많다. 불행하게도 남을 괴롭히는 자가 관리자인 경우가 그렇지 않은 경우보다 더 많다. 전통적으로 태도가 늘 그래 왔으며, 어떤 사람들은 다른 사람들보다 다루기가 더 힘든 경우도 있다. 그러나 그렇다고 해서 그 사람을 해고할 수는 없다. 새로운 조사에 따르면, 우리는 좀더 강경한 노선을 취하는 것이 더 좋을 것 같다.

헬싱키 대학의 마카 키비마키가 얼마 전에 발표한 연구 결과에 따르면, 직장에서 괴롭힘을 당한 희생자들은 만성적인 질병에 시달리는 경우가 현저히 더 많으며, 괴롭히는 것 때문에 결근율이 9%나 더 올라가고, 직원들의 의욕과 작업 능률은 손상을 입게 된다고 한다. 직장에서 남을 괴롭히는 사람들은 얼마나 많을까? 이 연구에서 인터뷰한 직장인들 가운데 절반 이상이 자기 회사에도 그런 사람들이 있다고 대답했다. 경영자로서 당신은 남을 괴롭히는 그런 일에 항상 관심을 가지고 있어야 하며, 어떤 해가 생기기 전에 그것을 반드시 뿌리 뽑아야 한다.

직원들 연결하기

플로리다에 있는 아쿠데이타 아메리카사의 리더십 팀은 직원들이 무엇을 원하는지 좀더 알기 위해 직원들로 구성된 포커스 그룹을 대상으로 조사를 실시한 후에, 회사 뉴스레터를 발간하기 시작하고, 모임과 회사 파티를 좀더 많이 계획하고, 직원들 그룹이 자선 프로그램을 실시하도록 하고, 모든 직원들을 참여시킨 회의를 더 많이 열었다. 흥미롭게도, 직원들의 "소망 목록" 가운데 많은 것이 의사 소통을 좀더 원활히 하고 회사 내에서 인간관계를 넓히는 것과 관련이 있었다.

어떤 회사들은 직원들을 연결하는 데 하이테크 방법을 더 많이 사용한다. 포드 자동차의 캐나다 지부 회장이며 최고경영자인 보비 가운트는 포드의 컴퓨터앳홈 프로그램(computers-at-home program)을 언급하면서, "모델 E 프로그램은 우리 회사의 모든 지적이고 창의적인 자산의 포문을 여는 데 도움이 될 것이다. 모든 직원을 연결시키는 방법보다 이것을 더 잘 달성할 수 있는 방법은 없을 것이다"라고 말했다.

점심 식사 윤리

미네소타의 건강관리 센터인 헬스이스트 세인트 조셉에서는 경영진이 정기적인 갈색 가방 점심을 계획한다. 그리곤 그 점심 식사에 강연자들을 초청한다. 이 행사에서는 비즈니스에 관한 주제에 초점을 맞추지 않

무시하는 행위

직원들에게 "무례한" 행동을 하지 마라. 자신의 감독자가 무례하거나 불공정하게 자신을 대했다고 느끼는 직원들은 결국 법적 소송까지 거는 경우가 많이 있다. 직원들에게 소리 지르며 명령을 내리거나 직원의 잘못에 관해 심하게 꾸짖는 관리자는 자신이 모든 직원을 공평하게 대하고 있다고 생각할 수 있다. 즉, 모두에게 공평하게 무례하다는 것이다. 그러나 이런 대우에 기분 나쁘게 느끼는 직원들은 그렇게 생각하지 않을 수 있다. 자신이 학대당하고 있다고 느끼기 때문이다. 그 결과 차별에 관한 소송을 제기할 수 있다. 예방 차원에서 모두에게 공평하게 무례한 것으로는 충분하지 못하다. 그런 행동은 직원을 감정적으로 힘들게 만들 수 있고, 결국 직원은 법적 해결책을 찾게 될 수도 있기 때문이다. 대개의 경우 최선의 예방책은 감독의 역할을 예의바르고 직원을 존중하는 태도로 하는 것이다. 직원들에게 무엇을 해야 하고, 무엇을 잘못했는지 이야기하는 것은 잘못된 것이 아니다. 하지만 그것을 예의바른 태도로 하라!

사우스캐롤라이나 콜롬비아 대학의 앤 코커가 발견한 바에 의하면, 언어적으로 학대받은 사람은 육체적으로 학대받은 사람만큼이나 스트레스와 같은 건강 문제로 고통을 받는 것으로 나타났다. 따라서 직원들이 업무 중에 욕설이나 모욕 또는 업신여김을 당하지 않도록 많은 신경을 쓸 필요가 있다.

– 낸시 L. 오닐, 미국 노동 및 고용 문제 전문 로펌 잭슨 루이스의 변호사

고, 직원들이 가치관과 사회적 이슈에 관해 생각하고 토론하게 한다.

헬스이스트는 또한 윤리 센터를 설립하고, 이곳에서 방문 전문가들을 접대하는 한편, 자원 봉사자들로 구성된 윤리 위원회에서 두 달에 한 번씩 회의를 열고 윤리적 이슈와 직원 교육에 초점을 맞추고 있다. 이는 이례적인 일이다.

자전거 통근자들을 위한 시설 제공

펜타곤 직원들은 자전거를 타고 통근하라는 부추김을 받는다. 한 웹 사이트에서는 길에 관한 정보를 제공한다. 또한 라커룸을 이용할 수 있게 되어 있어서 샤워를 할 수 있다. 한 대변인의 말에 따르면, 이 아이디어는 "시간, 돈, 건강을 지키기 위한 것이다". 그런 것들이야말로 대부분의 직원들이 가장 가치 있게 생각하는 점들이다!

스트레스가 있는 일터를 평화로운 물로…

직장은 본래 스트레스를 주는 장소이다. 물은 본래 평화롭다. 가능한 한 많은 방법으로 물을 직장에 들여옴으로써 이 방정식을 성립시켜 보라. e-비즈니스 웹 사이트의 모니터링 및 관리 제공업체인 프레시워터 소프트웨어사는 이 전략을 대대적으로 도입했다. 콜로라도의 회사인 보울더사는 탱크 하나에 마스코트 물고기 한 마리를 넣었다. 그러고 나서 직원 한 사람당 물고기 한 마리씩으로 늘렸다. 그러고는 결국 각 직원의 자리마다 어항 하나에 한 떼의 물고기를 놓았다. 각 직원은 자기 자신의 어항을 가지고 있고, 그곳에 무엇을 기를지 선택할 수 있다. 물방울이 평화롭게 보글거리고 화려한 색의 물고기들이 이리저리 다니는 모습은 놀랍도록 평화로운 환경을 만들어 준다. 고객의 소란을 처리하고 직원들의 바쁜 근무일의 기복을 다루는 데 필요한 침착성을 직원들이 가질 수 있게 해준다. 이

모든 일에서 잠시 벗어날 필요가 있는 사람이 있다면?

미네소타 주 미네톤카에 본부를 두고 있는 경영 자문 회사인 본(BORN)은 호수에다가 직원들을 위한 통나무 집 10개를 열어 두고 있다. 다음주에 나도 한자리 얻을 수 있을까?

회사는 탱크에 드는 비용을 매달 18달러로 잡고 있는데, 가격은 부담스럽지 않다.

당신의 리더십이 보글보글 물방울로 넘치게 하라

사무실로 물을 들여오는 또 한 가지 좋은 방법은 작은 크기의 샘을 가져오는 것이다. 정원용품 상점에서는 전기 펌프와 분수 또는 작은 폭포가 있는 이런 수반(水盤)을 점점 더 많이 팔기 시작했다. 이런 수반을 일터에 두면 긴장도 풀리고 마음도 즐거워진다고 생각하는 사람들이 많다. 그러나 어떤 사람들은 끊임없이 떨어지는 물방울 소리를 들으면 화장실에 가고 싶어진다고 하는 사람들도 있다. 그런 사람들에게는 물소리가 들리지 않는 곳에서 일할 수 있도록 선

택권을 주도록 하라. 이것이 정말로 문제가 되는 사람들도 있다.

리더십이 사방에서 푸른 잎처럼 무성하게 자라고 있다

또한 푸른 식물을 사무실에 많이 들여놓을 것을 고려해 보라. 식물은 주위를 적시는 좀더 섬세한 방법으로 일터에 물을 들여온다. 식물은 또한 이산화탄소를 빨아들이고 산소를 내놓는다. 산소와 습기를 사무실에 더한다면 좀더 쾌적하고 시원하며 차분하면서도 에너지가 넘치는 작업 환

경이 될 것이다. 그러나 대부분의 회사에서는 방문객들에게 좋은 인상을 주려고, 화분에 심은 야자나무나 가짜 양치류를 로비에 아무렇게나 두면서, 직원들의 일터에는 나무를 두지 않는다. 이것은 별로 좋은 리더십이 아니라고 생각한다. 직원들이 건강하고 생산적인 일터에서 작업할 수 있도록 최선을 다하고 있는 것이 아니기 때문이다.

> **참**고 : 보통의 기후에서는 하루 8컵의 물을 마셔야 최고의 컨디션을 유지할 수 있다. 몸에 수분이 부족하면 일시적으로 정신적 활동에 지장을 받게 되며 감정 조절이 힘들어질 수 있다.

당신의 일터를 오아시스로 만들어라

일터에서 물의 혜택을 얻는 좋은 방법은 먹는 것이다. 당연한 것으로 들리겠지만, 당신의 직원들은 깨끗하고 맛이 좋은 물을 쉽게 마실 수 있게 되어 있는가? 대부분의 직원들은 그런 혜택을 받지 못하고 있다. 일반 사무실과 공장 건물에 있는 워터 쿨러는 확실히 맛이 좋지 않은 물을 공급하는 경우가 많다. 또 한 가지 방법은 정수기를 비치하고 월 결제 방식으로 물을 배달해서 먹는 것이다. 그렇게 하면 직원들이 휴식 시간에 신선한 물을 편리하게 마실 수 있는 곳에 정수기를 비치해 둘 수 있다. 이 방법을 사용하면 확실히 커피, 청량음료, 담배 등을 이용하는 것보다는 더 차분하고 건강하게 휴식 시간을 보낼 수 있다. 특히 정수기 주변에 화분에 심은 식물을 몇 개 가져다 두면 더욱 효과적이다. 또 샘을 가져다 놓거나 어항 한두 개를 놓을 수도 있다.

생각 나누기

나는 이 섹션을 쓰면서 작업 환경을 향상시킬 수 있는 방법이 얼마나 많은가에 기분 좋게 놀랐다. 당신과 당신의 직원들이 앉아서 목록을 작성해 본다면, 이런 아이디어를 비롯해서 좀더 많은 아이디어를 생각해 낼 수 있을 것이다.

작업 환경을 개선하는 일은 회사의 사기가 침체되거나 직원들에게 분위기 전환이 필요할 때마다 해볼 만한 일이다. 또한 필요할 때가 아니더라도 이런 작업 환경 개선 활동은 한 달에 한 번 정도 해볼 만하다. 이것은 영향력이 매우 큰일인데도 이 방법을 충분히 활용하는 경영자는 거의 없다. 다시 한번 강조하지만, 말 관리에서 우리가 배울 점이 있다고 나는 생각한다. 말 주인이 말을 타지 않고 있다 하더라도, 그 주인은 매일 말을 잘 돌봐야 한다는 점을 알고 있다. 말에게 필요한 것을 모두 제공해 주고, 환경을 깨끗이 유지해 주고, 정기적으로 솔질하며 돌봐 주지 않는다면, 말은 당신이 필요로 할 때 잘 달릴 준비가 되어 있지 못할 것이다. 오늘날 우리가 사업을 해 나가는 데 있어서 우리의 회사는 쉬지 않고 달려야 한다.

일터 체크 리스트

다음은 이 장에 나온 가장 좋은 아이디어와 실례를 강조하기 위한 체크 리스트이다.

✓ 작업장의 모든 환경은 그곳에서 일하는 사람들에게 큰 영향을 미친다는 사실을 인식하라.

✓ 직원들에게 가능한 한 많은 프라이버시를 제공하라. 단, 그들이

원할 경우에만 그렇게 하라.

✓ 직원들이 일할 때 그 주위를 배회하지 마라.

✓ 개인적인 작업 공간과 공개적인 모임 공간을 적당히 섞어서 제공하라.

✓ 직원들 일터에 소음과 방해 요소가 적당히 유지되도록 하라.

✓ 직원들의 작업 시간을 짤 때 되도록 융통성을 많이 주어라.

✓ 직원들이 영감을 얻고자 할 때, 가서 명상할 수 있는 "창의성 코너"를 만들어 주어라.

✓ 직원들의 일터에 생기 있고 에너지 넘치는 구역을 반드시 제공하라.

✓ 신선한 과일, 샘물, 기타 건강에 좋은 식품을 제공하라.

✓ 직원들의 일터에 어항, 모빌, 기타 움직임의 원천이 되는 것을 제공하라.

✓ 직원 생일에 생일 파티나 댄스 파티를 열어 주어라.

✓ 대출 도서관을 만들어라.

✓ 직원들이 미술 작품을 선택하거나 전시하게 하라.

✓ 사교 모임을 할 수 있는 장소와 시간을 만들어라.

✓ 일터에 물과 식물을 들여오라.

7

변화

말에게 때로는 나쁜 일이 일어나고 때로는 좋은 일이 일어난다. 그 사건이 무엇이든 주요 변화가 있을 때가 사람의 도움이 가장 많이 필요할 때이다. 말은 새끼를 낳고 기른다. 말은 병이 든다. 말은 새로운 장소로 옮겨야 할 때 스트레스를 받는다. 다른 모든 삶과 마찬가지로 말의 삶도 변화를 겪을 때 새로운 전기를 맞게 된다. 따라서 이때 말은 더 많은 관심이 필요하다. 관리자들은 자기 회사가 살아 있는 존재이므로, 변화의 시기에는 특별한 관심을 기울여야 한다는 점을 인식해야 한다.

> 말이 살아가는 데 있어서 중요한 사건들을 잘 보살펴 주어라. 이때야말로 말이 당신을 가장 필요로 하는 시점이다.

"불편함을 긍정적으로 생각하면 모험이고,
모험을 부정적으로 생각하면 불편함이다."

– G. K. 체스터톤

오늘날 사업은 정말 모험의 연속이다. 모든 것이 너무나 빠르게 변하기 때문이다. 경영자들은 항상 다음 변화를 생각하고 있다. 이보다 좋지 못한 경우에는, 바랬던 바와는 달리 사전에 알거나 대비할 시간도 없이 변화를 한창 겪으며 싸워 나가고 있는 중이다. 오늘날처럼 빠르게 변화하는 직장에서, 경영자는 변화의 달인이 되어야 한다. 경영자는 새로운 방법을 도입하거나 회사를 재조직할 태세가 되어 있어서, 새로운 도전에 대처하거나 또는 최근에 겪었던 위기와 재난에서 벗어날 수 있도록 해야 한다.

회사가 변하고, 회사 주인이 변하고, 직원들이 변하고, 기술과 작업 과정이 변하고 고객과 제품이 변한다. 모두 한꺼번에 변하지는 않지만 지난 1년 동안 당신은 분명 이런 변화 가운데 적어도 한 가지는 겪었을 것이다. 그렇지 않은가? 당신이 변화를 현명하게 잘 관리하지 못하면, 직원들은 방어적인 태세를 취하게 되고, 그러면 일의 능률은 현저히 떨어지기 쉽다. 반면 현명한 경영자라면 이런 도전을 기회로 바꾸고, 이것을 계기로 직원들에게 생기를 불어넣어 줄 수 있다. 도전을 즐기는 직원들은 변화를 위협이나 스트레스의 원천이 아닌 흥미진진한 새 도전거리로 보는 경향이 있다. 그러므로 한 가지 분명한 것은, 건강한 회사나 말은 변화를 두려워하기보다는 좋아하고, 때로는 변화를 찾아 나서거나 심지어 변화를 일으키기도 한다.

그러나 그런 불가피한 소동을 경영자는 어떻게 긍정적인 것으로 바꿀 수 있을까?

변화를 겪어 나가는 동안 직원들을 이끌기 위해, 당신은 직원들에게 필요한 방향 감각과 안정감을 주도록 좀더 세심해져야 한다. 훌륭하게 변화를 관리하는 경영자란 의사 소통을 잘하고, 새로운 환경에 맞도록 일을 유능하게 재구성하고, 남의 말을 경청할 줄 알고, 직원들을 격려하고 지지해 줄줄 아는 사람이다. 그러므로 리더십 기술을 총동원해야 한다. 또한 경영자는 사업적 변화에서만 특별히 일어나는 특유의 문제들을 다루어 내야 한다. 예를 들어, 봉급을 인하해야 하는 재정적 문제를 어떻게 다루어야 하는가와 같은 문제이다. 이 외에도 변화를 겪어나가는 동안 어떻게 경영을 해나갈 것인가 하는 문제에 특히 적용되는 리더십 기술이 또 많이 있다.

때로는 도전과 변화에 당신이 대응해야 할 경우가 있다. 하지만, 때로는 다른 사람들이 대응해야만 하는 변화를 당신이 먼저 일으키기 위해 기회를 엿보고 있는 경우도 있다. 그러나 당신이 현재의 변화를 주도하고 있건 단지 새로운 도전에 현명하게 대처하려고 애쓰고 있건, 당신은 그 변화를 겪어 가는 동안 어쩔 수 없이 직원들을 이끌고 가야 한다. 이것은 단지 리더로서 할 일의 일부일 뿐이다. 특히 오늘날의 사업 환경에서는 정말 그렇다. 회사를 1~2년 경영하다 보면 반드시 큰 변화를 겪게 된다. 이런 불가피한 혼란과 변화의 과정을 거쳐 가는 동안, 위대한 경영자들은 어떤 방법으로 모든 직원들에게 안정감을 주며, 일에 대한 열정을 계속 유지하도록 만드는지 이제부터 알아보도록 하자.

∪ ∪ ∪

변화를 겪어 가는 동안 민첩하게 행동하라

변화를 겪는 동안 서둘러 행동하는 것이 가장 현명한 일일 것이다. 프라이스워터 하우스쿠퍼스사에서는 회사 인수를 책임 맡았던 경영자들을 대상으로 조사를 벌였다. 이 가운데 89%는 돌이켜 생각해 보니 지금이라면 그 상황을 더 빨리 진행시킬 것이라고 말했다고 한다. 변화에 소비한 시간은 결국 낭비한 시간이다. 그 시간 동안 직원들은 중심을 잡지 못하기 때문에 일에 집중하기가 어렵다. 무슨 일이 일어날 것인지 알아내기 위해 모든 사람이 대기하는 상황이 벌어진다. 직원들을 기다리게 하지 마라. 상황을 극복함으로써 모든 직원이 되도록 빨리 일로 돌아가게 해야 한다.

절박감을 조성하라

경영자로서 당신의 역할은 때때로 직원들로 하여금 회사가 전환점에 있으므로, 새로운 해결책과 접근법을 찾아가는 과정에서 직원들도 백방으로 노력해야 한다는 점을 깨닫게 하는 것이다. 다임러크라이슬러사가 미쓰비시 모터스사를 매입하는 과정에서, 변화의 바람이 불고 있다는 점을 확실히 일깨우기 위해 다임러크라이슬러의 롤프 덱스크로트는 미쓰비시의 관리자들에게 특이한 선물을 가져왔다. 그는 각 관리자에게 베를린 장벽에서 떼어낸 돌덩어리 한 개씩을 나누어주었다. 각 돌덩어리에는 "백방으로 노력하라"라는 문구가 붙어 있었다. 이 선물을 받은 사람들은 그가 변화를 이루어 내려는 점에 진지한 태도를 지니고 있으며, 미쓰비시의 재정적 문제에 대한 새로운 해결책을 그들이 제시해 줄 것을 기대하고 있다는 점을 확실히 알 수 있었다. 그 선물이 미쓰비시 관리자들의 마음에 들었든 안 들었든, 돌에 새겨진 메시지는 독일 본사와 새로이 인수된 일본 회사 사이의 의사 소통 차이에도 불구하고, 아주 우렁차고 명확하게 울려 퍼졌다. 어떤 메시지를 정말 명확하고도 기억에 남게 해야 할 때가 있다면, 돌에 그 메시지를 새기는 것도 좋은 아이디어라고 생각한다. 이 방법은 구약 시대에도 통했지만, 오늘날에도 여전히 효과적일 수 있다.

> "**변**화하려면 엄청난 헌신이 필요하지만, 성장하려면 그보다 더 큰 헌신이 필요하다."
> – 랄프 엘리슨

회복

9·11 세계무역센터 재난의 한 생존자가 우리에게 용기를 불어넣어 주는 다음과 같은 말을 했다. 그는 어느 회사 본사의 판매 책임자로 일하고 있었는데, 2001년 9월 11일의 테러로 본사가 사라졌으며, 일부 직원들도 사망했다.

> "하루하루가 정말 기괴하다. 이것은 일생에서 우리가 시험에 들게 되는 그런 때의 하나라고 할 수 있다. 그러나 사람들이 도전을 받아들이고 그 도전과 더불어 전진해 가는 모습을 보면 정말 용기가 솟는다."
> – 닉 웹, 판매 부사장, 바셀린(*Associated Press*, 2001년 10월 2일)

직원의 목소리에 귀 기울여라

회사가 어려운 사건을 겪고 있거나 힘든 시기를 거치고 있을 때, 경영자들은 권위에만 집중하는 경향이 있어서, 목소리를 가다듬고 회사 전체를 향해 연설해 달라는 요청을 받고 싶어 한다. 그러나 아마도 경영자들은 사건을 어떤 시각으로 봐야 할지, 그리고 그 사건에 어떻게 대처해야 할지 확신이 서지 않을 것이다. 적어도 유나이티드 에어라인의 경우가 그랬던 것 같다. 이 회사는 9·11 테러로 비행기 두 대를 잃었다. 직원들과 고객들에게 확신을 심어 주기 위해 이 회사가 뭐라고 말해야겠는가? 이런 엄청난 재난 뒤에는 도대체 어떤 태도가 적절하며 도움도 되겠는가? 어떤 경영자에게나 이것은 어려운 질문이다. 그래서 유나이티드사는 범상치 않은 방법을 취했다. 회사 대신 직원들이 나서서 말해 주기를 요청한 것이다. 미네소타의 팔론 월드와이드라는 광고사와 함께 회사는 여러 명의 직원들을 인터뷰했고 이를 편집해서 스폿 광고로 만들어 전국 방송에 내보냈다.

애초의 계획은 이것이 아니었다. 광고 대행사는 미리 쓴 각본을 가지고 있었고 이 각본대로 직원들이 읽게 하려고 했었다. 위기의 시기에 회사의 "공식적인" 반응을 정해 놓는 전통을 따르려고 했던 것이다. 그러나 일단 직원들과 얘기를 나눈 후 광고사는 직원들의 관점이 보다 감동적이고, 보다 사려 깊다는 점을 깨달았다. 결국 직원들은 그런 사건을 겪고도 일상적인 업무를 해나가야 했기 때문이다. 연합통신의 기사에 따르면, 광고 대행사의 밥 무어 감독은 "일단 녹화를 시작하자 직원들의 진심에서 우러나온 말들이 미리 준비한 대본보다 훨씬 낫다는 사실이 뚜렷해졌지요"라고 말했다. 흥미로운 사실이 아닐 수 없다. 분명 이 점을 어려운 시기를 겪고 있는 모든 회사에서 적용시킬 수 있으리라 생각한다.

이렇게 직원들에게 발언할 기회를 줌으로써 생기는 이점은 이뿐만이 아니다. 이 일로 유나이티드 항공사의 직원들은 서로 대화를 더 많이 하게 되었으며, 또한 고객들과도 마찬가지였다. 물론 이러한 노력으로 치유 과정도 한 걸음 더 앞당겨졌다.

완벽은 연습을 통해 만들어진다

대다수의 사업 전환기 동안 경영자는 직원들의 행동에서 중요한 변화가 생기기를 기대한다. 직원들이 새로운 기술을 익히고 새로운 시스템, 장비, 절차 또는 새로운 사고방식을 활용해 다른 방식으로 업무를 처리하기를 바라는 것이다. 경영자들은 직원들이 이러한 변화를 거부하고 새로운 지침이나 훈련을 진심으로 배우려 하지 않는다고 불평한다. 문제는 바로 여기서 생긴다. 단순히 무엇을 하라고 시킨다고 해서 직원들의 행동이 바뀔 것으로 경영자가 기대해서는 안 된다. 하루 종일 훈련을 시켰다 할지라도 성공적이고 영구적인 변화를 불러오기에는 부족하다. 만약 직원의 태도를 바꾸고 싶다면 반복적이고 짧은 연습 시간 및 이를 실천할 기회를 장기간 제공해야 한다.

- 학습 계획을 세우고 수주일간 훈련 및 시험을 실시하도록 한다.
- 많은 시간을 직원들이 실제로 실천할 수 있도록 투자하는 데 힘써라. 그저 강의나 읽을 자료만 제공하거나, 모니터를 보는 것에서 교육이 그쳐서는 안 된다.

연습은 완벽함을 길러낸다. 단, 이는 직원들에게 연습할 기회를 충분히 주었을 때의 말이다.

짧은 기간 동안 집중적으로 많은 연습을 하는 것보다, 똑같은 시간이라도 긴 기간 동안 나눠서 여러 번 반복할 수 있는 기회를 만들어가는 것이 새로운 기술을 배우는 데 더 효과적이다."

– 대니얼 골맨,
*WORKING WITH EMOTIONAL
INTELLIGENCE*(2000년,
밴텀 더블베이 델 출판사, p.271)

변화에 속지 마라

당신이 변화를 얼마나 잘 예견하느냐에 따라 변화는 더 쉬워질 수도 어려워질 수도 있다. 예를 들어, 폭락하기 전에 기술주를 파는 투자자는 주식 시장 폭락에 개의치 않지만 그렇지 못한 사람은 바로 그 벽으로 돌진해 부딪히고 만다. 흐름이나 유행을 읽기 위해 매주 스텝 회의를 이용하는 일은 간단하고도 강력한 방법이다. 사실 모든 경영자는 본인이 궁금하거나 발견한 사실을 공유하고 직원들의 반응을 알아보기 위해 몇 분 정도를 투자한다. 이런 식으로 변화의 징후를 조사하는 방법은 놀라울 정도로 미리 준비할 수 있는 기회를 증가시켜 준다.

적용 가능한 리더십을 발휘하라

물론 당신은 억지로 말에게 물을 먹일 수는 없다. 그러나 경영자라면 물이 있는 곳으로 말을 이끌고 갈 수 있다. 그래야만 한다. 리더십이 가져야 할 주된 책임이 바로 이것이다. 그러나 급격하게 변화하는 사업 환경 때문에 사실상 이는 쉽지 않다. 때로는 찾아간 오아시스가 말라 버렸을 수도 있다. 그렇다면 방향을 바꿔야 한다. 과연 경영자가 얼마나 빨리 그 변화의 필요성을 인식하고 대처해 모든 직원을 위한 새로운 목표를 설정하느냐에 따라 장차 얻을 수 있는 물의 양이 달라지는 것이다. 다음 경우는 경영자의 결단력 있는 행동이 심한 가뭄에 시달릴 뻔했던 회사를 구한 좋은 예이다.

"2002년 2월, 불경기가 시작되기 한 달 전이었다. 톰 시벨은 회사 웹 사이트에 접속해 당분기 판매량 예상 수치를 알아보았다. 그는 처음으로 수치가 정체되어 있음

"그마지막 날 오후에, 헴과 호는 C번 치즈역에 도착했다. 그들은 매일매일 일어나고 있던 작은 변화에 관심을 가지지 않았기 때문에, 치즈가 당연히 거기 있을 거라고 생각했다. 그들은 자신 앞에 놓인 광경을 볼 준비가 안 되어 있었던 것이다."
– 스펜서 존스,
WHO MOVED MY CHEESE?
(G.P. 퍼트넘즈 선즈 출판사,
1998년)

을 알아차렸다"라고 칼리 혼은 *Forbes*에
게재한 '앞을 내다보는 사람(The Man
Who Sees Around Corners, 2002년 1월
21일자, p.73)'에서 수십 억 달러 규모의 판
매 자동화 소프트웨어 기업인 시벨 시스템
스의 설립자이자 대표 이사인 톰 시벨에 관
해 썼다.

> **당**신이 '영향력 전략'에 대해 생각할 시간이 없다면, 항상 달리기만 할 것이다. 당신은 운전석에 있을 때도 있을 것이고 뒷좌석에 앉아 있을 때도 있을 것이다.

　시벨 사장은 자기 회사의 많은 고객이
주문을 연기하거나 취소하고 있음을 발견하고 경제 불황이 다가오고 있
다고 느꼈다. 그는 재빨리 비용 절감을 실시했다. 그리고 회사 프로젝트
및 예산을 재검토하고 영업부 직원들에게 취소되기 전에 어서 처리되지
않은 주문들을 마감할 것을 촉구했다. 시벨 시스템스는 곧 이어 찾아올
불경기를 미리 예측하고 적절히 준비한 몇 안 되는 회사들 중 하나였다.
*Fortune*에 실린 기사에는 시벨 사장이 회사 인트라넷을 이용해 전체 판
매 목표를 설정하고 이것이 곧장 1,500명에 이르는 모든 영업 직원들의
개인적 목표로 재빨리 전환되는 과정을 상세히 설명하고 있다. 그리고 시
벨 사장이 불경기를 내다보고 이 같은 목표 설정 시스템을 회사의 정책 방
향을 바꾸는 데도 사용했음이 드러난다.

　"시벨 사장은 회사 인트라넷에 접속해 불과 몇 주 전 결정한 16개의 성
장 목표를 취소하고 단순하고 매우 명확한 목표로 교체하였다. 그 목표는
바로 '고객을 계속 기분 좋게 하고, 현금이 계속 유입되게 하며, 시장 점
유율을 지키는 것'이었다. '모든 직원이 이 목표를 잘 파악하고 있었으며
또 어떻게 해야 하는지도 알고 있었지요' 라고 시벨 사장은 말했다."

미래를 바꿀 수 있다면 직원에게 물어 보아라

뭔가 나쁜 일이 생겼거나 생길 듯 싶을 때, 대부분은 깜짝 놀란 토끼처럼 얼어붙거나 또는 변화에 대처해서 해야 할 일들을 이것저것 추측하기 시작한다. 하지만 자동차에서 뛰어내리는 대신 차의 진행 방향을 바꿀 수 있다면 어떨까? 때로 우리는 자신의 생각보다 어떤 사건에 대해 더 많은 통제력을 갖고 있을 때가 많다. 현명한 경영자라면 다가오는 변화를 약간이라도 바꿀 수 있는 구체적인 방법이 있는지 직원에게 잠시 멈춰 서서 물어볼 것이다. 변화의 부정적인 영향을 감소시키거나 아예 사업의 기회로 바꿀 수 있도록 말이다.

당신의 직장 사람들은 얼마나 예의가 바른가? 컨설팅 회사인 인비전웍스는 사람들이 서로에게 어떻게 대하는지에 대해 설문 조사를 했다. 만약 사람들이 예의 바르지 않으면 그 회사는 예의 지수에서 낮은 점수를 받게 된다. 사람들을 예의 바르게 대하는 것은 변화와 스트레스를 겪는 시기에 특히 중요하다.

해고 대신 휴가를

2001년 봄 하이테크 부문에 급격한 경기 불황이 닥쳤다. 많은 회사들이 고용 인원 삭감을 발표했다. 즉 많은 직원들에게 해고 통지서를 보낸 것이다. 이런 해고는 단기적인 현금 흐름에는 좋지만 직원 사기에는 좋지 않은 영향을 끼친다. 그러나 일부 회사는 공평한 재정적 고통 분담을 통해 고용을 유지하기도 하였다. 바로 모든 직원에게 의무적으로 휴가를 가질 것을 명령한 것이다. 예를 들어, 어도비 시스템스는 북미 지역의 지사들에게 7월 중 1주일 동안 문을 닫으라고 지시했다. 즉 7월 4일 독립기념일 연휴 이후 4일간 무급 휴가를 갖도록 명령한 것이다. 어도비 시스템스의 직원 2,000명이 1년의 52주

직원의 프라이버시

직원에 관한 정보를 어떤 종류의 사람에게 알려 주고 있는지 주의해야 한다. 고용주는 위협적인 태도로 행동하는 직원에 관한 동료 직원의 보고서 등의 정보를 교환할 권리를 갖고 있으나 단, 정보를 알아야 할 필요가 있는 사람에게만 제공해야 한다. 예를 들어 여기에는 관리자나 경찰도 포함된다. 그러나 신문 기자나 저녁 파티에서 만난 사람 같은 경우는 절대로 해당되지 않는다.

– 낸시 L. 오닐, 미국 노동 및 고용 문제 전문 로펌 잭슨 루이스의 변호사

가운데 1주일을 쉬면 40명의 인원 해고, 즉 전체 노동력의 2% 삭감과 동일한 효과를 볼 수 있기 때문이었다. 1주일간의 휴가는 가벼운 고용 해고 조치의 재정적 효과와 비슷하지만 해고처럼 회사의 분열을 야기시키지는 않는다. 만약 지금 고용 비용 삭감을 위해 조치를 취해야만 하는 입장이라면 어도비 시스템스의 경우를 고려해 보기 바란다. 해고는 눈에 띄지 않는 비용이 많이 드는 조치이다. 따라서 가능하다면 반드시 피하는 것이 좋다.

리더십의 책임

많은 사업 경영자들이 9·11 테러가 일어난 후 이윤 추구를 잠시 멈추고, 도움이 필요한 사람들을 위해 많은 자선 활동을 벌였다. 그러나 이전에 그런 사회적 책임에 별다른 관심을 기울여 본 적이 없는 경영자들은 9·11 테러가 일어나자 어떻게 해야 할지 잘 모르는 경우도 있었다. 뉴욕의 한 헤드 헌팅 회사 이야기이다. 수수료를 받고 구직자에게 일자리를

알선하는 이 회사의 사장은 어느 날 자신과 회사가 매우 난처한 지경에 빠졌음을 깨달았다. *The New York Times*에 9·11 테러로 고통을 당한 한 직원에 대한 그의 대처 방법이 상세히 실렸던 것이다.

기사는 그 회사의 젊은 여직원이 9·11 테러로 남편을 잃은 내용을 다루고 있었다. 1주일 후 회사로 복귀했을 때 그녀는 상사가 자신의 업무를 다른 사람에게 넘겼다는 사실을 알았다. 어떻게 된 일이냐고 상황을 묻자 상사는 그녀를 사장실로 데리고 갔다. 그리고 그녀에게 돌아온 것은 더 이상 일할 수 없다는 대답이었다. 기사는 그 여직원의 말을 인용으로 끝을 맺고 있었다. "곤경에 처한 사람을 이런 식으로 내쫓을 수 있다고 생각하다니 정말 기가 막힙니다. 도대체 기다려 주면 무슨 큰일이라도 생기나요?"(*The New York Times*, 2001년 10월 4일자 A24면)

아니다. 절대 그렇지 않다. 그 직원을 해고하지 않는다고 해서 큰 일이 생기지는 않는다. 설령 경기 불황으로 고용 해고가 불가피한 경우라도 말이다. 때로는 상황이 경영자들로 하여금 한 걸음 나아가 옳은 일을 하게 만들 때도 있다. 싫든 좋든 간에 경영자는 리더여야 한다. 도움이 필요한 사람들이 있을 때, 리더라는 위치가 가진 힘을 더 좋은 일에 사용해야 할 분명한 의무가 경영자에게는 있다. 아마도 이 점은 경영자가 가장 배우기 힘든 과제 중 하나일 것이다.

수익성·성공 가능성이 있는 법칙에 집중하라

성공을 위한 당신의 핵심 기준은 무엇인가? 경영자로서 당신이 해야 할 수백 가지 일들과 직원의 업무가 과연 얼마나 그 기준에 부합하는가? 대부분의 업무들이 그 기준과 그다지 상관이 없을 것이다. 하지만 그런 업무들이 여전히 그 기준과 직원들의 시야를 가로막고 점령하고 있다. 화상 회의 기업인 VTEL사와 컴프레션 랩스사의 합병을 감독한 CEO는 두 회사의 합병 기간 동안 직원들을 집중시키고자 간단한 방법을 사용했다. 그는 재정적 영향 및 성공 가능성에 따라 모든 협의 사항에 등급을 매겼다. 직원이 해야 할 업무 중 대부분이 이 엄격한 등급 검사에 적합하지 않아 연기되었다. 높은 등급을 받은 사항, 즉 수익성과 성공 가능성이 있는 것들에만 집중적으로 주목한 것이다.

> "**강**인하고자 할 때, 즉 비전을 이루고자 능력을 발휘할 때면, 내가 두려워하는지 아닌지는 점점 더 중요하지 않게 된다."
> – 오드리 롤데

해고되는 직원에 대한 배려의 태도

기존의 경영 관련 통념에 의하면 해고를 할 때는 자신의 카드 패를 숨기고 냉정하게 처리해야 한다고 한다. 이런 얘기는 해고에 대해 직원들이 반발하고 거부할 것이므로 경영자는 스스로를 보호하는 게 좋다는 의미이다. 그러나 프로펠 소프트웨어의 스티브 커쉬는 그렇게 생각하지 않았다. 그는 직원 중 40명을 해고해야 한다는 사실을 가슴 아파했으며 눈물까지 흘리며 이 사실을 솔직히 인정했다. 그는 회사가 할 수 있는 한 떠나는 직원이나 남는 직원의 힘겨움을 덜고자 최선을 다할 것임을 명확히 했다. 그리고 회사는 가능한 최대한의 퇴직금을 지급했다. 그보다 더 중요한 것은 해고된 직원들에게 계속 이메일 계정과 음성 메일 계정을 제공함으로써 떠나는 순간에도 존중받을 수 있도록 하였다. 그리고 회사 주식 구매를 좀더 가속화할 수 있도록 해주었으며, 직원 각자 판단에 따라 짐을 정리하고 떠날 시기를 정하게끔 허용하였다. 지역 신문 *San Jose Mercury News*에 난 한 기사는 해고당한 한 직원의 말을 인용하였다.

"회사에서는 최대한 존엄과 존중심을 가지고 일을 진행했습니다. 곧바로 밖으로 내쫓는 것이 아니라 며칠 있으면서 친구들에게 작별 인사도 할 수 있도록 말입니다."

(주의 : 모든 고용 해고에는 물론 법적, 보안적 문제가 관련되어 있으며 전문가의 조언을 구해야 한다. 그러나 이처럼 어려운 일에는 악의보다 선의를 표함으로써 안 좋은 상황을 예방할 수 있음을 고려해야 한다.)

해고가 아닌 대안책

타이코사의 CEO 데니스 코즐로스키는 2001년 미국의 경제가 침체기를 겪고 있을 때 비용 절감을 결심했다. 그러나 다른 회사처럼 고용 해고를 발표하는 대신 전자 운영 부문의 5,000명 직원들에게 2주간의 일시 휴가를 줌으로써 기존 인력의 기능 및 지식을 잃지 않도록 했다. 이러한 전략을 채택한다면 나중에 다시 경기가 활성화되었을 때 새 인력을 투입할 필요도, 신뢰를 다시 쌓느라 애쓸 필요도 없을 것이다.

"여분"의 인력을 위한 자리를 마련하라

통념대로라면 어떤 일이 필요 없어지면 그 자리를 맡는 직원도 필요하지 않다. 예를 들어 한 회사가 다른 회사를 사들여 운영 부문이 합병되었다면, 통합 전 두 회사에서 유사한 업무를 가진 직원 중 일부를 해고하면 상당한 이익을 얻을 수 있었다. 그러나 웰스 파고의 CEO 리차드 코바체비치는 동의하지 않았다. 그는 회사를 인수 합병한 후 그 직원들을 위한 다른 업무가 있는지 찾아보았다. 직원을 해고하는 대신 재배치함으로써 좀더 숙련되고 경영주에게 좀더 헌신하는 인력을 확보할 수 있다는 것이 그의 의견이었다.

"항아리 보호하기"

기업가 놈 브로드스키는 'Inc. 100 리스트'에 오른 직후 사업이 부도를 당한 경험을 한 후 인수, 합병 기타 전략적 변화에 매우 조심스럽게 접근하고 있다. "해고라는 쓰라린 경험을 하면서, 회사 직원들의 생활에 관해 CEO로서의 책임감에 대해 더욱 깊은 이해력을 갖게 되었습니다. 그러한 이해를 통해 기본적인 법칙이 생겼지요. 내가 내리는 모든 중요한 결정을 검토하는 데 이 법칙을 적용합니다. 바로 항상 "항아리를 보호한다"란 법칙이지요. 만약 당신이 지속적으로 성장 가능한 사업을 하고 있다면 우선은 그 사업의 안위를 최우선순위로 삼아야 합니다. 절대로 회사가 위험에 처할 일을 해서는 안 됩니다." (Inc. Magazine, 2001년 7월호, p.32)

2001년의 기술 업종의 불황으로 인텔 또한 어려움에 처했지만, 최고경영자인 크레이그 배럿은 해고에 큰 중점을 두지 않기로 했다. 그는 경영자를 포함한 모든 이들의 임금 인상 연기를 발표하면서 비용 절감을 시작하였다. 그는 자기의 연봉 인상도 미루었다. 경영자가 모범을 보이면 직원들은 고무되는 법이다. 특히 어려운 시기일수록 더욱 그러하다.

운동을 권하라

자기가 선택한 운동을 정기적으로 하는 직원들은 기분도 좋아질 뿐더러 자신감과 에너지를 얻는다. 많은 연구 결과에 따르면 운동은 우울증에도 효과가 있다고 한다. 듀크 대학의 한 보고서에 의하면 실제로 우울증 치료를 위해 운동을 한 사람들은 항우울증 처방을 받은 사람보다 6개월 후 훨씬 더 좋은 결과를 보였다. 뿐만 아니라 우울증 치료 요법으로 운동을 선택한 사람들은 운동과 약물을 병행한 경우보다 더 효과가 좋았다. 확실히 운동은 기분을 좋게 만들 뿐만 아니라 자신의 건강과 감정에도 더욱 통제력을 갖게 된다. 스스로의 힘으로 우울증을 치료한 셈이기 때문이다.

그러나 직원에게 필요한 의료 서비스 제공을 중단하라는 뜻은 아니다. 여기서의 요점은 운동이 한 사람의 태도를 바꾸고, 삶에 대해 할 수 있다는 자신감, 긍정적 자세, 감정적으로도 건강한 관점을 갖게 만드는 강력한 방법이 될 수 있다는 것이다. 경영자가 직원들로 하여금 운동하도록 장려한다면 지속적으로 좋은 효과를 불러올 수 있을 것이다.

다음의 간단한 아이디어를 실천에 옮겨 보자.

- 출퇴근 할 때 자전거나 도보로 오도록 권유한다. 멀리 사는 직원일 경우, 일부 코스만 적용할 수도 있다.
- 운동을 하고 있는 직원들을 파악하고 의견을 나눈다. 등산, 하이킹, 요가 또는 수영, 3종 경기, 카약 등 주말이나 휴가 때 이를 즐기는 직원은 없는가? 회사 소식지나 게시판, 또는 회사 내부 웹 사이트에 이들의 소식을 실어라.
- 직원 복지 혜택으로 헬스 클럽 회원권이나 보조금 지급을 고려해 보라.

- 장시간 회의시에는 매시간 산책을 실시, 건물이나 근처를 한 바퀴 돌아본다.
- 건물에 러닝 머신이나 실내 자전거를 설치한다.
- 직원들이 교대로 매일 아침 15분 동안 체조나 스트레칭 시간을 이끌도록 한다.
- 요가 강사를 초빙, 일주일에 한 번씩 회의실이나 복도를 청소, 무료 수업을 실시한다.
- 이동 회의를 실시, 회의 주제마다 다른 장소에서 해서 걷거나 조깅 또는 달리는 방법으로 다음 회의 장소로 이동한다.
- 지역 레크리에이션 리그에서 스포츠 팀을 만든다. 배구, 축구, 농구, 소프트볼, 하키 같은 성인용 리그가 있다. 직원들이 하고 싶은 경기가 무엇인지 물어본다.
- 탁구대를 설치한다.
- 자선 기금을 모으기 위한 걷기나 달리기 행사에 참가하는 직원을 후원한다.
- 지역 수영장 시설을 찾아 일정 시간 대여한 다음 수영장 파티를 연다. 안전 요원을 두어야 한다.
- 프리즈비, 저글링 볼, 비치 볼, 배드민턴 라켓 등을 비치해 둔다. 공중에 공을 띄우는 게 어려운 이들을 위해서라면 실크 스카프를 준비해도 좋을 듯. 주차장, 잔디밭, 복도에서라도 오락을 즐길 수 있도록 한다. 몸을 움직이는 놀이는 좋은 태도를 길러 주고, 스

너프*는 안전한 데다 공간을 조금만 차지하기 때문에 사무실에서나 직장에서 사용하기에 매우 훌륭한 제품이다. 너프 농구공으로 회사 복도에서 농구를 해보라. 직원들의 혈액 순환을 좋게 하고, 일에 열정도 불러일으킬 수 있다.

*Nerf : 합성 고무로 만든 장난감의 일종

트레스를 경감시키며 유연성을 길러 준다!

스트레스를 눈 여겨 관찰하라

심한 스트레스를 받는 직원이 업무를 잘 수행할 리가 없다. 어쩌면 전혀 일을 하지 못할 수도 있다. 그러나 보통 관리자들은 타인의 스트레스 정도에 그다지 우려하지 않는다. 심지어 자기 자신의 스트레스에도 걱정하지 않는다. 하지만 이는 잘못된 것이다. 전환이나 변화의 시기에는 스트레스가 더욱 늘어나기 마련이다. 이 말은 경영자는 직원들을 좀더 배려하여 이들이 마음을 가라앉히고 진정하여 마음의 안정을 찾을 기회를 주어야 한다는 뜻이다. 직장 내 스트레스에 대처할 수 있는 방법은 한편으로 회사의 합병이 더욱 수월하게 이루어지는 데 도움이 될 것이다. 스트레스를 줄이기 위해 매일, 매주 해야 할 일들이 생각나지 않는다면 직원들에게 아이디어를 구하라. 자, 간단히 시작할 수 있는 일들을 살펴보자.

- 매주 금요일 오후, 사무실에서 영화를 상영한다. 코미디 영화면 더욱 좋다.
- 15분 스트레칭을 지도할 사람을 선정해 매일 휴식시간에 이를 실시한다.
- 산책을 나간다. 다른 사람들도 같이 하도록 권유한다.
- 오후에 우유와 쿠키를 나누어 준다. 초등학교뿐만이 아니라 사무실에서 활기 있는 시간이 될 것이다.
- 좀더 세련된 휴식 시간을 원한다면 3시의 티타임을 마련하라. 홍차, 허브 티, 더운 날씨에는 아이스티와 약간의 스낵을 준비해 둔다. 20분간의 휴식으로 즐거운 대화를 나누면 다음날을 위한 생산성이 높아질 것이다.

- 지역 봉사 단체를 찾아 직원들의 자원 봉사 활동을 할 수 있도록 한다. 다른 이를 돕는 일은 스스로의 기분도 좋아지게 만든다.

- 직원들에게 마음이 편안해지고 안정되는 포스터를 찾아오면 그림 값을 주겠다고 한다. 최고 액수를 15달러 정도로 제한한다면 크게 스트레스가 되지는 않을 것이다.

- 피자, 샐러드, 샌드위치를 점심으로 시킨다.

- 오후 시간에는 미니 골프 같은 놀이 시설에서 보고를 받는다. 부상의 위험이 없으며 신체 활동을 필요로 하는 곳이면 된다.

- 분수대, 화초, 기타 마음을 안정시키는 환경을 조성한다(더 자세한 내용은 6장 참고).

"**변**화의 시기에는 배움에 능한 사람이 세상을 얻는다."
– 에릭 호퍼, 철학자

"**몸**에게는 집과 직장의 구분이 없다; 어디서든지 간에 스트레스는 겹겹이 쌓인다."
– 대니얼 골맨,
WORKING WITH EMOTIONAL INTELLIGENCE(2000년,
밴텀 더블베이 델 출판사, p.271)

집안일로 받는 스트레스는 업무에도 영향을 끼칠 수 있다. 반나절 근무나 1시간 이른 퇴근을 통해 필요한 사람에게 개인적 업무를 처리할 시간을 제공하는 것도 좋다(스트레스 관리에 관한 자세한 내용은 3장 참고).

∪ ∪ ∪

생각 나누기

7장에서 정리 해고나 합병에 관해 다루면서 한 가지 정말 놀란 점은 위대한 경영자들은 위기의 시기에 인간애를 보여준 사람들이라는 사실이었다. 이들은 깊이 파고 들어가 자신이나 타인에게서 최고의 것을 꺼낼 줄 아는 사람들이었다. 스스로는 알지 못했을 수도 있는 장점이나 가치를 발견해 낼 줄 알았다. 참으로 고무적인 일이 아닐 수 없다. 바로 이 책을 읽는 당신도 그렇게 할 수 있지 않을까?

이 주제에 관해 더 이상 추가할 내용이 많지는 않다. 사실 한번 이 주제로 책을 쓴 적이 있으나 과연 내가 전문가인지는 모르겠다. 여기서 당신이 정말 해야 할 일은 제대로 이해하는 일이다. 따라서 다른 사람들의 의견을 나누어 보도록 하자. 사업과 인생에서 변화의 다른 측면과 그 역할에 관한 인용문을 적어 보았다. 물론 변화에 대한 우리의 역할은 말할 나위도 없이 당연하다.

"직원들은 힘든 시기에 회사와의 더 깊은 관계를 필요로 합니다."

– 존 파렐, 칼슨 마케팅 그룹의 중역(*Incentive*, 2001년 8월호)

"중요한 변화는, 그 변화가 절대적으로 필요할 때,

또한 그 필요를 촉발시키는 상황이 심각하고
궁극적일 때에만 성공적으로 이루어집니다."

– 데이비드 카, 쿠퍼스 & 리브란드(버지니아 주 알링턴)

"끊임없는 변화가 회사 내 생활의 방식이 되어 감에 따라 얻은
가장 큰 수익은 업무 기술을 배우고, 고쳐 배우고, 다시 배우는 능력이다."

– 존 H. 젱어, 타임스 미러 그룹 회장

"사람들은 항상 시간이 변화시킨다고 말한다.
하지만 실제로 당신이 스스로 변화시켜야만 한다."

– 앤디 워홀, 예술가

변화 체크 리스트

다음은 이 장에 나온 가장 좋은 아이디어와 실례를 강조하기 위한 체크 리스트이다.

✓ 밝은 면을 보라. 변화는 기회를 만들어 낸다. 당신의 긍정적인 태도는 다른 이들에게도 전해진다.

✓ 늑장 부리지 마라. 반드시 해야 할 변화라면 신속히 실행하라.

✓ 가능한 많은 직원들을 위해 변화를 성장 기회로 만들 수 있는 방법을 찾아라.

✓ 적합한 새로운 행동을 파악하고 지원하라. 긍정적인 피드백은 변화의 강력한 지렛대 역할을 한다.

- ✔ 직원들이 전혀 새로운 일이나 다른 일을 연습할 수 있는 기회를 제공하라.
- ✔ 스텝 회의 시간마다 경제 흐름에 대해 몇 분간 이야기할 시간을 짜서 변화를 예측하라.
- ✔ 변화의 방향을 제어하거나 변경할 방법을 찾아라. 생각보다 더 많은 영향력을 갖게 될 수 있다.
- ✔ 해고를 피하거나 줄일 수 있도록 창의적인 비용 절감 방법을 생각하라.
- ✔ 변화의 시기 동안 고객의 의욕을 저해하지 않도록 직원의 사기를 높이고 긍정적으로 유지하라.
- ✔ 직원들에게 운동을 장려하라.
- ✔ 변화의 필요성에 관한 정보를 공유해 변화에 대비하라.
- ✔ 매일의 스트레스를 관리하라. 변화의 시기 동안 생각을 멈추지 마라.
- ✔ 어려운 시기일수록 직원들이 회사와의 더욱 깊은 유대감을 필요로 한다는 사실을 기억하라. 대화를 단절하거나 벽을 쌓지 않도록 한다. 훌륭한 리더십에 있어서 항상 "사람 다루는 기술"이 가장 중요한 때가 바로 이때이다.
- ✔ 일정량의 유머를 사용하게 하라. 유머는 스트레스의 해독제 역할을 한다. 그리고 적절하고 세련된 유머는 긍정적인 관점을 갖게 해준다. 경영자는 직원들이 위협적으로 느낄 변화를 야기해서는 안 된다. 그러나 만약 직원들이 거기서 유머를 찾으려고 한다면 반드시 이를 장려하라!

8

격려

말은 경주에서 이기고 싶어 한다. 이기면 기분이 좋기 때문이다. 또한 말은 칭찬과 격려에 금방 반응을 보인다. 우승마의 조련사는 자신의 첫 번째 임무가 말이 스스

당신의 말이 승자가 된 듯한 기분을 느끼도록 격려해 주어라. 그렇지 않는 한 최선을 다해 달리지 않을 것이다.

로 우승마라고 느끼게 만드는 것이라는 점을 알고 있다. 스타가 스타다운 업적을 이루어 낼 수 있기 때문이다. 지금 그는 자신을 스타라고 느끼고 있는가? 자신을 스타라고 믿지 않는다면 말은 최선을 다해 전력 질주할 수 없을 것이며, 회사도 그 잠재 능력을 다 발휘하지 못할 것이다.

어젯밤 나는 밖에 앉아 하늘에서 별똥별이 떨어지는 모습을 지켜보았다. 유성들이 반짝반짝 줄무늬를 그리며 하늘에서 떨어지고 있었다. 그 모습을 보면서 나는 우리 회사의 모습이 저런 별 같았으면 좋겠다고 생각했다. 다만 떨어지는 모습이 아닌 솟아오르는 모습으로 말이다. 별들이 지평선에 희미하게 나타났다가 내 머리 위의 하늘로 밝게 빛나며 솟아오르는 모습을 나는 마음속으로 그려 보았다. 사실 나는 이 아이디어가 아

사람의 업무 수행 능력은 사람들이 자신에게 거는 기대에 커다란 영향을 받는다. 경영자라면 직원들이 무엇을 잘못하지는 않을까 하는 걱정보다는 일을 바르게 처리할 것이라는 기대에 초점을 맞추도록 주의하여야 한다.

주 마음에 들었다. 그래서 우리 회사의 로고에 이것을 테마로 사용했을 정도였다. 우리 로고는 하늘로 치솟는 곡선 끝에 별 하나가 떠 있는 모습이다. "우리의 고객 회사들이 별처럼 빛나는 성과를 올리도록 돕자"가 우리 회사의 모토이며, 그래서 우리는 일개 연수 기관이지만 우리 나름의 방법으로 다른 기업들이 자기네 직원들을 통해 별처럼 빛나는 성과를 성취해 낼 수 있도록 도우려고 애쓰고 있다.

직원을 바라보는 한 가지 아주 긍정적이고 바람직한 방법은 그들을 떠오르는 별로 보는 것이다. 그러나 이것이 과연 현실성이 있는 것일까? 흥미롭게도, 직원들이 내는 성과는 그 직원들에게 기대를 얼마만큼 거느냐에 따라 크게 달라진다는 연구 결과가 많다. 큰일을 해낼 수 있다는 말을 들으며 격려 받은 직원들은 실제로 큰일을 해낸다.

아마도 학생들에 관한 고전적인 이런 연구를 들어 보았을 것이다. 한 선생에게는 반 학생들이 영리하고 큰 잠재 능력을 지녔다고 말한다. 또 한 선생에게는 그 반 학생들이 열등생이라고 말한다. 그러면 확실히 첫 번째 반은 성적이 크게 향상되지만 반면 두 번째 반은 성적이 떨어진다. 의도적이지는 않지만 결국 선생들은 자기가 학생들의 능력에 대해 갖는 믿음 정도에 따라 우등생도 만들어 내고 낙제생도 만들어 낸다. 선생이 학생의 잠재력에 초점을 두느냐 아니면 단점에 초점을 두느냐에 따라 학생에 대한 선생의 태도는 크게 달라진다.

컨설팅 회사인 서콘 인터내셔널은 자사에서 보유하고 있는 '직원 대상 조사 내용'과 '회사 실적'에 관한 방대한 데이터베이스를 분석한 결과,

관리자가 직원을 좀더 배려하는 회사에서 수익성이 더 높게 나타난다는 사실을 알아냈다. 놀랄 일이 아니라고 나는 생각한다(이 연구에 관한 자세한 내용은 *MOTIVATING & REWARDING EMPLOYEES*의 부록을 참고하라). 직원들에게 진심으로 관심을 쏟는 관리자가 우수한 실적을 만들어 낸다. 그러나 서콘사의 사장은 위와 같은 결과를 나에게 말해 주면서, 대부분의 경영자들이 그 결과에 놀랐으며, 그것이 내포하고 있는 내용에 대해서는 저항적 태도를 보였다고 말해 주었다.

문제는 우리가 오랜 습성대로 직원들을 대한다는 데 있다. 우리는 직원들에게 일을 망치지 말라고 말하면서, 곤란에 빠지고 싶지 않으면 하지 말아야 할 일이 무엇인지 경고한다. 선생, 부모, 관리자로서 우리는 별을 쏘아 올리는 사람의 역할을 하기는커녕, 오히려 판사나 경관의 역할을 한다.

예를 들어, 하루 동안 감독자가 직원들에게 하는 말을 추적해서 실제로 모두 기록해 보면, 대부분이 무엇을 해야 할지 그리고 어떻게 해야 할지를 전달하는 명령 형태를 띠거나, 그것은 하지 말라든지 왜 그런 일을 하느냐는 등의 교정을 지시하는 형태를 띤다. 교통을 지도하고 속도 위반 티켓을 떼 주며 하루를 보내는 교통 경관이나 관리자는 지도자가 아니다.

그러나 우리의 오랜 습성은 잘 사라지지 않으며, 이런 구습은 우리 문화와 사업 관행에 깊이 뿌리를 내리고 있다. 우리는 모두 학교 다닐 때부터 시작해서 삶의 대부분

*THE ONE MINUTE MANAGER*라는 책에서 블랜차드와 존슨은 직원 감독 유형을 분류하면서 '무관심 처벌'이란 용어를 사용하고 있다. 직원에 대해 오랜 기간 동안 신경을 쓰지 않다가, 징계가 필요할 만큼 무엇인가가 잘못되었다는 것을 인식한 후에야 벌 혹은 다른 부정적인 방법을 통해 직원을 '처벌하는' 유형을 말하는 것이다. 내가 보기에 이것은 긍정적인 기대에 의한 경영이 아닌 부정적인 기대에 의한 경영이다.

을 이런 "교통 경관"의 관리를 받으며 살아왔다. 그러므로 그런 옛 역할 모델에서 벗어나 새롭고 좀더 긍정적인 타입의 리더십을 개척하기가 어려울 수 있다.

우리에게 필요한 '별처럼 빛나는 성과'를 달성하려면, 우리는 직원들이 별이 될 수 있다고 믿어야 한다. 또한 직원들을 별로서 대접하기 시작해야 한다. 그렇게 함으로써 우리 자신도 별 같은 경영자가 될 수 있다. 그렇다. 격려는 가정에서 시작되어야 하며, 다른 사람들의 사기를 높이고 싶다면 자신을 비하해서는 안 된다. 이 새롭고 사기를 북돋아 주는 리더십을 개척하기 위해 우리가 사용할 수 있는 기법과 관행 몇 가지를 여기서 알아 보자(아! 저것 보셨나요? 저 별이 방금 날아갔습니다. 또 하나가… 그리고 또 하나가…).

당신은 그 능력을 지니고 있다

모든 경영자에게 충격을 줄 만한 생각을 한 가지 소개하겠다.

"직원에 관한 여러 연구에서 밝혀진 바에 따르면,
직업 만족도에 가장 크게 영향을 미치는 것은 감독자라고 한다."

– 밥 넬슨, *PLEASE DON'T JUST DO WHAT I TELL YOU! DO WHAT NEEDS TO BE DONE*의 저자

사실, 이 생각은 좀 섬뜩하게 하는 면이 있다. 또한 내가 직원들에게

긍정적인 영향을 주고 있는지 아니면 부정적인 영향을 주고 있는지 궁금하게 만들기도 한다.

모든 직원에게서 당신은 장점을 찾아 낼 수 있는가?

경영자라면 마이애미 허리케인 축구팀의 플레이북에서 한 페이지를 뜯어 가고 싶을 것이다. 마이애미 대학의 이 축구팀은 1년에 한 번씩 만찬을 열고 시상식을 한다.

이 시상식에서 이들은 '최고 선수상'을 비롯해 기타 16개 상을 선수들에게 나누어 준다. 코치들은 이 기회를 이용해 거의 모든 선수들의 공로를 인정해 준다. 두드러진 한두 명의 선수만 인정해 주는 것이 아니다. 이들은 아주 특정 부분에 대해 상을 주기 때문에 각 상은 모든 사람이 팀을 위해 정말 중요한 기여를 하고 있다는 점을 인정해 주는 것이다. 헌신, 노동 윤리 등에 관한 상을 주며, 심지어 '조명 받지 못한 영웅'상도 있다. 축구팀뿐만 아니라 어떤 팀이든 서로의 기능을 잘 하기 위해서는 모든 사람이 상당히 충성스럽게 기여해 주어야 한다. 범위를 넓혀 각 사람에게 적절한 상을 줌으로써 모든 이를 인정한다는 이 개념은 매우 공정한 아이디어이며, 상을 받지 못한 사람들은 사기가 꺾이는 일반적 형태의 상이 지닌 문제점을 잘 해결한 것이다.

직원들 격려하기

전직 해병대 대령이며 현직 Mail Boxes Etc.의 최고경영자인 짐 아모스는 직원들의 공로를 인정하고 보상해 주는 데 많은 시간을 투자한다. 그는 이것을 자기 회사가 이직률이 매우 낮고 직원들의 충성도가 높은 이유

가운데 일부라고 생각한다. 예를 들어 아모스는 가끔 감사 편지를 타이핑하고 나서, 그 지방에 있는 어떤 식당의 상품권을 첨부해 직원들의 집에 우편으로 보낸다. 어떤 때는 직원들이 행한 주목할 만한 일들을 지역 신문사에 알리기도 하고, 매달 "독수리의 부활(Eagle Renewal)"이라는 직원 회의를 열어 승진을 축하하고, 신입 사원을 소개하고, 직원 한 사람에게 그 달의 독수리 상을 수여하고, 동료들이 열심히 일한 사람으로 추천한 직원을 "비상(飛翔)상" 수상자로 발표한다. 기껏해야 그런 행사를 1년에 한번 정도 실시하는 대부분의 회사들에 비하면, 이것은 상당히 자주 축하 행사를 여는 것이다. 아모스는 "군에서는 메달, 상품, 상장 등을 줌으로써 병사들을 인정하고 보상해 준다. 이런 것들이 민간 세계에도 상당히 영향을 미친다"라고 말했다(*Incentive*, 2002년 1월, p.15~16).

일의 성공 후가 아닌 성공 전에 긍정적 피드백을 제공하라

회사에서 실행하는 거의 모든 인정 및 보상 프로그램은 일을 잘 해냈을 때 칭찬하기 위한 것들이다. 그러나 직원들이 일을 이미 잘 해내고 난 후라면, 도대체 이제 와서 리더십이 얼마나 필요하단 말인가? 지금 한창 어려운 일을 해나가고 있는 많은 직원들과, 비록 아직 대단히 잘하는 것은 아니지만 적어도 이전보다는 좀더 잘 하고 있는 다른 많은 직원들이 훨씬 더 중요하다. 최종 결과보다는 작업 과정과 향상 노력을 인정해 주는 데 다시 초점을 맞춘다면, 당신의 리더십은 훨씬 더 효과적이 될 수 있다.

성공적인 최종 결과를 인정해 주는 프로그램에서 진행 과정을 인정해 주는 프로그램으로 섬세하면서도 강력하게 옮겨가는 한 가지 방법은 인정해 주는 방법을 바꾸는 것이다. 가끔 상당히 좋은 상과 함께 직원들에게 비형식적인 피드백을 자주 주는 방법을 강화하라. "당신의 노력에 감사합니다", "대단히 큰 노력을 기울이셨군요", "발전하고 있는 것으로 보입니다", "정말 열심히 하고 계십니다", "확실히 좋아졌습니다", "아직 할 일이 많이 남아 있긴 하지만, 그래도 우리 일이 잘 진전되고 있군요"와 같은 말을 하도록 하라.

이것은 바라고 있는 최종 결과를 향해 점점 일이 진행되어 나가고 있다는 점을 인정해 주는 건강한 습관이다. 이렇게 함으로써 경영자는 일이 진행되어 나가는 동안 리더십을 발휘해 직원들을 이끌 수 있다. 경영자가 최종 결승선 근처에서 서성이며 직원들이 힘들어 할 때 박수만 친다면 그것은 리더가 아니라 방관자라고 할 수 있다.

감사하다는 말의 연습

직원들의 노력에 당신은 얼마나 자주 감사하다는 말을 하는가? 직원들이 한 일을 감사하게 생각한다고 얼마나 자주 표현하는가? 재미있게도, 대부분의 관리자들은 자신이 감사하다는 말을 일상적으로 쓰고 있다고 말한다. 그러나 직원들은 대부분 진심으로 감사하다는 말을 별로 들어본 적이 없다고 말한다. 이것은 무엇을 의미하는가? 좋은 의도를 가지고 있음에도 불구하고, 우리는 직원들이 훌륭하게 해낸 일이나, 대단한 인내심, 자발성, 아이디어, 노력 및 기타 많은 기여에 대해 감사하게 생각하는 우리의 메시지를 제대로 전달하지 못하고 있는 것이 분명하다. 내 생각에는 대부분의 경영자들이 자신의 감사하는 마음을 충분하고도 명확하게 표현하는 데 어려움을 겪고 있는 것 같다. 그렇지 않은가? 여기 간단한 테스트가 한 가지 있다. 직원에게 감사하다는 말을 표현하기 위해 다음 30

초 동안 당신은 얼마나 많은 방법을 생각해
낼 수 있는가?

당신이 가서 리스트를 만드는 동안 나는
여기서 잠시 기다리겠다. 고맙다! 좋다. 아
주 잘했다. 내 말을 따라 주어서 고맙다. 그
러면, 당신의 리스트에는 얼마나 많은 방법
이 있는가? 일상적인 일을 해나가면서 직원
들에게 편하게 감사의 말을 전할 수 있는 자
연스런 표현을 생각해 내는 것이 쉬웠는가,
어려웠는가?

이것은 사실 어려운 연습이다. 여기서
우리는 경영자가 고맙게 생각한다는 것을
대부분의 직원들이 어째서 모르는 것처럼 보이는지 약간 눈치 챌 수 있
다. 분명하게, 자주 고맙다고 말하기는 생각보다 훨씬 어렵다. 사실 이것
은 어려운 리더십 기술 중 하나이다. 그리고 분명 해볼 만한 가치가 있는
일이다. 언제나 개선의 여지는 있기 마련인 법이다.

"감사하다"라고 말하는 범위를 좀더 넓힐 수 있는 방법으로는 경영자
가 직원에게 기대하는 내용을 리스트에 적어 보는 것도 있다. 상상력이
풍부하고, 열심히 일하며, 책임감 있고, 남을 잘 도와주며, 신중하고, 예
의 바르고, 협조적이며, 끈기 있고, 똑똑하고, 창의적이고, 경제적이고,
재치 있으며, 주도면밀하다는 등 업무상 필요하다고 생각되는 점을 모두
적는 것이다. 그리고 필요하다고 생각되는 직원으로서의 자질을 모두 적
은 다음에는 각 항목에 대해 자세한 설명을 적어 본다. 예를 들면 이런 것
이다. 신중하게 일해 줘서 고맙다, 서로 협조를 이루어서 고맙다, 꾸준히
문제 해결을 위해 노력해 줘서 고맙다, 비싼 부품 구매 없이도 해결할 수

있는 방법을 창의적으로 찾아 주어서 고맙다, 기타 등등.

고마운 구체적인 이유를 찾는 것이다. 문제 해결을 도와준 것에 대해 직원에게 고마워하기는 쉬운 일이다. 열심히 일하는 다른 직원에 대해서 고마워하는 것도 자연스럽고 쉬운 일이다. 리스트에 적힌 자세한 사항대로 반복하다 보면 직원들에게 고맙다고 자연스럽게 말할 만한 일들을 많이 발견하게 될 것이다. 직원에게 하는 감사의 말은 "감사합니다"라는 문장이 전부라고 간단히 생각하는 경영자는 자신의 고마움을 효과적으로 전달하지 못하는 셈이다.

직원들을 소중히 생각한다고 말하라

"CNN의 중역들은 반 서스테렌이 CNN을 떠나기로 결정했을 때 이를 원치 않았다. 그러나 한편으로는 회사 측은 이미 그 길을 닦아 오고 있었다. 측근들의 말에 따르면, CNN의 다른 유명 앵커들을 집중적으로 주목하고 있었던 것이다. 반면 그녀가 최고의 앵커로서 기대하는 배려나 보상은 제공하지 않고 있었다."

– 짐 루텐버그, "반 서스테렌,
CNN에 서운한 감정을 털어놓다.", *The New York Times*, 2002년 1월 28일자

*The New York Times*의 이 기사는 그레타 반 서스테렌이 높은 지위가 보장되는 CNN을 급작스럽게 떠나 경쟁사인 폭스 뉴스 채널로 간 일에 대한 측근의 시각을 보여 주고 있다. 그녀는 CNN의 다양성 결여와 차별에 대해 불만을 표했다. 그녀는 CNN이 저널리즘보다 회사의 이익을 우선으로 생각했다고 비난했다. 이러한 비난은 회사가 지닌 장점에도 불구하고 직원이 하찮은 대우를 받았거나 손해를 당했다고 느낄 때 흔히 발

생하는 일이다. 본인의 감정에 상처를 받으면 고용주를 향해 공격하는 경향이 있다. 그리고 많은 직원들이 어긋난 감정적 균형을 바로잡고자 법적인 조치를 취하는 것이다. 그러나 문제의 근원은, 서스테렌의 경우처럼 "상처받은 감정"이나 "무시당한 느낌"에 있다. 자신들의 공로가 제대로 평가받지 못했다고 느낀 직원은 다른 일자리를 알아보거나 비난을 퍼붓거나 지나치게 자주 불평을 하게 된다.

직원의 지속적인 노력을 인정한다

NASA는 예외적으로 계속해서 노력하고 긍정적인 태도를 항상 유지하는 직원을 파악하여 실버 스누피 상이라는 특별상을 수여한다. 이 같은 상을 주는 이유에 대해 담당자의 설명을 들어 보자. "대부분의 회사에서는 보통 한 가지 일을 수행한 결과에 대해 상을 줍니다. 그러나 우리가 필요로 하는 것은 끊임없는 노력과 그 결과입니다."

> "나는 '당신들 중 몇 명이나 부하 직원에게 봉급 명세표를 나눠주면서 '감사합니다'라고 말합니까?'라고 관리자들에게 물어봤는데, 천 명 중 단 한 명만이 그렇게 한다고 대답하였다. 나머지는 그런 질문을 하는 내가 제정신이 아니라고 생각했다."
> – 페르디난드 F. 포니스

의미 있는 경험으로 직원에게 보상하라

상당히 많은 수의 회사가 리조트·워크숍 행사장의 진짜 의미는 인센티브와 보상이라고 보고 있다. 최고의 영업 실적을 기록한 사원에게 보상으로 전통적인 여행을 제공하기보다는, 재미있고 교육적인 활동을 즐길 수 있는 멋진 리조트에서의 휴가를 주는 것은 어떨까? 멕시코 서부 연안의 푸에르트 발라르타의 테라 노블사가 직원들에게 제공하는 상이 그렇다. 명상, 예술 치료, 마사지, 카약 타기, 고래 관찰 등 기타 활동들을 마음대로 즐길 수 있다. 이것은 팀원간의 자신감, 창의성, 긴밀한 관계를 길러 주는 발전적인 활동들이다. 또는 조지아주 피치트리에 있는 윈드햄 피치트리 컨퍼런스 센터의 경우처럼 가족적인 활동을 즐길 수도 있다. 이 컨퍼런스 센터에서는 19에이커에 달하는 기업 연수 시설을 갖추고 다양한 삼림 활동을 제공하고 있다. 인센티

라스베가스 소재의 빅토리아즈 데스티네이션 서비스 주식회사는 인쇄 회사에서 최고의 판매 성적을 자랑하는 판매원들을 대상으로 파티를 준비했다. 파티에는 마술사가 초대되어 손님을 즐겁게 한 뒤 그 후 마술 교습을 제공했다.

브나 보상을 통해 단순히 즐기는 차원이 아니라 직원들의 강점을 길러 줄 수 있도록 만든다면 더욱 좋을 것이다.

보상 때문에 초라한 기분이 들지 않도록 하라

"상을 주는 일이 오히려 수여자의 지위가 가진 힘을 강조하지는 않을까 의심되는 경우가 있는가? 다음 경우를 생각해 보라. 이웃집 사람을 차로 시내에 태워다 주거나, 가구 옮기는 일을 도와주었는데, 그가 수고했다면서 당신에게 5달러를 주면 어떤 기분이 들겠는가? 이런 행동에 모욕감을 느낀다면 과연 그 이유는 무엇인지, 진정한 보상의 의미가 무엇인지 생각해 보기 바란다."

– 알피 콘, *PUNISHED BY REWARDS: THE TROUBLE WITH GOLD STARS, INCENTIVE PLANS, A'S, PRAISE, AND OTHER BRIBES*(1999년, 휴튼 미플린 출판사, p.28)

나는 이 이야기가 무엇을 의미하는지 생각해 보았다. 처음에는 모든 보상으로 인해 남을 도와주는 순수한 기쁨이 사라지거나 권위적인 상명

하달식 스타일, 직원에 대한 무례함을 표시하는 것은 아닐까 걱정이 되었다. 그러나 지금은 그렇게 생각하지 않는다. 왜냐하면 상을 받는 것을 진심으로 기뻐하고 자랑스럽게 생각하는 경우들을 많이 볼 수 있었기 때문이다. 주의할 점은 상을 주기 전에 상대방의 입장에서 한번 생각해 보고 그 반응을 추측해 보아야 한다는 것이다. 그리고 어떤 식의 보상이든 상대방을 존중하여 상을 받는 직원이 초라해지는 것이 아니라 자부심을 느낄 수 있도록 해야만 한다는 것이다.

사탕이냐 칭찬이냐?

전통적인 "당근"을 이용한 동기 유발 방식에 대해 캘리포니아 소노마 주립대학에서 실시한 연구는 의외의 결론을 나타냈다. 시험적으로 주어진 업무를 잘 수행한 사람에게 상을 준 그룹과 말로 격려를 한 그룹의 성과를 비교해 본 것이다. 말로 격려했을 때, 그 다음에 한 업무 성과는 더욱 좋았으며 상을 준 경우는 그렇지 못했다. 특히 말로 격려를 했을 때는 직원의 자부심이 증가했으며 더욱 뛰어난 업무 성과를 기록했다.

그러나 만약 관리자들이 "계속 잘해 주게, 잘하면 내년에 감독으로 승진할 수도 있네" 같은 말을 한다면 직원에게 일을 복잡하게 만드는 요인을 하나 더 추가한 셈에 불과하다. 업무 결과에 대한 초조감에 그 관리자가 한 사람의 미래를 특정 임무와 연관지어 약간 독단적으로 행사한다는 불안감을 더해 준 것이다. 따라서 격려는 하되, 해당된 업무와 직접 관련된 내용이어야 한다(레베카 슐락의 보고서, *Psychology Today*, 2002년 2월호, p.16).

불만스러운 직원에게 해고 통지서가 아닌 선택권을 주어라

캘리포니아 할리우드에 있는 파라마운트 픽처사의 폴 팔콘 고용개발 부장의 아이디어는 남다르다. 그는 직원 업무 성과에 불만족스러운 관리자의 문제를 해결해 주기 위해 가끔 관여할 때가 있다. 관리자는 그 직원을 해고하고 새 인원을 충당해야 한다고 생각하는 경우가 종종 있다. 그러나 그런 조치에는 비용이 든다. 실직 수당을 지급해야 하는 것은 물론이고 분노한 직원은 부당 해고라는 이의 제기를 함으로써 상처받은 감정을 표현할 수도 있다. 즉 직원이 자신이 정당한 이유 없이 차별과 같은 불공정한 이유로 해고당했다고 이의를 제기하는 것이다. 혹은 자발적으로 떠나는 직원의 경우에도 부당한 대우 때문에 어쩔 수 없이 사표를 낼 수밖에 없는 경우였다고 주장할 수도 있다.

이런 악감정을 최소화하기 위해서 현재 상황이 좋지 않다는 사실을 관리자도 알고 있음을 직원에게 알려 주는 것이 좋다고 팔콘 부장은 말한다. 그리고 회사가 직원에게 그 문제를 해결하기 위해 다양한 선택권을 주고자 한다는 사실을 알려 주는 것이다. 예를 들면 다음과 같다.

- 근로 조건이 받아들일 만한 것인지, 직원이 남아서 계속 일하길 원한다면 객관적인 수행 평가 기준이 마련되어 있는지 확인한다.
- 만약 직원이 다른 일자리를 찾고 싶어 한다면 필요한 휴가를 제공하는 식으로 이를 지원한다.

팔콘 부장은 직원에게 선택권을 주는 것이 중요하다는 점과 그 과정 중에 정중하며 지원적인 태도를 보여야 함을 강조했다. 직원이 자존심에 상처를 입지 않고 직장을 그만둘 수 있도록 만드는 일이 필수적이다. 위와 같은 선택권을 제시했을 때 상당수의 직원들은 감정을 상하지 않고 마무리를 했으며, 어렵고 비용도 더 많이 드는 고용 종결 과정을 겪지 않아도 되었다(자세한 내용은 *HR Magazine*, 2001년 4월호 참고).

활기 있는 분위기를 조성하라

퇴역 군인들을 위한 병원에서 일하는 간호사 한 명이 매일 팀 회의에서 재미난 유머를 알려 주기 시작했다. 이런 습관은 곧 번져나가 다른 직원과 환자들도 매일 새로운 유머를 내놓기 시작했다. 모든 직원들이 유머 책을 찾아보고 다른 사람에게 들은 우스운 이야기를 기억해 날마다 얘기할 새로운 유머를 준비하기 시작했던 것이다.

생일파티

어렸을 때 나는 모든 회사에서 직원들의 생일을 일일이 챙겨줄 것이라고 생각했었다. 그렇지만 지난 주 직원들의 생일에 선물 또는 파티를 열어 주는 회사는 20% 미만이라는 통계 수치를 보고 나는 깜짝 놀랐다. 직속상관이나 관리자가 직원을 위해 약간의 다과와 함께 작은 생일 파티를 열어 주는 것은 쉬운 일이다. 배려는 리더십에서 매우 필수적인 요소이다. 생일을 축하하는 것은 사소한 일처럼 보이지만 분명 배려에서 나온 행동이다. 리더십이란 어떤 측면에서 보면 우리 안에 있는 어린이를 보살피는 일이기도 하다.

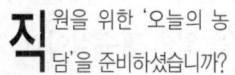

직 원을 위한 '오늘의 농 담'을 준비하셨습니까?

올바른 정신 북돋우기

실리콘 그래픽스사의 목표는 직원들의 자발적인 태도, 창의적인 생각, 남을 비난하기보다 문제를 해결하는 자세를 개발하는 것이다. 그렇다. 경영자가 원하는 것도 바로 그것이다. 그러나 대부분의 회사에서 관리자들은 직원들이 그런 정신을 보이지 않는다고 불평을 한다. 실리콘 그래픽스에서는 좋은 회사 정신을 만들기 위해 관리진이 적극적인 태도를 취했다. 예를 들어, 1년에 한번씩 50명의 직원들에게 "정신상"을 수여하는 것이다. 이런 저런 상이나 표창장이 너무 많기 때문에 이 상에서는 특히 정신

"**우**리는 직원을 고객처럼 대하려고 노력한다. 왜냐하면 고객과 마찬가지로 직원 또한 대접받는 방식이 마음에 들지 않으면 걸어 나갈 수 있기 때문이다."

– 마크 핸스컴,
미네소타 주 오스웨고 호수에 소재하고 있으며 상을 수상한 적이 있는 짐보리 프랜차이즈의 소유주

이 중요하다는 강력하고 명확한 메시지를 전달한다. 이러한 상을 통해 관리자들은 회사의 정신이 나아가야 할 방향에 대한 이상적인 모습을 정의하고 전달한다. 그리고 이러한 이상적인 모습을 실현한 직원들에게 보상하는 것이다. 직원들의 태도에 대해서 불평만 늘어놓고 개선시키기 위한 일은 전혀 하지 않는 것보다는 훨씬 좋은 방법이다.

누가 즐거운 분위기를 책임지는가?

미주리 주 롤라에 위치한 펠프스 카운티 은행은 일주일에 한 번 회사가 후원하는 휴식 시간 한 시간 동안 할 일을 결정하도록 한 팀에게 일임한다. 예산도 주고 안전하고 남을 비방하는 행동만 아니면 마음대로 상상력을 발휘해, 어떤 것이든 기획할 재량권을 준다.

직원의 장점을 상기시켜라

종종 직원이 지닌 적합한 장점이나 경쟁력을 지적하거나 증명할 필요가 있는 상황이 생긴다. 이럴 때는 언제라도 직원의 능력이나 특정한 기술 또는 예전의 성과를 떠올리게 하는 것이 좋다. 어떤 말이나 질문을 통해서 직원이 가진 장점에 집중, 일에 적용할 수 있도록 하는 것이다. 예를 들어 보자.

- 이것은 어려운 일입니다. 당신이 이런 문제에 관해 경험을 많이 갖고 있어서 다행입니다.
- 이번 프로젝트를 처리할 때 _____ 시스템에 관한 당신의 지식을 이용할 수 있는 방법이 있지 않을까요?
- 이런 일에는 항상 협조를 구하는 데, 당신이 탁월한 능력을 보여 주었습니다. 이번 프로젝트에도 좋은 전략이 되지 않겠습니까?

(1:1 LEADERSHIP, 알렉스 히암 & 어소시에이트 중에서)

> **"나**는 훌륭한 지도자라면 처벌을 받을 만한 직원에게도 징계를 내려서는 안 된다고 말한 적이 결코 없다. 그러나 당신이 누군가를 계단 아래로 떠밀 때마다 당신은 그들이 4번 더 올라올 수 있도록 도와줄 책임이 있다는 것을 명심하길 바란다."
>
> – 프란 타켄튼,
> *HOW TO MOTIVATE PEOPLE*
> (하퍼 콜린스 출판사, 1986년)

아카데미상 시상식을 응용하라

혹시 회사만의 독특한 해석으로 아카데미 시상식처럼 탁월한 업무 성과에 대해 보상하는 방법을 생각해 본적이 있는가? 비아컴사의 인사부에서 하는 방법이 그렇다. 치밀한 후보 선정 과정으로 시작하는 이 시상식은 칵테일 파티와 근사한 저녁 식사를 거치고 후보와 수상자들이 스타 대접을 받으면서 무대에서 크리스털 트로피를 받으면서 최고조를 이루며 끝난다. 물론 후보를 선정한 직원들에 대해서도 결코 홀대하는 법이 없다. 이들에게는 감사장이 전달된다. 이벤트에는 모든 직원들이 참여하고 포스터, 발표, 사전 행사 등으로 시상식에 관한 이야깃거리도 풍성하게 준비하는 것이다.

최근 한 의학 조사에 따르면 아카데미상을 받은 배우들은 그렇지 않은 비슷한 배우들보다 평균 4년 이상 오래 산다는 결과가 나왔다. 이것은 다른 사람의 인정을 받는 것이 얼마나 중요한 일이며, 또한 한 사람의 건강하고 긍정적인 관점에 크게 도움이 된다는 사실을 증명하는 것이라고 생각한다.

> **"자**기 자신을 좋아하는 사람은 좋은 결과만을 이끌어낼 것이다."
>
> – 켄 블랜차드와 스펜서 존슨,
> *THE ONE MINUTE MANAGER*
> (버클리 펍 그룹, 1983년)

> **"한** 집단의 경영자나 최고 위자만 인정을 받는다면 그 집단은 동기를 잃게 될 것이다."
>
> – 밥 넬슨,
> *1001 WAYS TO REWARD EMPLOYEES*
> (워크맨 출판사, 1994년)

다양한 아카데미 시상식 참가

이런 이벤트를 계획할 때 직원들을 참여시키는 방안을 여러 가지로 생각해 보는 것은 즐거운 일이다. 시상식과 이벤트를 기획하는 창의적인 일에 직원이 자발적으로 참가하면 그 힘은 더욱 커지기 마련이다. 그리고 직원에게 긍정적인 인식의 가능성을 열어 줄 수 있는 기회이다. 윗사람이 수상자들에게만 고마워하는 것이 아니라 이러한 시상식을 치러낸 자원자들에게도 고맙게 여긴다면 말이다.

좋은 근무 환경으로 보상하라

SAS 인스티튜트의 인사부 부사장 데이비드 루소는 "진정한 인정은

역설적이지만 최고의 업무 수행 능력을 발휘하는 사람일수록 격려를 통해 자주 도움을 받는다.

감사패 위에 새겨진 이름이 아닙니다. 경영자가 직원에게 제공하는 근무 환경을 통해서도 나타납니다. 근무 환경 그 자체로도 직원의 업무에 대한 보상의 일부가 될 수 있습니다"라고 말한다. 잘 설계되고 유지되는 사무실 공간과 기타 가족 중심적 혜택, 예를 들어 직장 내 육아 시설 등은 자녀를 가진 SAS 직원들이 가장 좋아하는 보상 중의 하나이다(쾌적한 업무 환경으로 직원에게 보상하는 방법에 관한 자세한 내용은 6장 참조).

저렴한 T셔츠를 이용한다

실크스크린으로 특별 이벤트에 관한 간단한 메시지나 손수 디자인한 그림이 들어간 티셔츠를 간편하고 값싸게 마련할 수 있다. 어떤 회사에서는 지역 봉사 활동날이나 체육 대회날 이런 티셔츠를 제작한다. 또는 프로젝트 팀 이름이 적힌 티셔츠를 만드는 경우도 있다. 특별한 업무로 몇 시간씩 추가로 일한 직원이나, 할인 행사 기간이나 연말연시처럼 손님들이 많이 올 때 열심히 일한 직원, 또는 새로운 시설 이전 같은 중요한 기획안을 처리한 직원들이 있을 것이다. 이런 이들을 위해 무인도의 사진을 배경으로 "생존자(SURVIVOR)"라는 글씨를 새긴 티셔츠를 주는 것은 어떨까? 전화 번호부를 찾아 근처 실크스크린 가게를 알아보라. 어쩌면 훨씬 저렴한 가격에 이 일을 도와줄 인재가 직원 중에 있을지도 모른다.

∪ ∪ ∪

생각 나누기

피터 슈츠의 한 프레젠테이션에서 들은 흥미로운 이야기가 생각난다. 피터 슈츠는 포르쉐의 판매 향상에 크게 이바지 했으며, 지금은 다른 CEO를 위한 강연이나 일을 하고 있는 인물이다. 그는 청중에게 성과가 변변치 않은 직원은 어떻게 해야 한다고 생각하는지 물어 보았다. 성공하려는 열성이 있고 일시적인 문제를 겪고 있는 사람이 아니라 확실히 적어도 1년 내, 회사에서 유용한 인물은 되기 글러 보이는 직원에 대해서 말이다. 그러한 "문제 직원"들은 경영자의 골칫거리가 될 가능성이 높다. 왜냐하면 바로잡기가 힘들기 때문이다. 매우 긍정적인 방안을 내놓은 사람들도 많이 있었고 몇몇은 과감한 결정을 내리기도 했다. 그러자 피터는 자기의 생각을 밝혔다. 가능한 한 그런 직원들을 무시한다는 것이었다.

나는 그가 정말 진심으로 그런 말을 한 것인지 너무 놀란 채 앉아 있었다. 그러나 지금 생각해 보니 그의 말에는 매우 중요한 지혜가 담겨 있었다. 문제를 일으키는 이는 아마 뛰어난 직원이 되지는 않을 것이다. 그러나 문제를 야기하지 않는 조용한 사람들은 언제나 뛰어난 직원이 될 잠재력을 갖고 있다. 어떤 주목도 받지 않아도 그 직원이 일을 괜찮게 해낸다면 계속 그대로 무시하라. 그리고 대신 한정된 시간과 노력을 더 나쁜 직원에게 투자하는 것이다. 이것은 성적이 좋지 않은 말을 언젠가 경주에서 이기겠다는 희망으로 훈련시키는 일과 비슷하다. 피터 슈츠는 성적이 좋지 않은 말에 대해 걱정하는 일은 그만 두라고 충고한다. 밤중에 마구간을 열어 두면 그 말이 다른 마구간으로 가서 대신 그쪽의 성적이 부진해질 수도 있다는 것이다.

모든 직원에게 별도의 관심을 줄 시간이 없다면 가장 성공할 가능성이 높은 직원에게 관심을 두는 것도 좋은 방법이다. 성과가 있는 노력과 결과는 경영자의 인정을 받을 자격이 있다. 장차 스타 플레이어가 될 직원들은 모든 회사에 존재한다. 그리고 이들을 격려하는 일은 한정된 경영자의 시간을 잘 활용하는 좋은 방법이다.

격려 체크 리스트

다음은 이 장에 나온 가장 좋은 아이디어와 실례를 강조하기 위한 체크 리스트이다.

✓ 스스로를 격려하라. 자기 자신에 대해 좋은 느낌을 얻지 못한다면 다른 사람의 기분을 좋게 만들 수 없다.

✓ 직원들이 가진 강점과 잠재성에 초점을 맞춰라.

✓ 각각의 직원들을 인정하고 보상해 줄 구체적인 사례를 찾아보아라.

✓ 열심히 노력하는 직원을 격려하라. 일을 모두 마칠 때까지 기다리지 않아도 좋다.

✓ 결과가 아닌 진행 과정에 주목하라.

✓ 가능한 자주, 구체적인 이유를 들어 고맙다는 인사를 하라.

✓ 의미 있는 경험으로 직원에게 보상하라(학습, 여행, 특별 이벤트).

✓ 팀이나 회사 전체가 아닌 개개인의 공로를 인정하라.

✓ 직원들에게 각자의 업무 기여도에 대해 말해 달라고 요청한다.

✓ 매일매일 그날의 유머를 정하는 습관을 시작한다.

✓ '정신상'을 수여한다.

✓ 매주 휴식 시간에 즐길 오락을 직원들이 책임지게 한다.

✓ 어떤 과제나 문제에 직면했을 때 각각의 직원이 가진 강점을 상

기시켜 준다.

✓ 직원들에게 개인적인 목표가 무엇인지 물어본다.

✓ 각 직원들을 독특하게 만드는 측면을 찾아본다. 그리고 정말 그
런 사람들처럼 대우한다. 경영자로서 당신은 직원들의 흥미에 대
해서 얼마나 많이 알고 있는가?

✓ 사소한 성공이라도 모든 성공을 축하한다. 뛰어난 직원은 이렇게
만들어진다.

9

의사 결정

어떤 말이 경주를 제일 먼저 끝내는 이유는 가장 빠른 지름길을 택했기 때문이기도 하다. 기수의 주요 책임은 말이 똑바로 가고 길을 잃지 않도록 하는 일이다. 그러

> 길을 잘 선택하라.
> 그러면 당신 말이 떠나는
> 여행은 쉽게 풀릴 것이다.

나 의사 결정은 공동의 활동이 되어야 한다. 왜냐하면 길은 기수가 고르되 말이 그 길을 따라가야 하기 때문이다. 의사 결정은 일터에서 팀의 협조로 이루어지는 일이기도 하다. 관리자와 직원이 각자의 독특한 관점을 통해 협조하는 것이다. 혼자서는 최고의 결정을 내릴 수 없다. 훌륭한 기수는 말도 어떤 일을 해야 할지 좋은 생각을 갖고 있다는 사실을 안다.

> "회사 내의 모든 사람을 위한 생각을 혼자서 다 할 수는 없다.
> 시도해 보아도 실패할 것이 확실하다."
>
> – 윌리엄 A. 코헨, *THE ART OF THE LEADER*

결정, 결정, 결정들. 경영자의 생활은 온통 결정할 일들로 꽉 차있는 듯 보인다. 수많은 사소한 일들로 옴짝달싹 못하게 묶여 버릴 때도 있다. 아니면 목숨을 걸고 해야 하는 중대한 결정도 있다. 참수대의 칼날이 떨어져 목이 댕강 베이지 않기를 바라는 심정으로 말이다. 경영자들은 좋은 결정, 옳은 결정을 내려야 할 뿐만 아니라 제대로 내려야 하는 중요한 결정이 무엇인지 판단해야 한다. 또한 장기적으로 봤을 때, 어떤 것이 사소한 결정이고 수고할 필요가 없는 일인지도 파악해야 한다. 훌륭한 결정은 그 자체가 어떤 경영자에게나 중요한 과제이다.

여기에 경영자의 의사 결정이 직원들에게 어떻게 영향을 끼치는가 하는 문제가 있다. 경영자는 결정을 기회로 보도록 해야 한다. 즉 리더십을 발휘해 사람들을 끌어들이고 그들 나름의 책임감 있는 판단력을 길러줄 수 있는 기회로 보는 것이다. 대부분 성공적인 회사의 경영자가 직원들의 사기를 불러일으키는 방법이 이것이다. 언제 어떻게 직원들을 의사 결정에 참여시키는가 하는 문제도 매우 중요하게 고려해야 한다.

어떤 결정을 내렸는가, 그리고 어떤 방식으로 결정했는가도 경영자의 리더십의 중요한 일부분을 차지한다. 리더십이란 결국 어디로 이끄느냐 하는 문제이다. 경영자는 항상 어딘가로 나아가야 한다. 자신이 원하는 목적지를 향해 가든가 아니면 원치 않는 목적지로부터 멀리 떨어지는 것이다. 마치 말을 타는 것과 마찬가지이다. 당신이 타고 있는 말은 어떤 방향으로 나아가야 한다. 하지만 어디로 갈 것인가?

결정은 기회이다. 손은 고삐에 올려놓고 발은 등자 위에 올려놓는 기회이다. 또는 직원과 함께 통제권을 공유할 수 있는 기회인 것이다. 이를 실행하는 방법으로는 다음 여러 가지가 있다.

∪ ∪ ∪

언덕 맞은편에 무엇이 있는지 확인도 하지 않고 말에게 언덕을 뛰어넘도록 하는 것은 분명 어리석은 짓이다. 그러나 어떠한 이유에서인지는 몰라도 사업을 하는 데 있어서는 모험을 강행하는 것이 필요한 경우가 존재한다.

비전과 과신을 구별하라

몇 년 전 슬로언 비즈니스 스쿨에서 연구 조사 결과를 밝혔다. 이 연구에 따르면 대부분의 관리자들이 의사 결정시 지나친 과신으로 문제를 겪고 있었다. 구체적으로, 관리자는 자신의 추측이 실제보다 더 정확하다고 믿고 있었다. 이 말은 관리자가 전략적으로 위험한 내기를 할 수도 있다는 뜻이다. 더욱 무서운 일은 이러한 과신은 회사에서의 지위가 높은 사람일수록 더 심하다는 사실이었다. 간부급 중역진들과 사업가들은 과신이라는 최악의 사례를 보여 주고 있었다.

2000년도 경제가 침체되고 있을 때 나는 이 조사를 평가하였다. 많은 닷컴 기업들이 실패하면서도, 다들 말할 나위도 없이 지나친 자신감을 갖고 자기 사업을 평가하고 있었다. 심지어 기존에 설립된 사업체들도 비현실적인 생각을 하고 있었다. 코네티컷 주 아본에 위치한 중소기업 투자 은행 기업인 델타 캐피탈 그룹 LLC의 사장 브래드 미드는 은행에 찾아온 고객들이 나쁜 경제 지표와 판매 감소를 무시하고 있음을 알아차렸다. 고객들은 하나같이 내년에는 판매액이 늘어날 것이라는 가정 하에 예산을 잡고 있었다. 미드 사장은 이들에게(*Inc. Magazine*에 따르면) "불경기가 단지 일시적인 현상이라고 생각하는 것은 큰 도박입니다. 최고경영자로서 그런 우연한 찬스에 의지해서는 안 됩니다". 하지만 아직도 위험한 도박을 하는 경영자들은 많다.

미드 사장의 말에 따르면 많은 사업 경영자들과 대부분의 기업가들이 천성적으로 낙천적인 기질이 있어서 미래를 장밋빛 안경을 쓰고 보는 경향이 있다고 한다. 이런 성격은 사람들에게 사업의 잠재성을 설명하며 직원의 사기를 높이는 데는 아주 좋다. 그러나 예산 작성을 할 때나 자금 조달시에는 그렇지 않다. 경영자는 최악의 경우를 포함한 다양한 시나리오를 준비해 자신의 비전이 매우 긍정적이면서도 현실적임을 확실히 해야 한다. 회사의 생존은 경영자의 제일 첫 번째 책임이다. 성장은 그 다음이다.

따라서 경영자는 항상 미드 사장이 표현한 "낙천주의의 함정"을 조심해야 한다. 확실히 경영자는 크게 생각할 필요가 있으나 회사를 보호할의무도 있다.

완성이 열쇠

"무엇을 하고 안 할지 최종적으로 고려할 때 10%가 계획, 나머지 90%는 실천이다. 일단 일을 마치고 전쟁터는 나중에 치우라. 어떤 일의 아름다운 계획에만 사로잡혀서 나중에 기차가 이미 떠났다는 사실을 발견하는 일이 생겨서는 안 된다. 우리가 대답해야 하는 질문은 '오늘 군대를 위해 무슨 일을 했는가?'이지 '오늘 무슨 계획을 세웠는가?'가 아니다."

– 알버트 B 애커스, 육군 소장

결정을 충분히 재검토하는가?

"물의를 일으키며 재정적으로 곤란을 겪어온 프로비디안 파이낸셜사의 회장 겸 대표이사는 사업 계획의 초석이 실패였음을 인정하며 회장직을 사임하겠다고 어제 밝혔다."(San Francisco Chronicle, 2001

"**관**리자는 '어떻게'와 '언제'에 관심이 있는 반면 경영자는 '무엇'과 '왜'를 중요시한다."

– 에이브라함 잘레즈닉

년 10월 19일자, B1면) 결국에는 경영자가
결정에 대한 책임을 져야 한다. 경영자는 많
은 생각을 거쳐 결정을 내리고 고비마다 그
결정들을 다시 한번 검토해야 한다.

마음을 바꾸기에 너무 늦은 시기란 없다
고들 말한다. 그러나 프로비디안사의 최고
경영자의 경우에서 보았듯이, '마음을 바꾸
기에 너무 이른 시기는 없다'라는 말이 더욱
현명하다고 하겠다. 때로 자신이 내린 결정
이 좋은 것인지 알아보기 위해서는 실제로
행동에 옮기는 방법만이 유일할 때도 있다.
그리고 만약 그 결과가 좋지 않게 나왔다면
재빨리 방향을 바꾸어라. 사업에 오래 몸을
담고 있는 경영자들은 보통 빈번한 방향 전
환을 개의치 않는다.

동종 업체의 압력을 받지 마라

동일 시장이나 산업계에 있는 사람들은 종종 같은 시기에 같은 흐름을
탄다. 경영자로서 이러한 관행적인 사고방식을 거스르기란 어려운 일이
다. 그러나 같은 흐름을 탄 결과, 소위 자신은 비전이라고 여겼던 일이 결
국 다른 사람도 모두 당장 그렇게 해야 한다고 생각한 일일 수도 있다.

이베이 최고경영자인 마가렛 위트만은 칭찬할 만한 독립심을 보여준
사례이다. 다른 닷컴 기업들이 이윤이 나기도 전에 모두 엄청난 돈을 프
라임 시간대의 광고에 쏟고 있을 때, 그녀는 이 대열에 합류하기를 거부

했다. 예를 들어, 1999년 다른 업체들이 수백만 달러를 들여 슈퍼보울 광고를 했지만 그녀는 뒤로 물러서 1년을 기다린 뒤 처음으로 광고 캠페인을 시작했다. 지나고 보니 그녀의 신중함은 참으로 잘한 행동이었다. 당시 큰돈을 썼던 기업들이 대부분 사라진 지금 이베이는 살아남았고 큰 성공을 거두었다.

해가 나지 않을 때 건초를 심어라

시기가 좋을 때 이윤을 추구하고 무리를 쫓아가기란 쉬운 일이다. "해가 있을 때 건초를 만들어라"란 속담처럼 말이다. 그러나 비가 올 때 무슨 일을 해야 할지 파악하기란 그보다 어렵기 마련이다. 한 걸음 물러나 있어야 할까 아니면 정해진 목표를 계속 추구해야 할까? 주니퍼 네트워크사는 캘리포니아 주 서니베일에 위치한 인터넷 장비 제조업체이다. 이 회사는 최근 불경기에도 불구하고 고객의 수가 두 배로 늘어났다. 구매액은 급락했고 운영은 심각한 손실을 기록했음에도 불구하고 말이다. 최고경영자인 스코트 크리엔스는 자신의 전략을 *San Francisco Chronicle*(2002년 1월 16일자, B6면) 인터뷰에서 이렇게 밝혔다. "단순한 경기 흐름 때문에 시장을 떠나거나 경쟁의 끈을 놓지는 않을 겁니다."

> **모**순은 미덕이다. "빌 게이츠의 많은 평론가들이 그의 이중성이라고 생각하는 점은 사실 지혜이다. 무의식적인 실존주의자 빌 게이츠는 일관성보다는 올바름을 추구한다."
>
> – G. 파스칼, 재커리,
> *SMART MONEY*

"48시간 법칙"으로 결정권을 장려하라

대부분의 결정 및 행동은 어떤 사업에서건 다른 사람의 의견이나 정보 제공을 필요로 한다. 소규모 사업이라 해도 직원은 사장에게 어떤 일을 해도 될지 물어봐야 한다. 12명 이상의 직원을 거느린 사업장에서는 적어도 한 사람 이상의 의견을 거쳐야 일을 진행할 수가 있다. 문제는 사람들이 필요한 만큼 빨리 반응하지 않는다는 점이다. 질문에 답을 며칠 동안 안 하거나 또는 아예 답이 없어 의사를 결정해야 하는 사람이 도저히 일을 진행할 수 없게 만드는 것이다.

이런 문제를 해결하기 위해 텍사스 주 오스틴에 위치한 아페리안이라는 인터넷 서비스 회사는 급진적인 방안을 도입했다. 문의하였으나 24시간 이내에 응답이 없을 경우에는 직원이 직접 업무 결정을 내릴 수 있는 것이다. 이는 동료 직원에게 문의한 경우뿐만 아니라 상사에게 일에 대한 허가를 받아야 하는 직원에게도 적용된다. 이 같은 방안을 실시함으로써 관리자들은 직원들의 질문이나 요청에 신속하게 대응하게 되었다. 처음에는 어려워 보이지만 일단 익숙해지고 나면 매우 좋은 방법이라고 할 수 있다. 결국 경영자가 직원에 대해 책임감이 없는데 어떻게 직원이 경영자에 대해 책임감을 갖겠는가?(*The Wall Street Journal*, 2001년 3월 6일자, A1면)

결정하기 전에 타인의 의견을 구하라

핵 잠수함 그린빌의 선장이 선원들에게 하와이 해안으로 급히 부상할 것을 명령하였다. 2001년 2월 9일의 일이었다. 선장은 잠수함 바로 위에 대학생들을 태운 일본 배가 있는 것을 알지 못했다. 결국 에히메 마루라는 이름의 이 일본 배는 침몰했고 9명이 실종되었다. 잠수함 선장은 부상하기 전에 장애물이 없는지 미리 확인했어야 하지 않았을까? 물론 선장은 수중음파 탐지기와 잠망경을 통해 지역을 검토하였다. 그러나 파도가 높았고 잠망경에는 배가 보이지 않았다. 비극적인 일이었다. 수중음파 탐지기로도 선장의 결정을 제지할 만한 증거는 나오지 않았다. 아니, 어쩌면 증거가 있었을지도 모른다.

자면서도 자신이 내린 결정에 대해 다시 한번 생각할 수 있다면, 그렇게 해라.

뒤이어진 조사를 통해 한 선원이 수중탐지기를 통해 일본 배의 위치를 정확히 파악했던 사실이 밝혀졌다. 그리고 그 고기잡이 어선이 잠수함과 위험할 정도로 가까이 있어 우려했다는 것도 밝혀졌다. 그러나 그 선원은 선장의 잠수함 부상 명령에 이의를 제기하지 않았다. 그는 그 사실을 혼자만의 비밀에 부쳤다. 더 심각한 사실은 탑승했던 수석 선원이 나중에 말하길 선장이 잠수함 부상을 너무 급하게 몰아붙인다고 생각했다고 하였다. 그러나 그 선원도 자신의 우려를 입 밖에 내지 않았다. 만약 선장이 단순히 명령을 내리기 전에 관련 정보가 없는지 사람들에게 묻기만 했다면 사태는 달라졌을 것이다.

중요한 결정을 내릴 때, 특히 만약 그 결정으로 인해 자신과 회사가 감당할 수 없을 정도로 사태가 악화될 가능성이 있는 경우에는, 잠시 행동을 멈춘 다음 사람들에게 이견이나 우려는 없는지 물어보아야 한다. 반드시 구체적인 단어를 사용해야 한다. '맘 속에 담고 있는 우려'라는 말을 사용하는 것이다. 이는 차마 말 못하는 근심이나 의견을 표면으로 드러나게끔 만드는 강력한 단어이다. 이 단어를 사용할 때는 다른 사람에게 대신 결정을 내리라거나, 동의 과정을 거치기 위해 일을 꺼내 놓거나, 민주적인 투표 과정을 진행하는 것이 아님을 명확히 해야 한다. 결정을 내리는 것은 당신 자신이다. 단지 실수를 미연에 방지 할 수 있도록 당신은 모르는 어떤 사실을 혹시 다른 사람들이 알고 있는지 검토하는 과정일 뿐이다. 다른 의견을 물을 때는 반드시 이 같은 점을 밝혀야 한다.

그러나 어떤 집단은 천성적으로 변화를 거부하거나 못 마땅히 여기는 경우도 있다. 그리고 모호하고 근거 없는 우려들만 넘쳐 나기도 한다. 합리적인 걱정이라기보다는 불평에 더 가까운 우려 말이다. 이런 경우에는 다음과 같은 표현으로 중요한 문제에만 집중할 수 있도록 만든다. "지금 이 일의 실행 과정에 대해서 누구 구체적인 우려를 가진 분 있으십니까?" 구체적인 우려란 명확한 초점을 갖고 있으며 확실한 근거나 적어도 가능성을 지닌 것을 말한다. 이러한 우려는 일반적인 걱정보다 의사 결정 과정에 매우 유용하다. 예를 들어, '일이 잘못될까 봐 걱정이 돼요'라는 말을 들어 보아야 아무 도움이 안 된다.

정각에 기차가 운행되도록 하라

경영자들은 미래와 현재 사이에서 갈등을 겪는다. 미래의 큰 그림과 오늘의 자잘한 일거리들을 동시에 해결해야 하는 것이다. 만약 일상적인 업무 운영에 지나치게 집중한다면 미래를 계획하는 경영자로서의 역할을 등한시하게 될 것이다. 미래를 향한 경영자의 역할은 회사를 위해 전략적 선택 사항들을 이모저모 살펴보는 것이다. 그러나 만약 현재의 업무 활동과 동떨어져 두 손을 놓고 있다면 이 또한 위험한 일이다. 직원들은 자기들이 신경 쓰는 일에 경영자는 전혀 신경 쓰지 않는다고 생각할 수도 있다.

미래와 현재, 두 마리 토끼를 모두 잡는 일은 모든 경영자들의 과제이다. 토니 블레어 영국 수상은 해외에서 대외 정책과 관련하여 많은 시간을 보냈다. 이때 그에게 쏟아진 불만에서 경영자로서의 애로 사항이 잘

드러난다. 그의 표현에 따르면 블레어 총리의 비전은 "영국을 영원한 세계의 영향력으로 만들고자" 하는 것이었다. 매우 흥미로운 리더십이 분명하다. 그러나 이것은 일상의 자잘한 일들이 동시에 처리될 때만 가능한 일이다. 불행히도 블레어 총리는 그의 비전을 추구하느라 해외로 돌아다니는 동안 본국에서 여론의 비난을 받았다.

영국의 일간지 *Observer*는 "블레어 총리가 생각하는 역사는 영국 바깥에서 발생하는 것이다"라고 비꼬았다(2002년 1월 6일자). 심지어 외국의 언론도 그다지 호의적이지 못했다. *USA Today*는 총리의 측근의 말을 인용하여 "블레어 총리가 기차를 제때 운행시키기만 하면 좋겠습니다"라면서 "영국의 필수 서비스인 수송, 건강, 교육이 지난 50년 간 최악의 자금 상황을 맞고 있다"라고 싣는 한편 "블레어 내각은 전반적으로 취약하다는 평가를 받고 있다"라는 기사를 실었다(*USA Today*, 2002년 1월 10일자).

시간을 들여 큰 그림에도 집중하는 한편 세세한 일까지도 등한시하지 않는 경영자들은 일상적인 운영 업무를 멋지게 해내는 직원을 둔 경우이다. 즉 "기차가 정각에 운행될 수 있도록" 만드는 믿을 수 있는 사람을 둔 것이다. 만약 이런 일을 할 믿을 만한 관리자가 없다면 당신이 제일 먼저 해야 할 일은 그런 사람을 찾는 일이다. 그렇지 않으면 두 가지 일 사이에서 늘 시달려야 할 것이다. 한편으로는 사업을 운영하고 다른 한편으로는 회사의 미래를 위해 전략과 계획을 구축하느라 애쓰면서 말이다.

> **"성**공하는 유일한 방법은 … 굉장한 사람들을 고용하여 올바른 길로 인도하는 것이다. 그리고 나서는 스스로 나아갈 수 있도록 놔둬라. 나는 일을 하는 사람이기보다는 일하는 법을 지도하는 사람이다."
>
> – 스티븐 케이스,
> 아메리칸 온라인 타임워너사 회장
> (*The Wall Street Journal*, 2002년 1월 7일, p.B1)

참신한 아이디어에 대해 보상하라

벌리츠 인터내셔널사는 300개가 넘는 랭귀지 센터를 가진 널리 알려진 회사이다. 이 회사는 항상 실적이 올라간 직원들에게 보상을 해왔으나 최근에는 좋은 아이디어나 기획안을 제의한 직원에게도 상을 주고 있다. 각 부서에서 회사 성장에 도움이 된 창의적인 일을 한 사람이나 팀이 수상 후보가 되는 것이다. 이 프로그램 실시 첫해의 수상자들은 현금으로 3,000달러와 은으로 된 로고 핀, 그리고 빌트모어에 있는 특별 회의 출장, 피닉스에 있는 리조트와 온천 여행을 상으로 받았다. 참신한 기획안에는 고객 관계 관리를 위한 새로운 팀 구성이나 인터넷을 통한 언어 교육 등이 있었다. 이러한 종류의 보상은 회사 직원들로 하여금 좋은 비즈니스 결정을 내리고 이를 실행하기 위해 협력하는 데 큰 도움이 되었다.

대화를 나눌 수 있는 경영자 간의 모임을 만들라

혼자서 어려운 결정을 내리느라 애쓸 필요가 없도록 서로 의견을 구할 수 있는 경영자 간의 관계를 형성하는 것이 좋다. 예를 들어 소매업을 소유, 운영하고 있다면 지역 은행에 있는 친구에게 전화해서 가끔 사업 문제에 관한 조언자가 되어 줄 수 있는지 요청하고 반대로 자신도 상대방에게 똑같은 역할을 해주는 것이다. 혹은 지역 경영자들의 모임에 가입하는 것도 좋다. 상공회의소나 로터리클럽 모임, 또는 전문 경영인들의 그 지역 모임이면 된다. 여기서 만나는 사람 중에는 믿을 만하며 경험이 많아, 사귀어 두면 도움이 될 사람들이 반드시 있기 마련이다.

처음에는 일상적인 질문으로 가볍게 시작하는 것이 좋다. 그리고 만약 상대방이 원할 경우에는 얼마든지 당신도 도움을 줄 수 있다는 점을 확실히 해야 한다. 시간이 흐르면 문제를 해결해야 하거나 어떤 일을 하면서 불확실할 때, 전화를 들어 이러한 동료들에게 조언을 구하는 일이 자연스럽게 습관처럼 되어 있을 것이다. 게다가 자신의 문제가 아니라 다른 사람의 문제에 대한 답을 찾기란 의외로 매우 쉬운 일이다. 오하이오 주 리마에 있는 비즈니스 퍼포먼스 그룹의 제인 갤로웨이 세일링은 이러한 경영자간

> "**당**신이 어디로 가고 있는지 모를 경우에는 조심해야 한다. 목적지에 도착한다는 보장도 없기 때문이다."
> – 요기 베라

의 연합은 "어려운 시기 중요한 자원"이 된다면서 성공한 사람들은 "오랜 세월 다져진 다수의 연합 관계"가 있다는 점에 주목했다(*Performance in Practice*, 2000~2001 겨울, p.6 인용).

쿼터백 프랜 타케톤의 "협력하기"

"누군가 내게 머리가 좋다고 하는 말에 정말 화가 난 적은 한번도 없습니다. 그래서 바이킹 선수 시절, 이론은 모두 헛소리라고 떠드는 소리에도 귀를 기울이지 않았지요. 이제 와서 뒤늦게 고백하는 셈입니다만, 저보고 달리기와 패스는 보통이지만 작전 명령은 최고라고 말하는 스포츠 기자 양반들은 이 점을 기억해야 합니다. 경기를 할 때 내가 콜을 내리는 경우는 25% 정도였습니다. 나머지는 가드인 에드 화이트나 후방 아마드 라시드, 그리고 좋은 친구이자 룸메이트인 센터 믹 팅글호프가 콜을 내렸지요. 잠깐만 생각해 보면 이건 상식입니다. 모든 문제를 혼자 알아서 풀 수 있는 사람은 없습니다. 단체로 일하고 있을 때 같이 일하는 사람들의 생각을 알아보는 것이 합리적이지 않습니까?"

(웹 사이트 gosmallbiz.com의 타케톤에서)

직원이 결정할 수 있도록 양육하라

일반적으로 관리자와 사업주들은 결정을 내릴 때 거의 직원의 참여를 배제하여 실수를 저지르는 경향이 있다. 의사 결정에의 참여는 직원의 밑그림 이해도를 높이고 지식과 기술을 발전시키며 내부의 동기 유발을 자극한다. 더 많은 직원의 참여가 있을수록 더 좋은 결정이 나올 것이다. 그러나 법적 시각을 참조하라. 직원 참여에 관한 경영적인 시각과 함께 법적 시각도 있다.

경영자로서 영향을 끼칠 수 있는 일과 없는 일을 파악하라.

미국 군대의 지도자들은 행동을 취하기 전에 각 상황을 평가하도록 훈련받는다. 이러한 평가의 핵심 내용은 다음 상황을 파악하는 것이다.

• 지도자의 영향력이 별로 혹은 전혀 없는 상황 요인을 파악한다.

법적 시각

직원 참여

경영자는 직원들의 의견을 원하지만 때로는 이를 요구하는 방법에 있어 주의를 기울여야 한다. 제안이나 아이디어를 제시하기 위해 모인 직원 위원회는 매우 좋은 경영 참여 방법처럼 들리지만 노동조합으로 간주될 수도 있다. 특히 그 위원회의 목적이 직원들의 불만을 처리하기 위한 경우에 그러하다. 경영주의 의도는 분명 이런 것이 아닐 것이며 경영주가 원하는 것은 좋은 제안을 얻고자 하는 것이지 노동 관계 규칙이나 권리에 대해 우려하고 싶지는 않을 것이다. 그러나 직원 위원회가 관찰자로서만 경영에 참가한다면 이런 문제는 피할 수 있다. 또는 위원회의 목적이 단순히 직원들의 경영 불만을 표현하는 것보다 더 광범위한 경우일 때도 문제는 피할 수 있다.

– 낸시 L. 오닐, 미국 노동 및 고용 문제 전문 로펌 잭슨 루이스의 변호사

• 지도자의 영향력이 있는 상황 요인을 파악한다.

이는 어떤 상황에 대해 생각해 볼 수 있는 매우 강력한 방법이다. 당신이 대응할 필요(영향을 끼치지 못하는 일들)가 있는 일에 집중할 수 있다. 그리고 대응이 가능한(영향을 끼칠 수 있는 일들) 방법으로는 뭐가 있는지도 알 수 있다. 두 개의 리스트를 적는 데는 30초면 충분하다. 실행에 옮기기 전에 한번 이것을 실천해 보라. 적절한 리더십 행동을 취한다면 작은 계획으로도 먼 길을 갈 수 있다.

> "**풍**향을 바꿀 수는 없지만 돛을 조정함으로써 항로를 바꿀 수는 있다."
> – 버다 칼로웨이

무엇이 최고인가?

숙련된 트레이너이자 코치인 재닛 드레셔는 캘리포니아에서 일부 고객을 도와준 사람이다. 그녀는 새로운 고객을 방문해 관리자와 직원들을 인터뷰할 때 재미난 질문을 던지기를 좋아했다. 질문은 이러했다. "여기서 무슨 업무가 제일 잘 돌아가나요?"

이런 질문에 사람들은 놀라서 대답하는 데 시간이 조금 걸리곤 했다. 왜냐하면 컨설턴트나 관리자들이 잘된 것보다는 잘못된 일에 초점을 둔다고 생각하기 때문이다.

이런 질문을 던졌을 때 나오는 대답은 주로 어떤 특정한 과정이나 집단이 매끄럽게 일이 진행된다는 대답이다. 그리고 그 대답이 바로 그 회사의 가장 큰 강점이 된다. 경영자는 회사의 강점이 무엇인지 알아야한다. 그래야 실수로 이를 망쳐버리는 결정을 피할 수 있다.

∪ ∪ ∪

생각 나누기

1, 2년 후에 봤을 때, 우리가 경영자로서 내린 결정 중 큰 영향을 미치는 것은 1% 미만에 불과하다는 사실을 생각해 보자. 우리는 그것이 어떤 결정인지 알고 있는가? 그 결정을 내릴 때 충분히 생각을 거듭했는가? 의사 결정 과정에서 많은 사람을 참여시켰는가? 위험을 최소화하도록 충분히 조사했는가?

약점을 고치는 데 모든 시간을 쏟았으면서 강점은 보강하지 못했다면, 부끄러운 일이다!

몇 가지 결정에 대해서는 그런 충분한 고려를 할 수 있겠지만, 어떤 것이 중요한 결정인지 미리 알 수는 없다면서 이런 일들을 간과해 버리는 관리자가 많다. 그러나 나는 이 말에 동의하지 않는다. 회사의 방향을 바꾸거나 주요 목표를 추구하는 능력에 영향을 끼치는 결정은 매우 중요한 것이며 미리 눈에 보인다. 어떻게 관리자들을 다룰 것인가, 어디로 점심을 먹으러 갈까 하는 결정이 아니다. 바로 일상적인 경영 사항들이 모여 중요한 상황 문제를 형성하는 것이다. 그러나 나중에 가서야 우리는 그 문제에 대해 전혀 생각하지 않았으며 중요한 결정을 내리기 위해 시간을 투자하지도 않았고 이를 실행할 사람을 개입시키지도 않았음을 발견하게 된다.

이런 일을 방지하기 위해서는 아침에 그날의 제일 중요한 업무에 집중할 것을 다짐하고 다른 일로 바꾸지 않아야 한다. 그리고 그 업무에 상당한 진보가 있을 때까지 파고들어야 한다. 혹은 일시적으로 그 업무를 방해하는 일이 생기기 전까지 전력을 쏟아야 한다.

중요한 일을 하고 있을 때는 그보다 덜 중요한 일은 잠시 기다리게 놔두어도 좋다. 자, 남들보다 앞선, 좋은 출발을 해보자.

의사 결정 체크 리스트

다음은 이 장에 나온 가장 좋은 아이디어와 실례를 강조하기 위한 체크 리스트이다.

✓ 중요치 않은 결정을 내리지 마라. 정말 중요한 것을 위해 자신을 아껴라!

✓ 직원들이 당신만큼 또는 당신보다 더 잘 내릴 수 있는 결정은 당신이 내리지 마라.

✓ 낙천적이 되어라. 그러나 과신은 금물이다. 불확실할 때는 후퇴라는 카드도 가지고 있어야 한다.

✓ 결정으로 영향을 받을 직원에게 미리 의견을 구하라.

✓ 직원들이 선호하지 않을 결정을 내릴 때는 그 이유를 설명하라.

✓ 자주 마음을 바꿔라. 상황도 자주 바뀌기 때문이다.

✓ 경쟁 업체가 한다고 해서 단순히 따라하지 마라. 그들이 틀렸을 수도 있다.

✓ 결정에 대한 의견을 제공할 때는 시간 제한을 두어라.

✓ 맘 속에 두고 있는 우려나 걱정 사항이 있는지 물어보라. 묻지 않으면 아예 말하지 않을 수도 있다.

✓ 얘기할 수 있는 다른 경영자를 찾아라. 문제가 생겼을 때 대화로 도움을 얻을 수 있다.

✓ 영향을 끼칠 수 있는 일과 없는 일의 리스트를 만들고 영향을 끼칠 수 있는 일을 하라.

✓ 조직의 강점을 파악하라.

✓ 가장 중요한 결정이 무엇인지 결정하고 아침에 그 업무를 우선순위로 삼아라. 덜 중요한 과제나 잡무는 나중으로 미뤄라.

10

개발

모든 우승마에게는 훌륭한 조련
사가 있다. 오늘 경기에서 말이 우
승하는 동안 조련사는 내일의 시합
을 미리 생각한다. 우승마는 훈련에
많은 시간을 쏟는다. 그들의 성공은

> 우승마도 혹독한 훈련을
> 받을 필요가 있다. 내일 경주가
> 있다면 오늘 준비해라!

결코 우연이 아니다. 성공적인 관리자 역시 회사의 능력을 발전시킨다. 훈
련을 시키면서 조련사는 어떤 말은 타고난 경주마이고, 어떤 말은 점프 능
력이 강하거나, 끄는 힘이 강하거나 또는 산길 여행에 강하다는 사실을 기
억하게 될 것이다. 이와 유사하게, 회사의 각 구성원도 자기만의 독특한 강
점을 가지고 있다. 그리고 이 강점을 완전히 파악하고 개발할 때 최고의 능
력을 발휘하게 된다. 내일의 성공을 위한 씨앗은 반드시 오늘 뿌려야 한다.

"사람들이 그들의 가장 바람직한 모습이 될 수 있도록 도와주어라.
그리고 그들이 이미 가장 바람직한 모습이 된 것처럼 대하라."

– 괴테

개발은 회사, 팀, 또는 집단의 사기를 진작시키고 일을 추진해 나가는 데 필수적인 요소이다. 그 이유는 두 가지가 있다. 첫째, 사람은 개인적으로나 업무적으로 성장하고 발전할 때만이 최고의 능력을 발휘할 수 있다. 직원이 최고의 성과를 보이려면 회사의 업무가 개인이 성장하는 경험이어야 한다.

두 번째로, 경영자는 모든 도움을 필요로 한다. 그리고 장차 회사는 더 많은 인원, 더 좋은 사람들을 필요로 하게 된다. 여기서 잠깐 우리 경제의 기본 흐름을 생각해 보자. 매년 더 많은 인구, 더 많은 회사, 더 많은 기술, 더 많은 상품, 더 많은 아이디어, 더 많은 사실이 나타난다. 그리고 예를 들어 실제로 정보는 기하급수적으로 성장하고 있다. 그리고 그 속도는 따라잡기 힘들 정도로 매우 빠르다. 이것은 확실한 사실이다.

상식적으로 볼 때, 한 세대는 이전 세대보다 더 낫고 더 똑똑해져야 한다. 그리고 재미있게도 현대의 IQ는 매 세대마다 약 20씩 올라가고 있다. 이러한 현상을 플린 효과*라고 부른다. 왜 IQ가 높아지는지는 모르지만 그래야 하는 이유는 확실히 알고 있다.

회사 내에서는 비즈니스 IQ를 그보다 훨씬 빨리 높여야 한다. 왜냐하면 회사의 "세대"는 훨씬 짧기 때문이다. 사실 직원들이 몇 년마다 직장을 바꾸는지를 생각해 보면 알 수 있다. 만약 팀을 이끌고, 홍보 활동을 정하고, 또는 내년에 있을 새로운 어려운 프로젝트를 다룰 인원이 필요하다고 가정해 보자. 그러면 어디서 그 인력을 찾을지 자기 자신에게 먼저 물어

---

*플린 효과(Flynn Effect)라 일컫는 IQ(Intelligence Quotient)의 증가 현상은 1980년대 초반 뉴질랜드의 심리학자 제임스 플린(James Flynn)이 국가별 IQ지수의 변동 추세를 조사하면서 밝혀졌다. 플린은 미국의 신병 지원자들의 IQ 검사 결과를 분석해 신병들의 평균 IQ가 10년마다 3점씩 올라간다는 사실을 발견했으며, 1987년 14개국으로 대상을 확대 실시한 조사에서도 비슷한 결과를 얻었다. 벨기에·네덜란드·이스라엘에서는 한 세대, 즉 30년 만에 평균 IQ가 20점이 올랐고, 13개국 이상의 개발도상국에서도 5~25점 증가했다는 보고서가 발표되었다.

봐야 할 것이다. 가장 간단한 대답은 바로 당신이다. 인력 시장에서 인재를 구하느라 경쟁하기보다는 자기 자신의 능력을 계발하는 편이 훨씬 수월하다.

그러나 이는 요점을 벗어난 일이라고 할 수 있다. 왜냐하면 사실 우리는 지금 당장 더 훌륭하고 더 똑똑한 직원들을 필요로 하기 때문이다. 학습과 계발의 정신을 불러일으키고자 경영자가 오늘 하는 일은 더 나은 내일을 위해 치르는 대가인 것이다. 한동안 "배우는 회사(Learning Organization)"를 만든다는 얘기가 유행한 적이 있다. 이 것은 이상적인 생각이다. 그러나 현실적으로 볼 때, 회사가 배운다는 것은 그 구성원들이 배우는 것임을 놓치지 말아야 한다. 과

연 당신의 직원들은 배우고 있는가?

"성장하지 않는다면 죽어 가는 것이다"라는 옛말이 있다. 이 말에는 인생은 끊임없는 학습의 과정이라는 개념이 담겨 있다. 적극적으로 인생을 살게 만들기 위해, 경영자가 할 일은 직원의 성장과 발전을 도모하는 것이다. 살아있는 존재의 성장을 위해서 양육이 필요하듯 말이다.

한 가지 확실한 사실은 성공한 것으로 보이는 회사에는 모두 성장하고, 배우고, 발전하는 사람들이 있다는 사실이다. 속해 있는 회사가 성장하고, 배우고 발전하는 속도보다 빠르지는 않아도 적어도 똑같은 속도로 직원들도 같이 발전하는 것이다. 경영자로서 회사를 발전시키기 위해 할 수 있는 몇 가지 방법이 여기 있다.

∪ ∪ ∪

직원의 발전 과정을 측정하고 기록하라

당신이나 회사의 관리자는 업무 능력이 탁월한 직원을 개발하기 위해 얼마나 많은 시간을 투자하고 있는가? 한번 매일매일의 스케줄을 분석해 보라. 직원 개발 및 지도에 쏟는 시간이 겨우 1% 이하임을 발견할 것이다. 사실 오늘날처럼 분주히 돌아가는 업무 환경에서는 매우 흔한 일이다. 수치를 1% 이상으로 끌어올리기 위해서는 우선 기록부터 해야 한다. 제대로 파악도 못한 일을 어떻게 관리할 수 있겠는가?

시어스 크레디트사의 방법을 살펴보자. 현장의 감독자와 관리자는 직원 개발에 집중하도록 독려할 뿐만 아니라 직원 개발 진행 상황을 기록한다. 개발 관련 활동에 80%의 시간을 쏟을 수 있도록 하는 것이다. 이들의 업무는 일을 직접 하는 대신 직원들이 기술을 발전시킬 수 있도록 돕는 것이다.

직원들을 위한 기회를 많이 제공하라

기회는 동기 유발의 강력한 원천이다. 업무상의 새로운 과제에 도전할만한 단기적인 기회이든 또는 경력 면에서 성장하고 발전할 만한 장기적인 기회이든 상관없다. 그러나 정신없이 바쁘게 돌아가는 일상 업무에서 경영자가 모든 직원이 적절한 기회를 파악하고 추구하도록 만들기는 사실상 어렵다. 한 조사에서는 직원들이 참여하는 자세를 잃고 직장

> 구성원에 대한 이해 없이 어떻게 조직을 논하겠는가?

을 떠나는 이유는 직장에서 자신을 위한 기회가 부족하다고 느끼기 때문이라는 결과가 나왔다. 관리자들은 모든 직원이 "기회에 집중"할 수 있도록 더 많은 노력을 쏟아야 한다.

퍼스트 USA 은행의 '기회의 노크(Opportunity Knocks)'라는 프로그램을 살펴보면 구체적인 방법이 나타나 있다. 이 프로그램에 참가한 직원들은 경력 개발 강의에 출석해서 자신만의 흥미와 강점을 발견하고 이에 따라 자신의 경력 개발 목표를 설정한다. 그리고 관리자와 함께 이러한 목표를 이루기 위해 더 많은 경험과 훈련을 쌓는다. 그 결과 프로그램 참가자들의 승진율이 높아졌고 이직율도 평균보다 훨씬 낮아졌다. 그리고 내부 조사 결과 직원 만족도 면에서도 상당한 증가세를 보였다.

물론 직원들이 각자 알아서 자기 계발을 하리라고 생각하는 사람도 있을 것이다. 그러나 이 사례는 직원들이 다음 단계를 설정하고 준비하는 데 지원과 도움을 필요로 한다는 사실을 보여 주고 있다.

실질적인 기회를 제공하라

기회와 문제는 종이 한 장 차이다. 사실 어떤 사람에게는 흥미진진한 기회가 다른 사람에게는 스트레스로 꽉 찬 위기가 될 수도 있다. 경영자로서 직원들에게 지나치게 많은 부담을 주지 않으려고 신경을 쓰는데, 이것이 오히려 동기 유발 보다는 스트레스를 더 많이 주는 경우도 있다. 그러나 직원 중 누가 새로운 업무나 과제에 큰 흥미를 느끼는지 또는 말없이 걱정하며 스트레스를 받는지 알아채기란 어려운 일

> "나는 단지 지루해지기가 싫어서 재미있게 살려고 할 뿐이다. 이것이 내가 매번 다른 배역을 찾으려고 하는 이유이다."
> - 브루스 윌리스, 배우

이다. 사실 직원에게 기회를 줄 때 '예/아니오'로 답하라는 식으로 한다면 거의 대부분이 '예'라고 답할 것이다. 직원은 상대방이 '예'라는 대답을 원할 거라고 생각하기 때문이다. 제대로 대답을 유도하기 위해서는 다양한 범위의 기회를 제공해야 한다. 그다지 어렵지 않은 과제, 중간 정도 수준의 업

직원들은 종종 기회가 부족하다는 것을 이유로 사명감을 잃고 직장을 떠나기도 한다. 어떻게 하면 이런 현상을 막을 수 있을까?

무, 마지막으로 큰 계기가 될 만한 어려운 도전 과제 등 선택권의 범위를 넓히는 것이다. 그 중 어떤 것을 선호하는지 질문하면 된다. 만약 필요하다면 며칠간의 대답할 말미를 주어도 좋다. 이러한 방식을 거치면 직원은 좀더 자기 수준에 알맞은 과제를 선택하게 된다.

예를 들어, 당신이 새로운 시설 이전을 위한 계획 준비용 프로젝트 팀을 구성해야 한다고 가정해 보자. 보통 경영자라면 자원할 사람을 찾거나, 일방적으로 사람을 뽑아 팀 구성을 맡긴다. 그러나 '예/아니오' 형태의 선택 대신 좀더 넓은 범위의 과제를 제공하기 위해서는 어떻게 해야할까?

- 업무 강도의 수준에 따라 팀 업무를 구분한다. 예를 들어 중심 계획 역할은 다른 지원 조사 업무에 비해 훨씬 어렵고 시간도 많이 소비해야 한다. 간단한 업무 역할 구분 표를 작성하면 그 자리에 맞는 적절한 직원을 찾기가 훨씬 수월해진다. 예를 들어 직원 구함 광고처럼 작성하면 좋다.
- 중심 업무와 함께 지원 부서도 구성한다. 예를 들어, 3명으로 구성된 핵심팀은 지원 부서의 도움으로 설비 이전 문제를 처리한다. 지원 부서는 핵심팀이 관리한다. 지원팀은 핵심팀보다 시간과 노력을 덜 들인다는 점을 모두가 확실히 알고 있어야 한다. 그래야 직원 스

스로가 알아서 각자에게 제일 알맞은 정도로 업무 참여도를 조절하게 되는 것이다.

경영자는 게임의 법칙을 만들 줄 알아야 한다. 그리고 이 게임에는 직원들이 참여한다. 어떤 직원도 한켠으로 물러나 그저 앉아만 있을 이유는 전혀 없다. 또는 업무를 다룰 준비도 안 되어 있는데 억지로 실전에 나가야 할 필요도 없다. 어떤 업무나 기회를 시작할 때는 직원에게 다양한 범위의 도전 과제를 제공하라. 그러면 좀더 생산적인 업무 능력을 보이는 직원들이 많아질 것이다.

"**한** 사람에게 동기가 되는 것이 다른 사람에게는 아닐 수도 있다."
– 크리스탈 잭슨,
컴패니언 라이프 보험회사
인사 담당자

"**우** 수함은 행동이 아니라 습관이다. 당신이 가장 자주 하는 일이 가장 자신 있는 일이 될 것이다."
– 말바 콜린스

퍼즐 시합

한 회사에 십자말 풀이를 매우 즐기는 직원들이 많이 있었다. 정기적으로 이들은 일간 신문에 나온 것을 복사해 십자말 풀이를 좋아하는 직원들 스스로 만든 팀끼리 어느 팀이 제일 빨리 정답을 맞히는지 시합을 벌였다. 이 같은 게임은 유쾌한 경쟁심을 유발할 뿐만 아니라 직원들도 재미를 느꼈다. 그리고 특정 기술에 대한 자신감도 얻게 되고 이는 업무를 대하는 태도에도 좋은 영향을 끼쳤다. 뜻하지 않게도, 직원들 사이에 지식을 공유하고 업무 협조가 잘 이루어지는 데도 도움이 되었다. 그룹이나 팀간의 관계 형성에 매우 좋은 계기가 된 것이다.

선택의 선물

업무 환경의 얼마나 많은 측면이 관료주의와 규제, 조건 등에 의해 통제당하는지 알고 있는가? 대부분의 관리자들은 직원보다 허용된 범위가 훨씬 더 넓다. 이러한 점은 관리자와 직원간의 업무 태도나 방식에도 아주 큰 차이를 만들게 된다. 최고경영자나 사업주에게 허용된 자유의 범위는 일반 직원에 비해 현격히 크다. 경영자나 사업주는 매일 본인 생각대로 해야 할 일을 결정하고 언제 어디서 어떻게 할지도 결정할 수 있다. 그러나 평균적인 직원들은 이와 비교해 보면 마치 범죄자처럼 취급받는다. 고용주가 직원들은 조금도 믿지 않는 것이다. 그러면서도 직원이 마치 회사의 주인처럼 행동하기를 바란다. 직원들이 회사 일에 신경 쓰고, 솔선수범하며 문제에 과감히 진심으로 도전하기를 바라는 것이다.

보통 직원들은 관리자에게 불신을 받으면서도 일을 열심히 해야만 성실하다는 평가를 받는다. 관리자는 직원들을 믿지 못해서 엄격히 통제하기가 얼마나 힘든지 하루 종일 불평 불만을 늘어놓는다. 그러나 사실 이것은 문제가 아니다. 이것은 우리에게 얼마나 큰 기회가 있는지를 역설적으로 보여 준다. 경영자가 직원들에게 기존의 대우보다 더 많은 통제권을 주고 더 많이 신뢰한다는 점을 보여 주어라. 그러면 이 같은 인간적인 대우에 직원들은 놀라우리만큼 잘 반응할 것이다. 황무지에 꽃이 피는 데는 많은 일이 필요하지 않다.

> **신**뢰란 단순한 마음가짐에 머물러서는 안 되고 행동으로서 나타낼 필요가 있다. 단지 불신을 드러내지 않는 것으로는 충분하지 않다. 그들에게 선택권을 부여하는 방안을 모색할 필요가 있다. 그들에게 다시 한번 시간을 줘서, 그들이 좋은 선택을 할 수 있다고 믿고 있음을 보여 줘야 하는 것이다.

직원의 자원 봉사 기회를 엮어 주어라

자기 선택에 따라 자원 봉사를 하도록 직원들을 격려하는 것은 두 가지 면에서 좋다. 첫째, 사회에 도움이 될 뿐만 아니라 다른 이들을 도움으로써 직원들이 얻는 긍정적인 감정과 자기 자신감은 회사에도 큰 도움이 된다. 자원 봉사 활동을 통해 보다 나은 성공을 거두는 직원은 회사 업무에서도 자발적인 태도를 취하고 사기도 높은 편이다. 그리고 승진시킬 만한 관리자로 급격히 발전한다. 어떤 회사는 자원 봉사 활동 전통이 있어 직원들로 하여금 자원 봉사 활동을 격려하고 시간을 들여 전문 기술을 활용할 수 있도록 도와준다. 칼슨사가 바로 그러한 회사이다. 여행 오락 관련 대기업인 이 회사는 본부 직원들을 위해 이같은 아이디어를 새롭고 놀라운 수준으로 채택했다. 웹 사이트를 구축해 미네아폴리스 지역 비영리 단체들이 필요한 사항을 사이트에 올릴 수 있도록 한 것이다. 이 사이트를 이용하는 직원들은 자신이 좋아하는 일을 찾아서 도와주고 싶은 단체와 연락을 취할 수 있다. 거대한 전자 게시판 덕분에 칼슨사 직원들의 자원 봉사 활동은 더욱 증가했다. 그리고 장기적 관점에서 회사에도 도움이 되었다. 사실 칼슨사에서는 직원을 동료라고 부른다.

처음부터 이 같은 사이트를 만들 프로그래밍 자원이 없다면 좀더 간단하고 다양한 방법으로 같은 효과를 얻을 수도 있다. 회사 뉴스레터에 "자원 봉사자 구인" 칸을 마련한다. 그리고 지역 비영리 단체들의 광고를 실어 주겠다는 보도 자료를 보내는 것이다. 광고 요청이 너무 많이 들어오면, 글자 수를 25자로 제한해도 좋다. 로터리클럽,

> **"경**영자가 충분한 시간을 들여 조언하고, 흥미로운 프로젝트를 부과하며, 개선된 분야를 확인하면서 직원을 개발한다면, 이야말로 인재 개발에 있어 가장 훌륭한 출발점이다."
>
> – 마이클 심슨,
> 왓슨 와이어트 월드와이드
> (*HR Magazine*, 2001년 5월호)

챔버 그룹, 또는 유나이티드 웨이와 같은 전국 조직의 지부과 연합을 맺어도 좋다. 지역 사회 기반의 공유 웹 사이트를 만들어 보다 저렴한 비용에 동일한 효과를 누리는 것이다.

직원이 봉사하는 자선 단체를 지원하라

리바이스 스트라우스사를 비롯한 많은 회사들은 직원이 자원 봉사하는 단체에 정책적으로 자선 기금을 내놓고 있다. 사업가로서 회사에서 자선 기금을 내놓고 있다면 그중 일부를 직원들이 일하는 자선 단체에 기부하는 방안을 생각해 보기 바란다. 이 같은 행동은 직원들의 자원 활동을 존중하고 또한 그 중요성을 인정하는 것이기도 하다.

브레인 파워

웹 산업계는 조립 라인의 근로자들이 독서를 할 수 있는 휴식 시간을 갖도록 하고 있다. 그리고 혁신적인 사고를 일깨워 주는 책들을 읽을 수 있도록 한다. 생각하는 직원을 원한다면 정신적인 활동을 장려하는 것이 좋은 방법이다.

경력 사다리를 재발견하라

킹피셔사는 유럽의 주요 소매업체이다. 이 회사의 관리들은 선배 직원들에 비해 젊은 직원들의 회사 참여도와 헌신성이 부족하다는 사실을 인식했다. 그리고 회사 내 확실한 경력 경로가 결여된 데에는 부분적으로 회사도 책임이 있음을 인정했다. 이점을 강조하기 위해 회사는 '킹피셔 관리 개발 계획(The Kingfisher Management Development Scheme)'이란 프로그램을 도입했다. 약자가 아니면 프로그램이 아니라고 생각하는 분들을 위해 줄여서 KMDS라고도 한다. 회사는 이 프로그램을 통해 내부에서 간부 관리직의 80%를 채우겠다고 약속했다. 그리고 관리 부문 신입 직원들에게 7년에서 10년 이내에 간부급 관리직으로 승진할 수 있다고 약속했다. 이 같은 약속을 하면서 회사 측은 직원 개발에 관한 접근 방법을 재고하였다. 그리고 내부 관리직 후보자들이 훈련을 충분히 받고 조직 운영의 다양한 면을 경험할 수 있도록 하였다.

법적 시각

편애

편애가 드러나지 않도록 피하는 일은 매우 중요하다. 편애는 왜 어떤 사람은 다른 사람만큼 호의적인 대우를 받지 못하는가 하는 문제를 제기한다. 그리고 이것은 쉽게 차별에 대한 불평으로 이어진다. 어떤 직원이 뛰어난 업무 성과로 특별 대우를 받고 있다면 그 이유가 확실히 서류화되도록 한다. 이와 비슷하게, 특별 대우를 받을 자격이 없는 직원은(비록 동기 유발을 위한 보상이라 할지라도), 특별 대우를 받지 못하는 이유가 필요한 업무 수행 성과가 부족하기 때문임을 확실히 해야 한다.

업무 성과를 검토하는 일은 편애를 피할 수 있는 정확한 서류를 마련하는 데 도움이 된다. 또한 탁월한 성과를 보인 직원에게 말로써 칭찬을 할 때에는 이를 증명하는 서류도 같이 제공하는 것이 좋다. 업무 성과에 대한 좋은 평가가 직원의 개인 기록에 추가되면 직원은 이를 감사히 여길 것이다. 그리고 이것은 직원이 이룬 성과에 보상하기 위해 직원을 특별 대우할 때 서류상으로도 증거가 된다.

– 낸시 L. 오닐, 미국 노동 및 고용 문제 전문 로펌 잭슨 루이스의 변호사

재능 있는 직원이 가르치도록 하라

업무 성과에서 흥미 있는 점은 한 가지 일을 잘하는 사람은 다른 일도 잘하고 싶어 한다는 점이다. 직원이 가진 특정한 장점을 개발하고 공유하도록 격려하는 것은 최고를 향한 투자이다. 특정한 분야에서가 아니라 전반적인 업무에서 뛰어난 성과를 보이도록 만드는 것이다. 직원으로 하여금 우수한 성과를 획득하고 동기 유발의 장점을 공유하도록 격려하는 방법에는 특정 기술이나 장점을 가진 직원들을 초청해 다른 직원들을 위해 워크숍에서 발표하도록 하는 것도 있다.

시애틀 굿윌 산업과 뱅크 오브 아메리카는 복지 수당을 수령하는 실업자를 대상으로 4주간의 재취업 강좌를 공동 운영했다. 금고 처리 직원, 회계 업무 사원 및 고객 서비스 담당 직원과 같은 직위에 대비할 수 있도록 훈련한 결과, 최초로 훈련을 받은 66명의 인원 중 65명이 성공적으로 은행에 취직하였다.

화 내는 사람을 편애하지 않는다

대부분 경영자들은 성격이 나쁜 초조한 사람은 승진시키지 않으려는 경향이 있다. 과연 당신은 화를 내는 팀 리더나 감독자를 원하는가? 아마도 그렇지 않을 것이다. 화가 난 상사의 장광설을 참고 견뎌야만 하는 것은 직원들도 원치 않을 것이다. 그러나 스탠포드 대학원 경영학과의 래리 사 Z. 티든스가 최근 실시한 조사에 따르면 대부분 눈에 보이게 화를 내는 사람들을 승진시키는 경향이 있는 것으로 드러났다. 숨겨진 편견이 있는 것이다. 권위 있는 자리로 승진시킬 인사권을 주자 사람들은 화를 자주 내는 인물을 승진시키는 경향을 드러냈다.

어째서 화를 잘 제어하지 못하는 사람들을 승진시키는 이상한 편견이 있는 것일까? 예로부터 회사의 권위적인 경영자들은 직원들에게 화를 드러낼 수 있었기 때문일 것이다. 즉, 사람들은 화를 내는 사람을 높은 지위와 연관시켜 생각하는 것이다. 그러나 이유가 무엇이든 간에, 이러한 무의식적인 편견은 피해야 한다. 권위적이고 화를 잘 낸다고 해서 그 사람이 리더십 자질이 있다고 생각하지 않도록 주의하라. 실제로 그런 사람들은 훌륭한 경영자가 되지도 못할 뿐더러 화도 잘 내고, 감정적으로 더 성숙한 상사보다 아래 직원들의 의욕을 떨어뜨리기 쉽다.

지역 봉사상을 수여한다

S.C. 존슨사는 세탁용, 원예용, 셀프케어 상품 제조 회사이다. 이 회사에는 오래된 지역 사회 봉사 활동 전통이 있는데, 이 회사의 직원들은 자신의 시간과 전문성을 봉사 활동에 투자하고 귀중한 리더십 경험을 쌓으며 그 과정을 통해 회사에 대한 자부심도 많이 기르게 된다. 지역 봉사 활동을 장려하기 위해 회사 차원에서는 매년 지역 사회 봉사 활동상을 제정하여 수여하는 데, 최고상과 몇 개의 우수상이 시상된다.

특히 최고상 수상자에게는 회사에서 5,000달러의 상금이 나와 수상자가 원하는 단체에 자선 기금으로 기탁할 수 있다. 또한 우수상 수상자에게도 500달러의 상금이 수여된다. 수상자는 크리스털 상패를 받고 시상식에 참가하고 보도 자료에 실리며, 주간 회사 뉴스레터 첫 페이지에 나오면서 많은 사람들의 시선을 받는다. 다른 사람들이 이를 본받도록 하기 위해서 회사는 지역 사회 리더십 부서를 두어 지원이 필요한 자선 단체와 직원들을 연결해 주고 있다(2001년 1월, 위스콘신 래신에서 S.C. 존슨사를 컨설팅할 당시 이야기 중에서).

점심 미팅을 제안한다

콜리 & 맥보이사는 미네소타 블루밍턴에 있는 광고 대행사이다. 이 회사에서는 "점심 시간 캠퍼스"라는 프로그램을 실시하고 있다. 일주일에 한 번 돌아오는 이 프로그램을 통해 신입 사원은 9주 동안 교육을 받게 된다. 이는 연속적으로 이어지는 교육 프로그램을 바쁜 스케줄 안에 끼워 넣을 수 있는 좋은 방법이다. 또는 이 방법을 살짝 바꾸어, 점심 시간 동안 단순히 참가하는 대신 뭔가를 가르치도록 직원에게 요청할 수도 있다.

새로운 관점을 제공하라

직원들에게 새로운 아이디어나 관점을 제공하는 것을 중요시하는 관리자들이 있다. 예를 들어 중서부의 제조업체인 테이프마크사에서는 심리학자를 초청해 공장 근로자를 위한 세미나 시리즈를 연다. "열심히 사는 생활과 리더십"이라는 이름의 이 강연회에서는 삶의 질을 주제로 동기 유발, 낙천주의, 감사하기 등을 다룬다. 과연 당신의 공장 훈련 시간과 이 방법을 비교해 보면 어떠한가?

개인 개발 계획 방법을 강구한다

미네소타 세인트 폴에 있는 제조업체 테이프마크사는 각 직원과 감독관, 그리고 인사부 담당자간의 만남을 마련해 두고 있다. 이 자리를 통해 감독관과 직원은 성장 기회를 어떻게 이용할 것인지를 생각하게 된다. 예를 들어, 어떤 직원들은 새로운 기술을 배우기 위해 다른 사람들을 그림

자처럼 쫓아다닌다.

함께 협력한다

헬스이스트사는 직원의 클럽 활동을 후원한다. 직원들이 업무 외 활동에 참가해 도전하고 즐길 수 있도록 지원하는 것이다.

좋은 시민을 양성하는 것은 경영자의 책임

로우스 호텔 체인의 각 호텔 관리자들은 지원할 지역 자선 단체를 찾는 것이 업무이다. 어떤 호텔은 음식과 여분의 시설을 지역 교회를 통해 노숙자들에게 제공한다. 다른 호텔은 근처 해변의 쓰레기를 깨끗하게 치우는 일을 맡아서 하고 있다. 각 호텔 관리자들은 이러한 프로그램에 직원들의 참여를 장려하고 있다.

빠른 성공

자신감을 불어넣어 줄 수 있는 임무를 맡기는 일은 성공의 습관을 길러 준다. 이러한 방법은 어떤 자극이 필요한 사람에게서 좀더 높은 성과를 얻을 수 있으며, 사기를 진작시킬 수 있다. 또한 본인이 직접 할 필요가 없는 사소한 일을 다른 사람에게 대신 해달라고 일임할 수 있는 방법이기도 하다.

단기적이고 가시적인 결과가 나오는 간단한 일을 해달라고 요청하라. 그리고 그 일을 성공적으로 마쳤으며 감사하게 생각한다고 확실히 알게 하라. 다음과 같은 방법들을 사용해 볼 수 있다.

- 지난번 회의에서 공동 구역에 화초를 심기로 결정했습니다. 당신이 책임지고 적당한 종류를 선별하고 업자도 찾아줄 수 있겠습니까?
- 이 고객께서 몇 가지 질문이 있는데, 당신이 대답해 줄 수 있으리라 생각합니다. 잠시 시간을 내서 상담해 줄 수 있겠습니까?
- 새로 온 직원이 _____ 시스템을 사용해 본 적이 없다고 하는군 요. 당신이 그 직원에게 시스템 사용법을 가르쳐 줄 수 있겠습니까?
- 지금 구매 결정을 해야 하는 데 이런 _____ 종류는 당신이 잘 알고 있다고 알고 있습니다. 추천 좀 해줄 수 있겠습니까?

(1:1 LEADERSHIP, 알렉스 히암 & 어소시에이트)

수학 퀴즈

논리와 수학 기술이 매우 중요하다고 믿는 한 관리자는 매주 퍼즐을 오려서 게시판에 붙였다. 단어 맞추기나, 간단한 추리 게임, 또는 다른 논리 문제 등이었다. 답안을 적은 종이를 봉인한 상자에 넣으면 주말마다 답안을 추첨하였다. 제일 먼저 뽑힌 정답이 상을 받는다. 과연 직원을 위한 이러한 흥미로운 프로그램이 당신 회사에서도 운영되고 있는가?

> "**나**는 직원들에게 '당신 스스로 성장하지 않는다면 언젠가 이 회사를 떠나야 할 것이오' 라고 말한다. 우리도 다른 회사들처럼, 계속해서 성장하고 배우려고 하지 않는 사람들을 고용할 만한 여유는 없다."
> – 켄 블랜차드

U U U

컨설팅 회사인 왓슨 와이앗 월드와이드사는 회사 1,000개를 조사한 보고서를 통해 리더십 개발에 더 많이 투자한 회사가 주주 수익률, 이윤, 판매 성장률의 수치가 더 높았음을 발견했다(보고서 *LEADERSHIP IN THE GLOBAL ECONOMY*에서 발췌).

보험 회사 더 하트포드사가 실시한 이직 관련 조사에 따르면 직원들은 "직원 개발 및 조언과 지도에 관심 있는 관리자"를 원하고 있다는 사실이 밝혀졌다. 인적자원 부장 존 매디간의 설명이다(*HR Magazine*, 2001년 5월호 인용). 직장을 그만둘 때 직원들이 불평하는 점이 바로 이것이다. 따라서 관리자들은 기술 습득 및 경력 개발 방법에 관해 지도와 조언을 더 많이 하는 일이 우선 과제임을 알아야 한다.

• • • • • •
발전 체크 리스트

다음은 이 장에 나온 가장 좋은 아이디어와 실례를 강조하기 위한 체크 리스트이다.

✓ 집단 내에서 미래의 경영자를 찾아라.

✓ 직원들이 업무에서 성장 기회를 찾을 수 있도록 도와라.

✓ 낮은 수준부터 높은 수준에 이르기까지 다양한 범위의 과제를 제

시하고 각 개인의 변화 준비 정도에 맞게끔 대처하라.

✓ 반복적인 연습을 통해 실제로도 직원이 문제 해결 및 변화에 대처할 수 있도록 하라.

✓ 가능한 많은 방법을 통해 직원들에게 업무 통제권을 제공하라.

✓ 직원들이 의미 있는 지역 사회 봉사 활동을 하도록 장려하라. 다른 이를 도울 뿐만 아니라 직원들의 창의성과 장점을 높일 수 있다.

✓ 독서 시간을 편성하라.

✓ 절대 비방하지 마라. 비방은 학습과 개선을 방해한다.

✓ 재능 있는 직원이 다른 직원에게 기술, 기능을 가르치도록 한다.

✓ 마스터할 수 있는 짧은 업무를 맡겨서 직원이 성공하는 습관을 들이도록 돕는다.

✓ 낙천적이 되어라. 긍정적 사고방식을 장려하라. 이는 성공으로 이끄는 길이다.

✓ 말을 훈련시켜야 한다. 연습하는 비즈니스는 향상하기 마련이다.

저자에 대하여

알렉스는 경영 리더십을 가르치는 열정적인 선생이자 학생이기도 하
다. 20년에 걸쳐 컨설팅, 연구, 저작 활동을 통해 그가 강조한 주제가 바
로 경영 리더십이다. 80년대 중역진을 위한 컨설팅과 경영 서비스 분야의
기획자로 이 일을 시작했다. 리더십 및 업무 성과에 관한 그의 첫 번째 책
인 *THE VEST POCKET CEO: DECISION MAKING TOOLS FOR EXECUTIVE*(프
랜티스홀 출판, 1990년)에서 그는 참여적인 의사 결정, 경제적 동기 유발
및 현대 사회 리더십의 근본적인 주제들에 관해 다루었다. 또한 1992년 저
서 *CLOSING THE QUALITY GAP: LESSONS FROM AMERICA'S LEADING
COMPANIES*(The Conference Board와 공저)에서도 격변의 시기의 리더
십에 관해 다루고 있다.

알렉스는 실리콘밸리의 다양한 관리팀을 컨설팅한 후 새롭게 고속 성

장하는 기업 내의 리더십과 경영 주제에 관해 1996년 저서 *THE ENTRE-PRENEUR'S COMPLETE SOURCEBOOK*에서 다루었다. 1997년에는 *POR-TABLE CONFERENCE ON CHANGE MANAGEMENT*에서 변화를 주제로 최고 경영자와 다른 전문가들이 기고한 원고를 모아 내기도 했다. *THE MAN-AGER'S POCKET GUIDE TO CREATIVITY*(1998)에서 그는 혁신적인 팀과 조직의 리더십으로 분야를 한층 확대하였다.

직장에서 직원의 자발성을 길러 주기 위한 방법은 그의 저서 *MOTI-VATING & REWARDING EMPLOYEE: NEW AND BETTER WAYS TO INSPIRE YOUR PEOPLE*에 나와 있다. 물론 이 책 *MAKING HORSES DRINK: HOW TO LEAD & SUCCEED IN BUSINESS*에서도 다루고 있다. 직원의 동기를 유발하는 리더십에 관한 그의 접근법은 워크숍과 강좌를 바탕으로 형성된 것이다. 자세한 내용은 미국 경영협회에서 *MOTIVATIONAL MANAGEMENT*라는 제목으로 출판될 예정이다. 그는 *Entrepreneur*에 경영 관련 주제를 기고하는 칼럼니스트이기도 하다.

알렉스는 AT&T, 이튼, 포드, GM, 켈로그, 미국 연방우체국, 대쉬닷컴, S.C. 존슨 & 선즈, 영 & 루비캄, 링키지, 맥로드USA, 독립신탁회사협회, 헬스이스트 등의 관리자 리더십 개발 훈련을 맡아왔다. 또한 해군, FBI, USDA, 미국상원, 기타 단체의 공무원 훈련에도 참여했다. 국립 직원인정협회 및 훈련개발 미국협회 같은 전문 단체에서도 활약했다.

하버드 대학에서 인류학 문학사, U.C. 버클리에서 전략적 계획 전공으로 MBA가 되었으며, U 매스 암허스트의 경영대학원 교수를 역임했다. 암허스트, 매사추세츠, 샌프란시스코에서 사무실을 운영하고 있으며, 캘리포니아 북부 인력자원협회 및 여러 비영리 단체와 재단의 위원으로 활동하고 있다. 자원 봉사 어린이 축구 코치이며 세 아이의 아버지인 알렉스는 리더십 및 동기 유발을 생활에 적용하고 있다.

전문 상품 및 서비스

알렉스 히암 & 어소시에이트는 독창적인 훈련 자료, 워크숍 및 강연회를 통해 경영자가 뛰어난 성과를 달성할 수 있도록 돕는 역할을 한다. 리더십과 복잡한 경영 관리, 직원 동기 유발에 관한 독창적인 강좌를 기획, 운영하고 있으며 강사를 위한 다양한 종류의 자료들도 출간하고 있다 (평가 도구, 트레이닝 코스, 교과서, 기타 교육적 게임 및 사례 유형집).

출간물 및 상품 서비스에 관한 자세한 정보는 streetwisemotivation.com이나 alexhiam.com에서 찾아볼 수 있다. 또는 트레이닝 자료, 카탈로그, 이벤트 예약에 관한 문의는 알렉스 히암 & 어소시에이트, 매사추세츠 주 01002, 암허스트, 아미티 스트리트 295번지로 편지를 하거나, 413-549-6100으로 문의, www.alexhiam.com을 방문하면 자세한 정보를 찾을 수 있다.

리더십 프로파일

이것은 경영자가 워크숍이나 직원 조사에 사용한 평가 도구(설문지)로 이 책에서 다룬 10가지 리더십 영역 중 어떤 것이 제일 좋은 결과를 이끌어 낼 수 있을지 판단하는 데 사용한다. 컨설팅 계획, 회의 지도, Making Horses Drink의 내용 관련 강의를 계획하는 데 사용할 수 있다. 샘플을 원하는 사람은 저자의 회사나 위의 주소, 홈페이지로 연락하기 바란다.

잭슨 루이스

40년 이상 잭슨 루이스는 직장 관련법 실행의 예방 전략 및 건설적 해결책 분야에서 높은 평가를 받아왔다. 경영주들과 파트너를 이루어 회사의 방침 및 절차 개정을 함으로써 건설적인 직원 관계를 촉진하고 분쟁을 없애는 역할을 한다.

분쟁이 발생했을 경우, 고객이 기민한 행동을 취해 비용은 최소화, 결과는 최대화할 수 있는 해결책을 내놓을 수 있도록 고객과 협조한다. 법적 수락이나, 복잡한 사건 소송에 관해 카운슬링을 할 경우에는 사업 목표 성취 및 분쟁 없는 회사 환경을 조성하도록 돕는다.

미국 주요 도시에 지사를 둔 잭슨 루이스는 지역 비즈니스 환경 인식에 전국적인 시각을 조합하고 있다. 광범위한 국공립 기업 및 일반 기업, 비영리 단체 등이 고객으로 있다. 직장 관련법의 모든 분야에 많은 경험이 있다.

- 고용 소송
- 차별 수정 정책
- 인종, 성별, 나이 차별
- 성희롱
- 예방 차원의 노동 관계
- 노동조합
- 파업
- 단체 교섭
- 분규 조정
- 연금 및 수당 관리
- 이민
- 임금 및 시간
- 독립 계약 노동자 및 비정규직 근로자

- 직업상 안전 및 건강
- 약물 남용 및 마약 테스트
- 직원 프라이버시
- 장애인 권리
- 직장 내 폭력
- 제한적 계약 및 비경쟁 계약
- 분쟁 해결 대안책

회사에 관한 자세한 정보는 웹 사이트 www.jacksonlewis.com를 방문하거나, 담당자 낸시 오닐에게 전화 415-394-9400 또는 oneilln@ jacksonlewis.com으로 연락하면 된다.

> 저자의 회사는 이 책을 바탕으로
> 워크숍과 트레이닝 코스를 제공하고 있습니다.
> 자세한 정보는 www.alexhiam.com을 방문하시기 바랍니다.

격려 리더십

잠재력을 성과로 바꾸는 사례와 조언

초판 1쇄 발행 / 2003년 10월 20일
개정판 1쇄 발행 / 2006년 5월 26일

지은이 / 알렉스 히암
옮긴이 / 홍정희
펴낸이 / 이웅녕
펴낸곳 / 리드리드출판(주)
(구)한국능률협회출판
출판등록 / 1978년 5월 15일(제13-19호)
주소 / 서울 마포구 도화동 544 고려빌딩
홈페이지 / www.readlead.co.kr
이메일 / i@readlead.co.kr
전화 / (02)719-1424
팩시밀리 / (02)719-1404

값 10,000원

ISBN 89-7277-239-9 03320